"十二五"国家重点出版物出版规划项目

汉语言专业本科系列教材·听说类

# COMMUNICATION 沟通
## TASK-BASED INTERMEDIATE SPOKEN CHINESE
## 任务型中级汉语口语

本册主编：赵雷

副主编：赵建华

编　者：赵雷　赵建华　高岳

ERYA CHINESE

 汉语言专业本科系列教材

## 编写委员会

主　编　郭　鹏
副主编　崔　健　许　皓　赵　菁
编　委　（按姓氏音序排列）
　　　　崔　健　郭　鹏　金海月　刘谦功　刘苏乔　沈庶英　舒　燕
　　　　王　锐　魏新红　许　皓　张亚茹　赵　菁　赵　雷　朱　彤
汉语技能与知识序列执行主编　赵　菁

## 编辑委员会

主　任　张　健
副主任　王亚莉　陈维昌
各序列负责人（按姓氏音序排列）
　　　　陈维昌　付彦白　刘艳芬　王　轩　王亚莉

# 总 序

《尔雅中文——汉语言专业本科系列教材》（以下简称《尔雅中文》）是面向以汉语作为第二语言的学习者的汉语言专业本科学历教育教材，是继上世纪90年代至本世纪初出版的《对外汉语本科系列教材》之后推出的新一代大型系列教材。

近年来，国际职场对复合型汉语人才的需求猛增，对专业建设、教学改革、课程建设以及教材编写都提出了新的要求。我们顺应这一发展趋势，将汉语言专业的人才培养目标由以往单纯强调语言技能的"汉语专门型人才"调整为目前的具备"语言+专业"复合能力的"汉语通用型人才"，在汉语言专业陆续增设一些新的方向，凸显出汉语言专业课程体系的时代特色。但是，我们充分认识到，对于汉语言专业的学生而言，核心问题仍是如何更有利于自身语言能力的提高，特别是语言交际能力、认知能力、跨文化交流能力等综合性、复合型能力的提升。因此，虽在语言技能、语言知识课程外增设了较为系统的历史文化、国情社会、经济商务等方向课程，但是，这些课程不是仅用来灌输知识的，而是为更好地扩展语言能力而服务，以语言能力培养为核心的理念并未改变。

《尔雅中文》教材体系与专业课程体系紧密相连，包含了横向和纵向两个序列：横向上，在不断完善语言技能、语言知识、文化系列教材的基础上，增设了较为系统的商务、翻译、教学等专业方向的专业语言技能和专业知识教材；纵向上，建立起更为缜密的综合课与听、说、读、写、译各分技能课的一至四年级的梯度等级，平衡了一般技能课跟各序列的专业技能课、知识课的比例。横向与纵向协调发展，形成了汉语言专业本科大型教材的网状系统，最大程度地体现出专业教学的系统性、关联性、层级性和针对性，也为以汉语言专业为依托、面向汉语作为第二语言学习者的本科专业群的建设奠定了坚实的基础。《尔雅中文》教材相对应的课程序列与梯度等级如图所示：

# 课程序列与梯度等级示意图

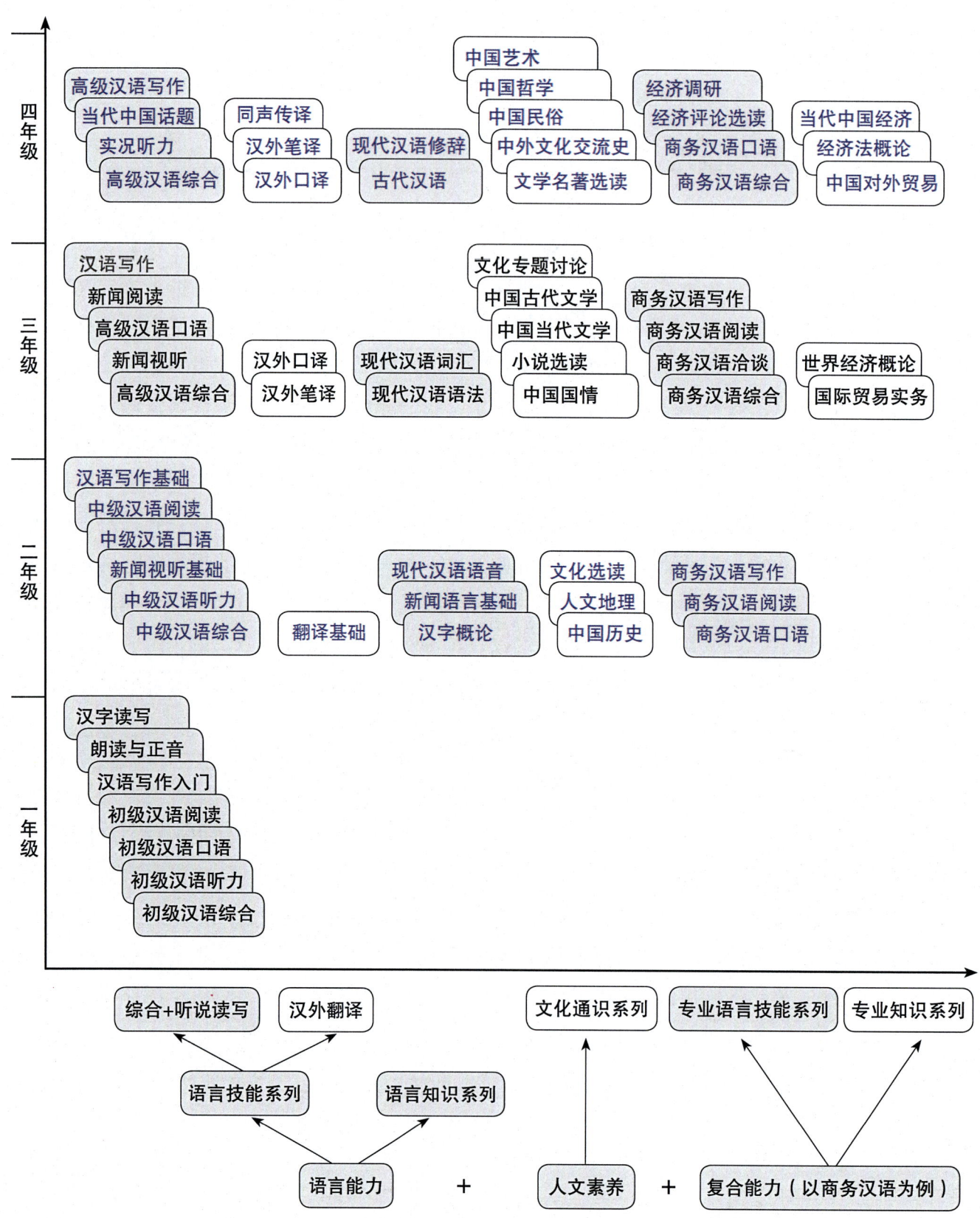

《尔雅中文》系列教材在继承上一代《对外汉语本科系列教材》长处的同时，更加贴近现实社会需要和学习者的需求，也融入了近些年汉语言专业课程建设与教学改革的多方面成果，从而呈现出崭新的面貌，形成了自己的特点。概括起来有以下四点：

一、总体设计更具系统性和前瞻性，最大程度地反映出专业人才培养的新目标

语言技能、语言知识、文化知识、专业语言技能、专业知识五大板块既相互关联，又各自独立。语言技能课程贯穿始终，凸显以养成语言能力为主的专业发展理念；文化知识序列不断丰富，体现出对汉语国际教育本质的全面认识，自觉地将提升人文素质、培养全面发展的人作为汉语言专业本科教育的最终目标。专业技能和知识课程在中高级阶段逐步增加，循序渐进，实现由初级的"语言技能+语言知识"基础能力向中高级的"语言+专业"综合能力的自然过渡。同时，各专业方向的教材都具有自身特色，自成体系，体现了统一中的多样性，也体现了专业人才培养模式向厚基础、宽口径、复合型的转变。

二、语言技能序列的设计更具延展性，结构更加合理

作为面向汉语作为第二语言学习者的汉语言专业本科系列教材，由汉语综合技能与以"听、说、读、写"分立形成的各分技能训练无疑是其主干部分。这套教材的设计与编写，不仅填补了中高级阶段"听、说、读、写"分技能教材的诸多空白，而且增强"译"这一重要的技能，形成了"听、说、读、写、译"各自独立并相互关联的完整的分技能序列。与此同时，初、中、高各教学阶段逐层递进，且横向延伸，使得语言技能教材序列更加协调和完整。由于汉语综合课以及听、说、读、写、译各技能课都自成体系，具备面向初、中、高三个阶段、四个年级的多层级和覆盖面广的特点，因此，教材的使用范围、对象就不限于本科学历教育，而是对各种层次和需求的中文学习者都具有不同程度的适用性，可以各取所需。

三、强化以学习者为中心的教材编写意识，跨文化视角更加突出

编写者大都为多年从事汉语作为第二语言教学工作的资深教师，基本上都具有海外汉语教学的经历，对不同课型的教学原则和实践策略有着较为深入的了解和体会，对大量的同类汉语教材的编写理念以及教学法、跨文化交际理论等做过前期研究。从教师规划学习内容、层级、知识点，到编排教材中的练习及设计课堂活动，尽量从学生学习的视角和跨文化的视角去安排、镕裁，换言之，更加重视教材编排跟教学过程、习得过程与效果的关联程度，使语言及文化、商务的教材内容丰富而生动，以提高学生主动学习的兴趣以及课堂活动的参与度。

四、通过调查统计、大纲设计和试用试验等环节，使教材编写有章可循，科学实用

新一代汉语言专业本科系列教材的编写工作启动于2007年，首先对原有教材、国内外市场同类教材的使用情况进行调研。编写者均为相应课型的任课教师，且大多参与过上一代教材的编写工作，对任务轻重和努力方向都有较深的体会。同时，组织资深的教学研究专家以及语言、文化、商务、翻译等领域专家，与教材编写小组共同研讨，确立各部教材的基调，审阅推敲文稿，斟酌取舍。教材编写过程较长，各位作者付出了大量心血，已编成的教材提

交出版前大多试用过几个学期，对象涉及来自世界上80多个国家和地区的上千名留学生，每学期试用后，教师都会汇总情况，分析研究，做出适当的修订、更新。

大纲是教材编写的重要前提，并贯彻于整个编写过程。教材与大纲处于动态关系之中，大纲统摄教材，但并非一成不变，教材编写促使大纲趋于完善。本系列教材主要参照《高等学校外国留学生汉语言专业教学大纲》（2002）和《新汉语水平考试大纲（1-6级）》（2009、2010），同时参酌各类语言大纲、框架、标准、词表、调查报告等研究成果，其中的各个序列、各部教材都按照自身性质与类型，研制了便于操作的词汇、语法、功能及话题大纲，既自成一体，又相互照应。对此，各部教材都有自己的编写前言，会做更详细的说明。大纲编订与教材编写相辅相成，教材一面世，大纲也随即推出，如商务汉语方向的教材编写者同时研制出版了《经贸汉语本科教学词汇大纲》（2012），文化大纲的编订也与教材编写协调配合，这些使得教材编写的科学性和内在系统性得以保障。

根据不同的课程性质和专业方向，《尔雅中文》系列教材划分为四大序列：汉语言技能与知识；汉外翻译；文化通识；商务汉语。翻译往往被视为一种语言技能，原本可归入语言技能与知识序列，但鉴于翻译能力是一种复合能力，翻译类课程及教材在一至四年级自成一统，翻译综合课、口译课、笔译课等体系完备，且涉及多个国别，所以这里单列出来。

北京语言大学面向留学生开办汉语言专业的本科学历教育，始于上世纪70年代末，其成长过程历史地见证了中国改革开放以来汉语国际教育的发展。历经几代人的辛勤努力，2008年9月，汉语言专业被批准为国家级高等学校特色专业，2010年7月，汉语言专业教学团队被评为国家级教学团队。这套教材的大部分编著者均出自这一专业团队。汉语言专业的每一步改革与创新，都离不开北语几代对外汉语教育工作者的关心与鼓励，离不开学校领导及海内外专家的大力支持。这里要特别感谢北京语言大学出版社董事长戚德祥、总编辑张健和各位责任编辑，这套教材历经数年终于得以问世，跟他们的严谨态度、耐心督促和细致工作密不可分，而教材得以入选新闻出版总署"十二五"国家重点出版物出版规划项目，正是教材编写规划团队与编辑出版团队精诚合作的结果。

系列教材取名"尔雅"，众所周知，《尔雅》是中国古代汇集分类专门词语以供人学习的经典，这里取其字面义，"尔"通"迩"，"尔雅"指趋于雅正、得体。语言学习不可一蹴而就，而是一个不断接近目标语和目标文化的累积过程，或许正因如此，英人威妥玛（Thomas Francis Wade）将其所编的汉语口语和书面语教材命名为《语言自迩集》和《文件自迩集》。我们编写新一代汉语言专业本科系列教材，同样是希望学生通过系统的学习，逐渐接近目标语言与文化，获得较强的跨文化交流能力，最终不仅要达到较高的汉语水平，而且要更加深入地了解中国社会政治经济和历史文化。

是为总序。

郭　鹏

于北京语言大学

# 本册序

　　口语课是学生寄予重望的课，口语课也是一门看似容易，其实难上的课，编写口语教材，是一件吃力不讨好的活儿。

　　难就难在如何处理"学"和"用"的关系。传统的办法是先学后用，先由教师教，然后让学生用。但是，在口语课上，教师要是教得多了，学生会抱怨开口的机会太少；教师要是教得少了呢，学生又抱怨学不到东西，没有进步。何况，到了让学生开口说的时候，学生没准又不愿意说了，或者说得一团糟。更让人伤心的是，课文教完了，练习做完了，让学生围绕相关主题自由发言的时候，刚才教的词语啊、结构啊，没用到几个，而用到的不少词语和结构呢，不知道他们是从哪里学来的。

　　以上种种问题，其症结在于，如何处理好输入与输出的交融、"学"与"用"的统一、教材的指导性与学生学习的自主性之间的平衡。我们需要寻找有效的教学单位和教学手段，真正实现以学生为中心的教学。

　　任务型教学理念给我们带来了极大的启示，"任务"正是口语教学中理想的教学单位和教学手段，任务把"学"和"用"统一起来，让学生主动地为"用"而"学"，在"用"中"学"。我们欣喜地看到，赵雷、赵建华、高岳三位老师编写的《沟通——任务型中级汉语口语》上下册就是这样一部基于任务型教学理念、具有很强的可操作性、让人耳目一新的口语教材。

　　以我拙见，这部教材的高明之处主要在于以下四个方面：

　　一、教材通过任务把输入和输出自然地关联起来，让学习者在运用语言的过程中不断地建构、丰富自身的汉语口头表达系统，全面提高口头表达能力。

　　二、教材在单元话题这根主线下，在任务前、任务中、任务后各环节适时关注语言形式，把内容和形式有机地融合起来，提高学生口语表达的准确度、流利度、复杂度。

　　三、教材通过形式多样的任务设计，搭建"支架"，逐步引导，层层推进，把过程和目标艺术地统一起来，有步骤地实现口语教学目标。

　　四、教材通过多种手段关注对学生学习策略和自我管理能力的培养，激励学生不断进步。

　　赵雷老师告诉我教材即将出版，并嘱我作序，我感到由衷的高兴，同时也甚为惶恐。我在任务型汉语教学方面发表过一些观点，在《对外汉语任务型教学》这本书中也谈到过任务型教材的编写设想，但都是纸上谈兵，曾经想要编写一部任务型的口语教材，但是因为理论准备不足，精力有限，知难而退。而赵雷老师她们不但进行了充分的理论研究，而且付诸教学实践，在教学实验的基础上，推出这样一部充满创新精神的教材，实在令人敬佩！

当然，十全十美的教材是不存在的，任务型教材的编写需要长期的探索。对于任务型教学，教师和学生可能都要有一个适应过程。何况，教师、教材和学生之间应该是互动的关系。在实际教学中，根据学习者的不同情况，适当调整教学内容和教学方式，这本来就是任务型教学的基本精神。但是，把任务作为组织教学的基本单位，通过任务逐步推进教学内容，让学生在有指导的口语实践中综合提高口头交际能力，这一原则应该是符合口语教学规律的。

一种新的教学理念需要相应的新型教材来体现，而新教材的问世，必然有利于新理念的普及和推广。本书编者的工作是开创性的，并且是卓有成效的。我相信，这部教材一定会受到师生普遍欢迎，并且，将在使用中日臻完善。

是为序。

吴中伟

# 致使用者

**欢迎您使用《沟通——任务型中级汉语口语》！**

## ■ 总体介绍

本教材以培养外国汉语学习者的跨文化汉语口头交际能力为目标，以《国际汉语教学通用课程大纲》规定的同级教学目标为蓝本，围绕口头表达训练的各个不同侧面，选择与学习者现实生活、学习以及未来工作相关的各种主题，设计丰富多样的交际任务活动。旨在训练、帮助学习者在以对话和独白的形式合作完成各种任务的过程中，能基本流利、准确、灵活地选择多种语言表达方式，得体地与人沟通或表达自己的观点，顺利完成各种口头交际任务。

教材分上、下两册，供中级水平的外国汉语学习者使用一年。

## ■ 理论基础

本教材基于任务型语言教学理论编写而成。之所以编写成任务型口语教材，主要有以下原因：

首先，任务型语言教学是交际法的深化和发展，它主要以建构主义、语言习得理论为理论基础，主张"在做中学、在用中学"，即在为完成任务做事情的过程中接触语言、学习语言，在运用语言完成任务的过程中掌握语言。因此，它以理论研究为支撑，又与教学实践紧密结合，反映了新世纪的语言教学理念，是真正落实以学习者为中心，培养语言综合运用能力的有效方法和途径。20世纪90年代，国际语言教学界被称为"任务的年代"，任务法在国际语言教学界被广泛采用。

其次，任务型教学法有利于体现口语教学的课型特点，解决目前口语教学中存在的问题，实现口语教学的目标。跨文化口头交际能力，是语言的综合运用能力，是一种整体素质，既包含语言知识和能力，也包括交际策略、非言语交际技能、跨文化意识等。它不同于书面表达能力，它要通过声音来达意和彼此沟通。因此，需要语言的整体学习。技能训练的过程就是将陈述性知识程序化，程序性知识自动化，即从显性知识到隐性知识的建构过程，而这一过程正是通过"用中学"来实现的。换言之，这种口头交际技能不是教师能教会的，它是需要学习者在掌握了基本的语言知识基础上，通过合作互动中的意义协商，在进行大量的可理解输入和输出的过程中去建构和发展的。因此，以学习者为中心，设计多种类型的交际任务，为学习者提供大量输入输出机会的任务型教学法特别适合口语教学，尤其适合已经掌握了基础语音、词汇、语法知识，需要大量实践机会的中、高级学习者。

任务型教学法为语言习得创造了条件，多种与学习者现实及未来相关的任务活动，激发了学习者的学习动机，为其提供了意义协商的机会，使其可以综合地运用所学语言，不断地建构、丰富自身的汉语口头表达系统，进而全面提高口头表达技能，在沟通交流中学会用汉语交际。通过近年来的理论研究和教学实践，我们认为采用任务型教学途径，将有利于解决口语教学中的诸多问题，有效地提高教学质量和效率。

## ■ 主要特色

### 1. 以学习者为中心

本教材根据学习者的需求设计任务活动，努力将学习者的课内、外学习活动结合起来，注意激发学习动机；通过设计配对、小组、全班互动合作的各种类型的任务活动，实现学习者知识和技能的建构。使用本教材进行口语教学可以使学习者真正成为课堂教学的主体、中心，使学生成为演员、运动员，使教师成为导演、指挥、教练，使教师的工作真正变成授人以渔。

### 2. 交际任务活动贯穿始终

每单元都围绕口头表达的两个侧面——对话和独白，设计了与学生现实学习、生活或未来工作相关的具有推理差、信息差、意见差、解决问题等特点的多种类型的任务活动，将有意义的交际活动贯穿于课堂教学的各个环节。这些任务活动种类多样、涉猎广泛，丰富多彩。

### 3. 首要关注意义，但注意保持形式和意义的平衡

任务活动一般有真实的情景，有交际的理由和意义，有明显的课堂活动结果。而完成任务必须以语言形式为基础，因此，教材设计了语言形式的课前预习、任务前的热身、任务中的语句、语篇结构提示以及任务后的语言聚焦等学习活动，注意保持内容与形式的平衡。

### 4. 满足学习者跨文化交际的需求

本教材根据外国学习者跨文化交流的实际需求设计编排任务活动。始终注意满足具有多元文化背景的外国学习者跨文化交流的需求，注意满足他们对交际活动的场景、交际对象、交际话语的"跨文化"的特殊需求。

### 5. 突出口语教学的特点与规律

口头表达主要通过对话和独白的形式完成，因此教材中注意把关于对话、独白的知识

规律有机地融入任务活动中。注意突出外国学习者在现实和未来使用汉语的目标场景中最常用的交际功能及表达式。同时真实自然的语音语调是外国学习者口头表达时的一个难点，对此，本教材以视听说情境配音的方式进行针对性训练。本教材设计的任务活动均以训练"说"的技能为主，多种技能相结合，听、读、写都为"说"服务。

### 6. 融入了评价体系

本教材十分注意激发学习者的成就感，不仅通过让学生完成任务展现学习成果和学习成就，而且设计了"评价表"，帮助其运用学习策略，注意调控、反思，以此来持续地激励进步，使之更加乐于合作学习，乐于积极主动地学习。

### 7. 突出以现代化教育技术为辅助性手段

本教材充分利用先进的现代教育技术，以多媒体技术为辅助手段，通过音、像、图、文等多种输入形式，提供激发学生兴趣的任务，并为学生完成任务提供工具箱、资源包和脚手架。此外，我们还制作了配套的多媒体课件，使教材实现立体化，更便于师生使用。

### 8. 活动丰富，内容翔实，版面引人入胜

每项任务活动，都有具体翔实的行动步骤，以便于师生进行课堂操作。本教材色彩丰富，版面活泼，真实丰富的输入材料、多样的输入形式、丰富的色彩、精彩的人性化版面设计有机地融为一体，更能激发学习者的学习热情。

为全面提高口语课堂教学效率，本教材努力做到以下"四让"，即：让学生直接参与课堂学习的时间达到最大限度；让学生直接参与课堂学习的覆盖面达到最大限度；让学生的交际真实性达到最大限度；让学生相互之间的学习机会达到最大限度。（文秋芳，1999，《英语口语测试与教学》）总之，教材充分贯彻"用中学"的理念，充分调动学习者的学习积极性、主动性和自主性，发挥其多元智能，增强其责任感、团队精神，让学习者在自然、愉快地使用汉语的过程中体验→感悟→学习→反思→进步。

## ■ 结构及内容

本教材按照单元排列。除开篇的"用中学"和最后的"语言实践"外，由18个单元构成，涉及了外国学习者在中国学习、生活以及未来生活、工作方方面面的主题。上下册各9个单元。单元顺序基本按照主题与学习者的关系，由近及远编排；单元之间没有明显的难易之分，基本上是并列关系。

每单元主题下,包括两个分话题,然后以话题为主线,围绕该话题设计任务活动,知识体系以暗线贯穿其中。

单元结构如下:

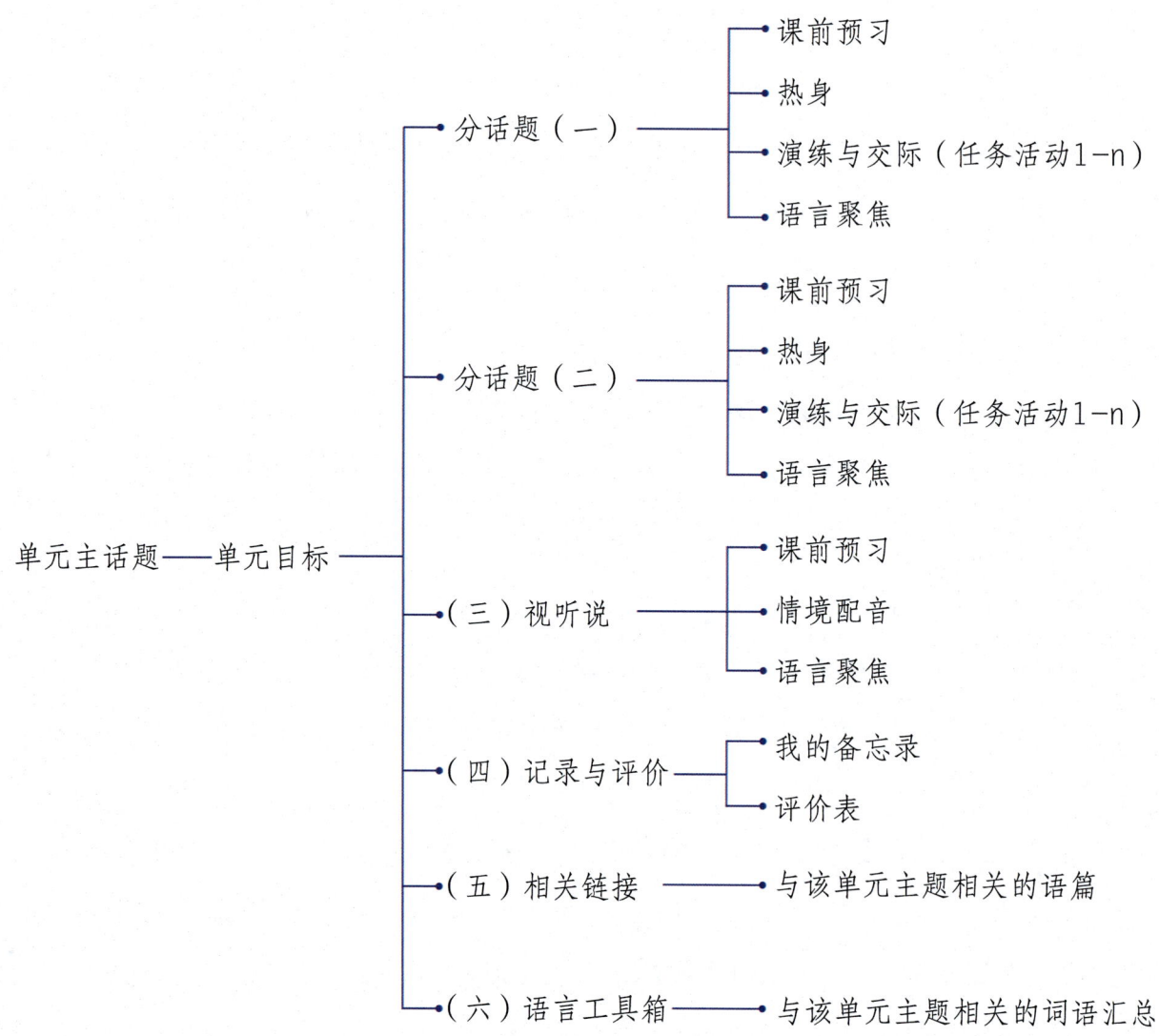

全书最后附有两个附录:附录1——录音文本及部分练习参考答案、附录2——词语总表。

■ **使用建议**

全书18个单元,每个单元一般用6课时完成。分话题(一)、(二)一般可用4课时,(一)和(二)个别复杂任务活动和(三)视听说,以及语言聚焦部分的检查、学生口头录音的点评等,可在最后的2课时完成。

由于各单元之间没有明显的难易区别,教师可根据学年教学课时以及学生兴趣、需要和水平进行选择、取舍。

为帮助您更好地使用本教材，我们提出如下建议：

1. 上好开学第一课——"用中学"。

在"开篇"中，学习者将通过具体的任务活动，明确学习目的，了解口语课的学习内容以及体验、了解"用中学"的学习方法，明确自己的现有水平和目标间的距离并初步制订出自己的学习计划。好的开始是成功的一半，对于习惯于传统的"学生词——读课文——做练习"的学生来说，本教材是一种新的体验和挑战，因此，帮助、引导学生学会"用中学"是非常重要的第一课。本部分建议用4课时完成。

2. 帮助学生掌握教材正文之前的"请记住：你经常要用的句子"，并在随后的教学中，引导鼓励学生熟练运用。

"经常要用的句子"是合作学习时每个学生常用的句子，灵活、熟练地选用这些语句将帮助学习者进行可理解的输入和输出，使之有效地进行意义协商，有利于汉语习得。

3. 每个单元开始时，首先要使学生明确本单元的主话题和任务目标。

【课前预习部分】要求学生课前完成，提示学生可参考每单元最后的"语言工具箱"。

从热身开始，可按照教材活动顺序，按照每项任务活动的具体要求、步骤，参照相关提示依次进行。

【故事会部分】主要有以下几种方式：

❶ 4人（A1、A2、B1、B2）一组，以4-3-2的方式，讲述两个不同的故事A、B。
　　步骤一：两人一组，分别看故事A、B。
　　步骤二：与另一组同学组成一个大组（A1、B1＋A2、B2），面对面站立，开始互相给对方讲述自己看到的故事，每人共讲三遍。
　　　　　　第一遍：A1－A2，B1－B2，每人给对方讲4分钟。
　　　　　　第二遍：A1－B1，A2－B2，每人给对方讲3分钟。
　　　　　　第三遍：A1－B2，A2－B1，每人给对方讲2分钟。
　　步骤三：可以采取集体同期录音或抽查的方式，让学生再讲一遍。
　　步骤四：集体点评，并进行针对性训练。

注意此项活动每人共练习讲述3次，每人都要向不同的同学重复讲述一件内容相同的事情，要求讲述时间越来越短，从4分钟减少到3分钟，再减少到2分钟。由于要面对不同的同学，讲述者为了吸引对方都会重视意义的表达；而不断地重复讲述，也使其对语篇的形式和内容越来越熟悉，因而可以加快讲述的速度；由于时间缩减的压力，也使其必然要抓住内容要旨，尽力避免重复、啰唆。

采用"4-3-2"活动有助于提高口语表达的流利性和准确性。但每次讲述的时间可根据语料内容、学生水平灵活规定。如内容简短，即可3-2-1；如内容较长、较难，也可5-4-3。开始训练时，可不限定时间，教师可根据学生水平、活动进展情况随机应变地发出时间、行动指令。

❷ 在活动❶重复的基础上，步骤一、二、四不变，步骤三有所变化，即要求最后每人要能把从对方组员那里听到的故事复述出来，并说出故事带给我们的启示。

❸ 故事A、B是一个故事的前后两部分。在活动❶的基础上，步骤一、二、四不变，步骤三有所变化，即要求最后每人要能把从对方组员那里听到的故事和自己看到的故事组成一个完整的故事复述出来，并说出故事带给我们的启示。

❹ 故事被打乱分成多个不同的语段，同组的几个同学分别得到其中的一个语段。

步骤一：每人要迅速看懂并记住自己得到的语段。

步骤二：在组内，每人复述自己得到的语段内容，大家听后讨论，排出语段的顺序，并按照正确的故事顺序再次复述，可练习两遍。

步骤三：全班集中，各组复述比赛，看哪组能准确、流利、完整地把故事复述出来。

❺ 看图讲故事。

步骤一：看图后，先组内预测并按预测内容接力编故事。

步骤二：听故事录音后，按照录音合作讲述故事，并进行猜情节、续故事结尾等后续活动。

步骤三：可以采取集体同期录音或抽查的方式，让学生再讲一遍。

步骤四：集体点评，并进行针对性训练。

【小组讨论部分】

讨论前，教师要帮助小组成员学会合作学习，做好组内任务分工。例如，主持人：负责主持讨论，确保讨论按次序进行，人人参与，讨论不跑题并控制好时间；提问者：负责向发言者提出疑问或请求其重新解释、澄清观点等，确保大家能听懂发言者的话；鼓励者：负责鼓励发言者，及时对其给予必要的帮助或鼓励，确保其能把话讲下去或表述完整；总结者：负责记录大家的观点，并能做出最后的归纳总结；报告者：负责向全班报告小组讨论情况，并回答提问。当然，任务分工是相对的，可根据小组人数和活动要求有所变动。

小组成员可经常随机变换，每个同学都能有同来自不同国家的同学合作学习的机会。组内的任务分工也要经常变换。

小组讨论主要有三种形式：

❶ 对同一问题，全班分组讨论并报告后，集体讲评。

❷ 对不同问题，全班分组讨论后，听取不同讨论报告并提问，集体讲评。

❸ 对同一问题，根据抽签决定的正、反、中立方的角色，分别发表观点并做出小组讨论报告。

【调查报告部分】主要有两种方式：

❶ 根据调查表进行课外调查，课内汇总、分析调查结果，并做出小组调查报告。

❷ 根据调查表课内进行组内成员之间的调查，然后汇总、分析调查结果，并做出小组调查报告。

【语言聚焦部分】

一般布置学生课下自主、独立完成后，自己参考附录中的参考答案进行核对。对难点或共性问题，教师可课上进行有针对性的指导或训练。

【情境配音部分】

此部分主要是训练学生的语音语调，尤其是在语境中的真实自然语调。课上观看两遍视频并根据内容做必要的问答后，教师可带领学生分角色练习两遍，然后布置学生课下反复练习，要求能够自然、流利、准确地为剧中人物配音，语音语调模仿得越像越好。如有条件，可把该部分的视频、音频发给每个学生，便于随时练习。

【记录与评价部分】

要求每学完一个单元后，学生课下自行完成。教师也要及时检查了解学生的情况，并据此采取必要的措施，鼓励帮助每个学生使其不掉队，并努力帮助他们构建高效的合作团队，使之更好地进行意义协商，让每个学生在合作学习中获益。

## 4. 视听说

上下册的最后一个单元分别是视听说——电影《刮痧》和《女人的天空》，这两个单元，每个至少用连续的4课时完成。但什么时间学习这两个单元，教师可根据教学计划和教学情况，灵活调整。

## 5. 语言工具箱

每个单元的生词或重要的难点语句都放在了这里，并且给出了拼音和英文解释，学生可随时参考、查找。

## 6. 语言实践

本部分的语言实践，主要为了帮助学生把课内和课外的学习结合起来，学以致用。同时，也可增进世界各国间相互了解，加深友谊。本部分可在教学中合适的时间提前布置学生课下准备。

语言实践包括两方面内容，可酌情选择其一：

❶ 3－4人一组，自由进行某个方面的社会调查，并准备ppt，然后小组成员向全班报告社会调查结果。

❷ 演讲比赛，由学生自由选题，准备演讲稿，在班级演讲的基础上进行年级演讲比赛。

## ■ 编者的话

本教材是将任务型语言教学理论应用于对外汉语口语教学实践的一次探索。我们主张以任务法为主，但要融会贯通其他教学法的长处，使继承与创新相结合。为了编写这部教材，几年来，我们查阅了大量可以找到的国内外口语教材，但由于没有可以直接借鉴的样本，我们遇到了很多困难，付出了超出以往编写传统教材几倍的辛劳。从每项活动的设计，到选配的每张图片、每个表格、每段视频、搭建的每个"脚手架"……我们都反复斟酌，数易其稿，每个单元无不凝聚着大家的心血和汗水。为了我们热爱的事业，为了提高教学质量和效率，为了不辜负不远万里来中国学汉语的学生们，每个人都毫无怨言。但毕竟把任务法运用于对外汉语口语教学的实践还需要一个探索、完善的过程，我们的探索才刚刚开始，还有很多难题没有解决好，教材中还存在着这样那样的缺点和不足。但无论成功的经验还是失败的教训，我们都希望能为同行，为汉语口语教学的改革、发展铺路搭桥，尽己绵薄之力。真诚地希望您能对这部教材提出宝贵意见和建议。

希望大家能喜欢这部教材，并衷心祝愿大家用得满意！学得开心！

编　者

赵　雷　赵建华　高　岳

# 致 谢

本教材是北京市教改项目"基于任务法的口语教学研究和教材编写"成果之一。此前，我们尚未见到真正意义上的任务型中级汉语口语教材，因此这是一次探索性的实践。在编写过程中，我们得到了许多同行专家的指导、帮助，得到了学校、学院领导以及同行、学生们的支持和鼓励，在此，我们谨向他们致以诚挚的谢意！

感谢复旦大学吴中伟教授，他是国内运用任务法进行汉语教学研究领域的专家，我们与他并不熟识，但他没有回绝我们冒昧的请教，多次在百忙之中审阅我们的文稿，提出了很多关键性的、十分中肯、很有价值的指导性意见和建议，令我们十分感动。

感谢我校的崔永华教授，他曾在审阅初稿的部分样课后，提出了很多具体、细致的修改意见，对我们很有帮助。我们还要感谢学校教务处和校教学督导组的鲁健骥、杨惠元、李扬、陈天顺、刘希明等各位专家，他们对我们运用本教材开设的教学实验观摩课给予了很高的评价和鼓励，给予了我们不断前行继续探索的勇气和力量。

感谢几年来和我们一起摸爬滚打的教学团队的同行王晓澎、郭颖雯、刘畅、于洁、朱艳华等老师！他们为教材的修改提出了大量宝贵的意见。也要感谢几年来试用本教材学习的所有外国留学生，他们以极大的热情参与教学实验，他们在学习中的快乐和收获给了我们信心！也感谢同意我们在本教材中使用照片的所有同学！

感谢参加了本教材前期工作的王治敏老师，她曾为本教材做了很多基础性的工作！感谢研究生涂伶俐、苏晓娟、张熠程等同学，她们为教学课件的制作付出了汗水！

我们还要感谢电影《刮痧》、《女人的天空》、《不见不散》和电视剧《我的青春谁做主》的剧作家、演员以及版权方北京鑫宝源影视投资公司、北京电视艺术中心有限公司、北京俏佳人文化传播有限公司、北京正天文化传播中心对本教材，对汉语国际推广工作的无私帮助和大力支持！

最后，衷心感谢出版社总编辑张健、责任编辑王轩等，感谢她们的支持和严谨细致的工作！

我们永远真诚地感谢大家！

编者

赵 雷 赵建华 高岳

# 目 录

| | |
|---|---|
| 请记住：你经常要用的句子 | 2 |
| 开　篇　用中学 | 5 |
| 第一单元　寒暄问候：初次见面、打招呼 | 15 |
| 第二单元　煎炸炖炒：煎炸蒸煮炒炖、谈论饮食 | 39 |
| 第三单元　住房家居：谈论住房、租房 | 67 |
| 第四单元　穿衣戴帽：描述服装、谈论服装 | 95 |
| 第五单元　交通出行：旅游、交通 | 121 |
| 第六单元　生活购物：购物、货比三家 | 151 |
| 第七单元　留学中国：生活点滴、生活求助 | 177 |
| 第八单元　入乡随俗：风俗习惯、入乡随俗 | 203 |
| 第九单元　视听说——电影《刮痧》 | 229 |
| 附录1：录音文本及部分练习参考答案 | 241 |
| 附录2：词语总表 | 284 |

图标使用说明　　　　　　　　

　　　　　　　　　配对活动　　小组活动　　全班活动　　听录音

# Mp3　目录

| 录音文件 | 课文页码 | 录音文件 | 课文页码 |
|---|---|---|---|
| 0-1 | 10 | 4-4 | 114 |
| 1-1 | 17 | 4-5 | 118 |
| 1-2 | 24 | 5-1 | 124 |
| 1-3 | 28 | 5-2 | 128 |
| 1-4 | 33 | 5-3 | 133 |
| 1-5 | 37 | 5-4 | 135 |
| 2-1 | 41 | 5-5 | 143 |
| 2-2 | 42 | 5-6 | 148 |
| 2-3 | 54 | 6-1 | 170 |
| 2-4 | 59 | 6-2 | 173 |
| 2-5 | 64 | 7-1 | 181 |
| 3-1 | 71 | 7-2 | 183 |
| 3-2 | 78 | 7-3 | 194 |
| 3-3 | 79 | 7-4 | 199 |
| 3-4 | 87 | 8-1 | 205 |
| 3-5 | 91 | 8-2 | 207 |
| 4-1 | 99 | 8-3 | 212 |
| 4-2 | 103 | 8-4 | 220 |
| 4-3 | 106 | 8-5 | 226 |

# 请记住：你经常要用的句子

**【向对方提出请求】**

　　如果对方说得太快或声音小，或你没有听懂，你想让对方慢点儿说、大点儿声，你怎样礼貌地说？

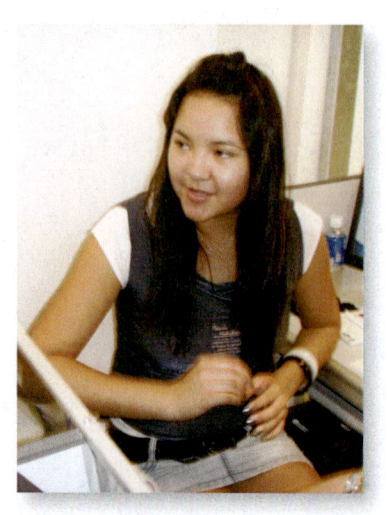

提问

- 对不起，您/你能慢点儿讲/说吗？
- 请您/你大点儿声说好吗？
- 能请您/你再讲/说一遍吗？
- 您/你能解释一下吗？
- 对不起，我没听懂你的意思，请你……好吗？

**【验证自己的理解】**

　　如果你不能确认你是否准确地理解了对方的意思，你怎么说？如果你不能肯定自己说的话对不对，应该怎么说？

证实

- 您/你的意思是……，是吗？
- 如果我没听错的话，您/你是说……，对吗？
- 我不知道这样说/理解对不对？……。
- 我不能肯定，也许你/您是说……。

请记住：你经常要用的句子

【解释自己的意思】
如果对方没有听懂或听清楚你的意思，你怎样礼貌地解释？

- 我的意思是说……。　　重述
- 哦，我是说……。
- 对不起，我可能没说清楚。我的意思简单地说，就是……。
- 您的意思我懂了，可是我是想说……。

【对话应答】

- 哦，差不多，我是说……。
- 好，我明白了。
- 嗯，我就是这个意思。
- 没错，情况就是这样。

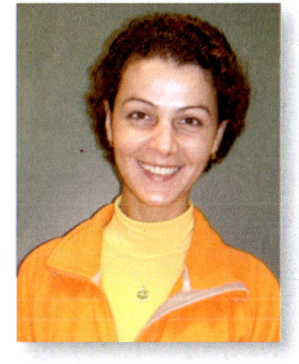

- 行。
- 对。
- 是的。
- 可以。
- 好啊。
- 没问题。
- 当然可以。

3

# 开　篇　用中学

## ■ 目标

在这一部分里，你将：

1. 进一步明确自己的口语学习目的。
2. 简要了解通过口语课要学习、提高哪些方面的能力。
3. 交流口语学习的好方法并初步了解口语课的学习方法。
4. 明确自己的现有水平和目标间的距离并制订出学习计划。

## 1 热身　明确学习目的

■ 你与下面哪位朋友的想法相同？
如果相同，说说具体理由；如果不同，说说自己的学习目的。

　　经济全球化的时代，我想做国际贸易工作，……。

　　我想多交中国朋友，还想在中国旅游更方便，……。

　　我想在国际航班上做一名空姐，飞机上有很多中国人，……。

　　我想本科毕业后再读硕士、博士，口语不好怎么……。

　　我想回国后当汉语教师，当然得……。

　　我的理想是当翻译，口译不仅需要反应快，还……。

　　将来我想当外交官，在中国使馆工作，……。

　　我想做一名旅行社的导游，为来日本的中国朋友讲解……。

　　我对中国历史、文化感兴趣，要入乡随俗……。

**该你说说了!**

我要说好汉语是因为……。所以,我一定要努力,多说多练,争取实现自己的理想。

我们都想提高汉语口语水平,为了……。那就让我们一起努力吧!为了明天,加油!

## 2 演练与交际

**老师的话**

我们知道,口语活动一般包括双向交流的"对话"和单向表达的"独白",那么,在这两个方面,你要掌握什么呢?

另外,无论"对话"还是"独白",都要靠"声音"来传达,能够运用准确自然的语音、语调是非常重要的,你的语音、语调怎么样?

下面我们就通过一些任务活动来分别检验一下吧!

### 1 初步了解学习内容

在与别人对话时,你能够根据交际情景,迅速、流利、自然地做好下面这些事情吗?如打招呼、介绍、感谢、道歉、告别、送别、挽留、祝愿、祝贺、欢迎、肯定、否定、接受、拒绝、询问、请求、劝告、建议、提醒、命令、警告、催促等。

根据对话内容和要求完成对话。

**询问**

先生,您贵姓?

免贵,我姓李。

❶ 你：_____（迟到半个小时，道歉）

　　朋友：没关系，下雨天，路滑、常堵车，我能理解。

❷ 客人：哟，不早了，都11点了，我得走了。您早点儿休息吧！

　　主人：_____（礼貌地挽留客人）

❸ 朋友：要考试了吧，别紧张！_____（祝愿）

　　你：_____（表示感谢）

❹ ［你代表公司，在机场迎接远道而来的客人］

　　你：欢迎欢迎！_____（表示问候）

　　客人：_____（感谢，并回应问候）

❺ 朋友：我给妈妈打电话，可是她总是不接，也不知出了什么事，急死我了！

　　你：_____（安慰并提出建议）

❻ 经理：亚当，今天你又迟到了！如果大家都这样，我们公司……

　　亚当：对不起，我今天_____（解释并保证）

❼ 出租车司机：先生，可找到你了！从公司到你这儿，我开了一个半小时。这是你落在我车上的包，里面有你的钱包、护照和学生证！你检查一下。

　　大卫：_____（非常感动地表示感谢）

❽ 同学：安娜，你看我新买的这双鞋怎么样？

　　安娜：_____（委婉地表示否定）

一起核对答案，看看自己哪些方面存在问题。

## 2 故事会

你能根据图片或看到的、听到的内容，向他人进行简要的描述、复述并发表自己的评论吗？通过下面这个任务活动，请你来试试吧！

3人（A、B、C）一组，分别看故事A、B、C。

与另一组同学组成一个大组（A1、B1、C1 + A2、B2、C2），以4-3-2的方式互相给对方讲述自己看到的故事，每人共讲三遍。

① A1-A2、B1-B2、C1-C2，每人给对方讲4分钟。

② A1-C2、B1-A2、C1-B2，每人给对方讲3分钟。

③ A1-B2、B1-C2、C1-A2，每人给对方讲2分钟。

说说这个故事告诉我们什么。

集体同期录音，抽查并集体讲评。

## A 故事

一次我去买票。售票员问："几张？""两张。"我回答。因为中间有玻璃（bōli, glass）窗（chuāng, window），她好像没听清楚，我就做出"2"的手势（shǒushì, gesture）。只见她认真地数（shǔ, to count）了8张票，准备撕（sī, to tear）下来，我急了，连忙用英语大声说："No, no, two!"并再次做出了"2"的手势。这回她终于明白了我只要两张票。朋友，你能告诉我她为什么把"2"理解成"8"吗？

## B 故事

有位外国朋友叫魏（wèi, a surname）爱华，正在学汉语。有一天，他在公园遇到了一位中国老人，就和他聊（liáo, to chat）起来了。老人问他："你贵姓啊？""我姓魏。"我的朋友回答。"叫魏什么啊？"老人笑着问。我朋友被糊涂（hútu, confused）了，他心里想，这老头儿是不是有毛病，怎么姓魏还要有理由啊？于是，他急忙回答："不为什么。就是姓魏！"朋友，你知道老人的真实意思吗？

## C 故事

刚来北京时，是冬天，我觉得房间里很冷，就去商店买被子。商店很大，我不知道被子在哪儿，就对一个女售货员说："你好！我想wènwèn你。"没想到，她的脸一下子红了，不等我说完转身就走了。我很奇怪，就又找了一个男售货员问："你们这儿有bēizi吗？"他拿出一个杯子说："这个行吗？"我急了，就一边说着"我要bēizi，不要bēizi"，一边做出很冷的样子。他笑了，终于明白了。朋友，你能说出我的问题在哪儿吗？

## 3 讨论交流——学习方法

掌握正确的学习方法也是很重要的，因为勤奋努力是成功的基础，正确的方法是成功的关键。

🎧 0-1 下面几位同学在谈自己的学习方法，你与他们的方法一样吗？请边听边记要点边思考。

① 我总是找一切机会跟中国人说话，在课上小组讨论时，也积极_____。不怕说_____，不懂就_____。

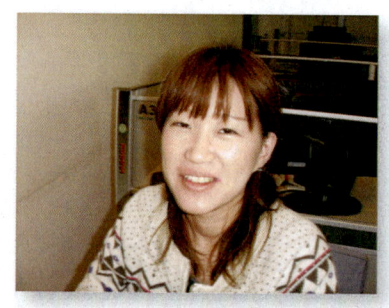

② 自己的课前预习、课后复习很重要。先_____一下课上要用的生词、句子，上课学习的效果就会好很多，课后_____也会学得更扎实。

③ 我的发音有问题，所以我经常看中文电影和电视，有些还录下来，反复听反复练，_____中国人的发音和语调，现在_____好多了，说话也更_____了。

④ 我喜欢把新学的词语_____在本子上，经常看看，努力记住。每天都要想一个题目跟自己或跟朋友连续说_____分钟，这样就能说得越来越_____了。

❺ 我们都喜欢_____活动，它是提高口语水平的好方法。每个人都有说话的机会，一点儿也不紧张，大家互相_____，进步很大。

❻ 她说得太_____了！

❼ 她刚才用的_____很好，我记住了！

❽ 没想到他们国家会用这样的方法_____问题……。

❾ 我们都喜欢_____汉语节目。

❿ 呀，_____我了，坏了，我该说什么……？

 两人一组交流一下你自己学习口语的好方法。请几位同学说说自己学习口语的好方法。

### 学习口语的好方法

我觉得学习口语的好方法主要有以下几条：

第一：_____

第二：_____

第三：_____

总之，我们不仅要努力……，还要掌握……的好方法。

# 3 视听说

**情境配音**

在各种情境中,你都能用准确、真实、自然的语音语调,得体地传情达意吗?请你试试吧!

1. 看电影《不见不散》中美国警察学汉语及刘元与李清对话的片段(约01:01—01:04)两遍。
2. 就所看内容进行问答。
3. 分角色朗读情景对白并做配音表演。

### 对白节选

[李清从外面开车回到自己的花店,看到门前停着不少警车,很是吃惊,推开店门……]

刘　元:趴下(pāxia)!
警　察:趴下!
刘　元:老实点儿!
警　察:老实点儿!
刘　元:少废话!
警　察:少废话!
刘　元:那个……少废话!同学们,这是我们的李校长!
警　察:[起立] 首——长——好!
刘　元:No, No, No, 应该说校长好!今天的课就上到这儿,下——课!同——学——们——辛苦了!
警　察:为人民服务!
刘　元:回来啦!
李　清:刘元,我够信任你的了吧?
刘　元:我没辜负(gūfù,指对不住别人对自己的希望、帮助等)你的信任啊?
李　清:我这是花店,不是警察局!你把外面弄那么多警车在那儿停着,有哪个客人愿意进来买花?你怎么那么不让人省心(shěngxīn,指不费心、少操心)呀你?
刘　元:你听我跟你说……
李　清:你简直让人头疼!

# 4 自我评价

**老师的话**

有了明确的学习目标，知道自己目前的口语水平和目标之间有多大的距离，就有了努力的方向。你知道自己现在的汉语口语是什么水平吗？请看下面的口头表达能力自我评价表，给自己打个分。然后，制订一个个人口语学习计划吧！

根据自己目前的口语水平填写"口头表达能力自我评价表"和"口语学习计划"。

| 口头表达能力自我评价表 | | | 5分 很好 | 4分 好 | 3分 一般 | 2分 较差 | 1分 很差 |
|---|---|---|---|---|---|---|---|
| (一) 对话方面 | | 1. 在学校里，能够与老师、同学自由对话、讨论问题。 | | | | | |
| | | 2. 在日常生活中，能够与中国人在各种场景下进行沟通，表达个人情感、需求。 | | | | | |
| (二) 独白方面 | 叙述性的 | 3. 能用汉语介绍自己和他人、讲述个人经历。 | | | | | |
| | | 4. 能完整地叙述或报告某件事情的经过或情况，能讲述一个不太复杂的故事。 | | | | | |
| | 议论性的 | 5. 能参与简单的讨论，清楚地表达自己的观点。 | | | | | |
| | | 6. 能主持或参加简单的采访或调查，能简要报告采访或调查结果。 | | | | | |
| (三) 交际策略方面 | 对话 | 7. 了解怎样开始、结束交谈，如何礼貌地插话、委婉地表达自己的态度等。 | | | | | |
| | 独白 | 8. 知道如何开始话题，扩展话题，结束话题。 | | | | | |

续表

| 口头表达能力自我评价表 | | 5分 很好 | 4分 好 | 3分 一般 | 2分 较差 | 1分 很差 |
|---|---|---|---|---|---|---|
| 总目标 | 准确性 准确（语音语调、词语、句子及其衔接准确、恰当） | | | | | |
| | 流利性 流利（正常语速、没有不正常停顿） | | | | | |
| | 得体性 得体（说话礼貌、恰当） | | | | | |
| | 多样性 多样（选词、用句丰富） | | | | | |
| 我的长处 | | | | | | |
| 我的短处 | | | | | | |

## 口语学习计划

在这一年里，我要努力提高以下几个方面：

1. _____

2. _____

3. _____

为此，我要努力做到：_____

_____

_____

# 第一单元　寒暄问候

■ 单元目标

在这一单元里，你将学会：

1. 初次见面时，怎样开始谈话。
2. 怎样用正式和非正式的方式介绍自己和他人。
3. 如何用正式和非正式的方式问候别人、与别人打招呼。
4. 如何用合适的体态语与他人寒暄。
5. 认识新同学并增进相互间的了解。

# 1 初次见面

## 课前预习

你知道下面这些词语的意思和用法吗?

A. 画线连接词语和它们的意思。

1. 体态语　tǐtài yǔ　　　　　　a. 邻居。
2. 寒暄　　hánxuān　　　　　　b. 身体语言。
3. 来自　　　　　　　　　　　c. 见面时相互问候等。
4. 陌生　　mòshēng　　　　　　d. 从什么地方来。
5. 隔壁　　gébì　　　　　　　　e. 弯腰曲体，以表示尊敬。
6. 鞠躬　　jūgōng　　　　　　　f. 不熟悉，没有听说或没有看见过的。
7. 不敢当　bù gǎndāng　　　　　g. 谦辞，表示对别人的夸奖等承担不起。
8. 请多关照　　　　　　　　　　h. 请对方多关心照顾自己，是初次见面时常用的客气话。

> **提示**
> 可参考本单元的"语言工具箱"。

B. 选用合适的词语完整地说出下面一段话。

> 玛丽，我到北京一个星期了，给你讲讲有意思的事情吧!
> 刚开学，_____世界各地的留学生朋友就聚在了一起，相互_____着，使用着各自不同的_____，很快，大家就熟悉了，不再_____了。
> 住在我_____的是一位日本同学，他一见面就给我_____，并说认识我很荣幸，还说_____！弄得我很不好意思。我也学着中国朋友的样子，赶紧鞠躬还礼，礼貌地说："_____，让我们互相关照！"我的样子一定很可笑。

> **思考题**
> 和外国朋友初次见面，你怎样介绍自己？

16

# 1 热身 让我们认识一下吧

**1** 全体起立，互相握手，大家彼此认识一下。尽可能记住新同学的名字和国籍！

互相自我介绍并握手。例如：

A：你好！我叫<u>山本明一</u>，来自<u>日本</u>。
B：你好！我叫<u>安娜</u>，来自<u>法国</u>。
A：认识你很高兴。
B：认识你，我也很高兴。

**2** 老师（带领全班）总结

我们班共有来自世界_____国家的_____位同学。
来自_____的同学是_____；来自_____的同学是_____；
来自_____的同学是_____；来自_____的同学是_____。
让我们大家在这个新的集体里，互相关心、互相帮助、互相学习。祝愿大家心情愉快！口语水平不断提高！

# 2 演练与交际

**1** 如何介绍

🎧 *1-1* 听录音，边听边填空。

❶ 男₁：我们_____一下，我_____刘大海，是清华大学大二的学生。你_____？
　　女：我叫麦琪，_____墨西哥。哎，你_____什么名字？
　　男₂：我叫杰夫，是人民大学的留学生，我是_____英国_____的。

❷ 女：首先，请_____我来_____介绍一下，我叫李兰。

❸ 女：先生您好！请问，您_____？
   男：_____，_____张。你是？

❹ 男：大家好！我先来_____一下，我叫加里姆，来自苏丹；_____是哈萨克斯坦同学高哈尔；她是韩国同学金珍珠；……。

两人一组，简要总结一下在不同场合，人们初次见面时如何自我介绍和介绍他人，并填在下面的表格中。

| 任务＼场景 | 正式场合 | 非正式场合 |
|---|---|---|
| 询问别人姓名 | 请问，您贵姓？ | 我叫……，你呢？ |
| 介绍自己 | 请允许我来自我介绍一下。 | |
| 介绍他人 | | |

## 2 模拟角色1——相互介绍

在以下初次见面情景中，担当一个角色，对同伴进行自我介绍或介绍他人。

❶ 开学第一天，你在教室里见到了你的外国新同学。
（提示：我来自……。）

❷ 你刚搬进了留学生公寓，想主动认识一下新邻居。
（提示：隔壁/对门儿　有空儿的时候……。）

❸ 公司派你去接中国公司的张经理。
（提示：您就是……吧？　见到您很荣幸。）

寒暄问候 第一单元

❹ 你正在办公室，你的新同事走了进来，他第一天上班。
（提示：请……多关照。  欢迎）

❺ 会谈即将开始时，向对方介绍自己的同事（可以把老师假想成是这位同事）。
（提示：请允许我来介绍一下，这位是……。）

## 3 模拟角色2——开始谈话

在下面的场景中，人们都是初次见面，他们可能在说什么？和你的同伴演练一下。尽量记住每个场景中你们所说的前两句话，再看看参考答案，与同伴一起比较一下。

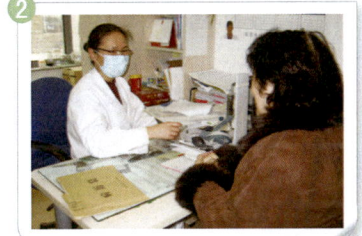

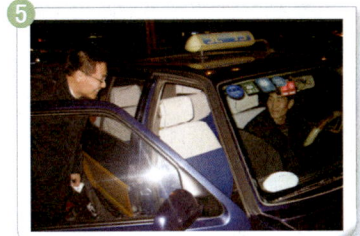

第一句话：

第二句话：

19

与同伴一起总结一下，人们在初次见面的各种场合是怎么开始谈话的。把下表中的例句补充完整。

| 初次见面怎么开始谈话 | | |
|---|---|---|
| 交际任务（场景示例） | | 例句 |
| 询问式 | 在街上：问路 | |
| | 在机场接人：问身份 | 您好！您就是王经理吧？ |
| | 在餐馆指着空座：问情况 | |
| 请求式 | 客气或比较客气地临时向身边的陌生人借笔 | 1. 您好！不知道能不能借您的笔用一下？ |
| | | 2. |
| | | 3. |
| | | 4. |
| | | 5. |
| 介绍式 | 导游自我介绍 | |
| | 主动向邻居自我介绍 | |
| 提供式 | 在飞机上给旅客送水 | |
| | 在公交车上主动为老人让座 | 老奶奶，请您坐这儿吧！ |
| 闲聊式 | 火车上、飞机上 | 哟，这孩子真可爱！ |
| | 排队等候时 | |
| 外交式 | 正式场合 | 1. 张教授您好！见到您很荣幸！欢迎欢迎！ |
| | | 2. |

 **4 故事会——我叫陈阿土**

 两人（A、B）一组，分别看故事A、B。

 与另一组同学组成一个大组（A1、B1 + A2、B2）：
① 以A1-A2、B1-B2的方式互相给对方讲述自己看到的故事。
② 以A1-B1、A2-B2，A1-B2、A2-B1的方式合作讲出完整的故事。
③ 每人练习把故事完整地讲一遍，并说说这个故事给我们的启示。

 集体同期录音，抽查并集体讲评。

## A 故事

　　陈阿土是一位农民，以前从来没有出过远门。现在生活好了，有钱了，他就参加了一个出国旅游团，让他没想到的是还让他一个人住在一个漂亮的房间里。早晨，服务员来敲门送早餐，对他说："Good morning, sir!"陈阿土一愣（lèng）：这是什么意思呢？在自己的老家，一般陌生人见面都会问："您贵姓？"于是陈阿土大声回答："我叫陈阿土！"。一连三天，都是那个服务员来敲门，每天一听到"Good morning, sir!"，陈阿土就大声回答："我叫陈阿土！"

陈阿土觉得这个小服务员太笨了，怎么三天了问自己叫什么，都搞不清楚。于是，他跑去问导游，告诉他，"Good morning, sir!"是："先生，您早！"的意思。啊呀，真尴尬。于是，陈阿土反复练习"Good morning, sir!"的发音，以便能体面地应对服务员。又一天早晨，服务员照常来敲门，门一开，陈阿土就大声叫道："Good morning, sir!"与此同时，服务员叫道："我叫陈阿土！"

## 3 语言聚焦

**1** 在不同场合，应该如何介绍自己、介绍他人，你记住了吗？完整地说出下面的句子。

① 我来自……，我叫……。

② 我叫……，你……？

③ 我来给你们……。

④ 请允许我……。（介绍自己/介绍他人）

⑤ 今天，我们很荣幸地请到了……，下面，让我们用热烈的掌声欢迎……给我们……！

**2** 初次见面如何寒暄？画线连接相关语句。

① 请问您贵姓？　　　　　　　　　　a. 认识您我也很荣幸！

② 请问，您怎么称呼？　　　　　　　b. 免贵，姓王。

③ 这是我的名片，请多指教！　　　　c. 哪里哪里，您太客气了！

④ 这是我的名片，以后请多关照！　　d. 认识您我也很高兴！

⑤ 认识您很高兴！　　　　　　　　　e. 不敢当，不敢当。／幸会！幸会！

⑥ 认识您很荣幸！　　　　　　　　　f. 谢谢！我们互相关照，互相关照！

⑦ 久仰久仰！　　　　　　　　　　　g. 我姓王。／我姓王，叫王英。

# 2 打招呼

■ 课前预习

你知道下面这些词语的意思和用法吗？

A. 画线连接词语和它们的意思。

① 擅长　shàncháng　　　　　a. 很多年没有见面了。
② 荣幸　　　　　　　　　　b. 恰好，正好。
③ 拱手　gǒng shǒu　　　　　c. 到一个地方，就顺从当地的习俗。
④ 冒犯　　　　　　　　　　d. 在某方面有特长。
⑤ 太巧了　　　　　　　　　e. 光荣而且幸运。
⑥ 跨文化　　　　　　　　　f. 中国人传统的交际礼节。双手在胸前合抱，表示恭敬。
⑦ 多年未见　　　　　　　　g. 言语或行为没有礼貌，冲撞了对方。
⑧ 入乡随俗　　　　　　　　h. 不同文化间的沟通、交流。

B. 选用合适的词语填空。

① ＿＿＿＿＿＿相迎。
② 孩子＿＿＿＿＿＿了您，请原谅。
③ 我们到了中国，应该＿＿＿＿＿＿。
④ 她＿＿＿＿＿＿唱中国民歌。
⑤ 没想到能在这儿见到你，真是＿＿＿＿＿＿！
⑥ 能在北京见到您，真是很＿＿＿＿＿＿。
⑦ ＿＿＿＿＿＿，您还是那么漂亮！
⑧ 来自世界各地的同学在＿＿＿＿＿＿交流。

> 提示
>
> 可参考本单元的"语言工具箱"。

**思考题**

和中国朋友相遇时，应该怎么打招呼？

沟通——任务型中级汉语口语·上

# 1 热身　熟人见面

你知道在非正式场合中国人熟人见面时怎样打招呼吗？除了"您好！"或"你好！"外，人们还常常说什么？参照下面的场景，快速练习一下。

校园散步时

公园健身时

影剧院门口

商场购物时

车站等车时

机场候机时

火车上

公司门口

# 2 演练与交际

### 1 模拟演练——熟人打招呼

听录音，边听边记下有关的内容。

　　你知道在非正式场合中国人见面时怎样打招呼吗？除了"您好！"或"你好！"外，他们常常是根据时间、地点、对方的＿＿＿＿随口发问，也就是说，可以根据对方正在＿＿＿＿、要做什么事或估计对方刚刚做完什么事来＿＿＿＿。如"洗衣服呢？""买东西呀？""上班去？""出去了？""回来了？"等，回答时，可以简单地肯定或否定。如"买东西呀？""——啊，＿＿＿＿。""出去了？""——嗯，＿＿＿＿。""吃饭了吗？""——＿＿＿＿呢。"等。

　　有时，匆忙间一句简单的称呼配上微笑点头，如"张总！""噢(ō)，小李！"也就可以了。一般问候的时候句调＿＿＿＿扬，回答时句调＿＿＿＿降。

24

根据刚才听到的内容和"热身"中的场景,重新演练一下。

**2** 指出并改正对话中的错误。

 3人一组。先分角色读一读,然后找出不合适的句子,说明理由并改正。

① 在同学的生日宴会上
玛　丽:田中,这是安娜,我的同屋。
田　中:你好!认识你,我感到很荣幸,请多关照!
安　娜:认识你很高兴!

② 在教室里,王老师与学生们第一次见面
王老师:你们好!我先来自我介绍一下,我是你们的班主任,王雪。
大　卫:啊,王雪,你好!
金英南:王老师好!

③ 留学生亚当去孙教授家做客
孙教授:亚当,这是我爱人,刘老师。
亚　当:刘太太好!
刘老师:你好!欢迎你来家里做客!

④ 在校园里,中国学生小张和小刘遇见了外国留学生杰克。
小　张:嗨(hēi),杰克,去哪儿啊?
杰　克:[愣了一下]啊……,你……你为什么要问我这个问题?
小　刘:[看了看小张,笑了一下]啊,没什么,只是跟你打个招呼,你快走吧!

各组总结报告，以"与中国人见面寒暄，我们要注意以下几点"开头，完成下面的小结。

> **小结**
>
> 与中国人见面寒暄，我们要注意以下几点：
> 第一，称呼方面，要注意……。如对长辈、老师等，不能……。
> 第二，正式场合，一般要说……；非正式场合，要根据……。如……。
> 第二，主动跟对方打招呼时，句调……，回答时，句调……。
> 总之，见面打招呼是人之常情，我们与中国人打招呼时要注意上述几点。

**提示**

可以从称呼（考虑身份、职业、年龄等）、中国人见面打招呼的特点（如正式与非正式场合、见面时间、地点、行为）、打招呼的句调等方面考虑。

全班交流，对"小结"进行补充修改并达成一致。

**3 模拟角色——打招呼**

在以下情景中快速打招呼，A、B可换成自己的真实姓名。

例如：周末，中国学生李强遇上了英国同学大卫。

嗨（hēi），大卫，出去呀？

啊，出去办点儿事！

寒暄问候 第一单元

下午六点半,韩国留学生A在校园里遇到了刚下班准备回家的院长B。

大学毕业十年后,A在飞机上巧遇老同学德国人B。
（提示：真是太巧了　十年未见,你还是……）

③ 上午十点,公司职员A在办公室门口遇见了急匆匆经过那里的总经理B。

④ 早晨,留学生A在路口遇到了昨天帮他修好自行车的50多岁的师傅B。

各组抽签选择一题在班内表演。师生点评。

**4** 讨论交流——入乡随俗

### 老师的提示

见面打招呼相互问候时,不仅问候语不完全一样,各个国家或不同民族的体态语也不完全相同。比如握手、鞠躬、拥抱、亲吻、贴脸、欠身点头、吻手、碰鼻子、双手合在胸前（合十礼）、拱手等。一些体态语在一种文化环境里表示某种含义,可以被接受；但在另一种文化里可能有不同含义,或可能冒犯对方。因此,为了跨文化交际的成功,我们应该遵循入乡随俗的原则。

在你的国家,人们见面时,说什么？做什么？4–5个不同国家的同学组成小组,组内进行角色分工（主持人、提问者、鼓励者、总结者、报告者）,然后一起交流、展示。

各组代表向全班表演、说明各国"见面打招呼"的习俗。大家来比较异同。

在葡萄牙,男人相见时多是热情拥抱、互拍肩膀等;关系亲近的女人之间是互相亲脸;父母子女之间是亲脸、亲额头;男子对尊贵的女宾往往亲一下手背(或手指)以示尊敬。

在日本,人们见面时一般不握手,而习惯相互鞠躬,鞠躬的深度表示对被问候人的尊敬程度。毕恭毕敬地鞠躬已成为我们的礼仪习惯。

在伊朗,人们一见面就要热情打招呼,说"萨拉姆(你好)!"在正式场合见面时,人们习惯握手,握手后,双方还需要互吻面颊(jiá)。但是男女之间是不可以握手或亲吻的。在一般场合,地位相同的人们可以互相拥抱。

## 3 语言聚焦

**1** 听录音,将一位留学生的自述补充完整。

我来中国已经一个多月了,我在这里学到的第一句话就是"你好"。早上在操场上跑步遇到朋友,我说"你好";中午在食堂见到卖饭菜的师傅,我说"你好";下午在校园里看到老师,我也说"你好"。时间长了,我慢慢发现这里的人还有很多别的打招呼的方法。比如,在操场上见面时会说"_____",在公共汽车站见面了会说"_____",看见你要出门,朋友会问"_____",看见你从超市回来,朋友会说"_____"等等。现在我已经习惯了这种打招呼的方法,要入乡_____嘛。

**2** 快速完成各种情景中的"打招呼"。

❶ A：_____？
   B：起来了。

❷ A：早啊！
   B：_____。

❸ A：_____？
   B：随便走走。

❹ A：锻炼呢？
   B：嗯，_____。

❺ A：吃饭了吗？
   B：_____，你呢？

❻ A：_____？
   B：没忙什么，找本书。

❼ A：等人呢？
   B：_____。

❽ A：_____！
   B：可不，都零下了，衣服穿少了。

# 3 视听说

■ **课前预习**

你能准确使用叹词吗？先试着完成下面几个小动物的对话。

❶
哎哟，大王，你怎么把这事忘了呢，_____？你真是不把我放在心上！

❷
_____，真对不起，我不是故意的！

❸
_____，还不是故意的呢！别以为我不知道你心里是怎么想的！

❹
_____，你怎么能那么说人家呢？大王，多老实的人啊，他怎么能是故意的呢！

**提示**

如果你不能确定自己说得对不对，就看看右面这些叹词的解释，修改后，再与附录中的答案核对一下，不清楚的问问老师。

**常用叹词**

啊（ā、á、ǎ、à）表示答应、追问、怀疑、赞叹等。
哎（āi）表示招呼、提醒、应答、不满等。
唉（ài）表示伤感或叹息。
哎呀（āiyā）表示惊讶、埋怨或不耐烦等。
哎哟（āiyō）表示惊讶、痛苦等。
咳（hāi）表示后悔或惋惜。
嗐（hài）表示伤感或惋惜。
哼（hēng）表示怀疑、轻蔑或不满。
噢（ō）表示醒悟或惊讶。
哦（ò）表示明白了。
嗯（ng）表示肯定或答应。
哟（yō）表示轻微的惊异。

**思考题**

图2、图4中，还可使用哪几个不同的叹词？

## 1 情境配音

1. 看电视剧《我的青春谁做主》第2集片段（约00:38–00:40）两遍。
2. 就所看内容进行问答。
3. 分角色朗读情景对白并做配音表演。

对白节选

[方奶奶家门口]

方奶奶：谁呀？

钱小样：请问是方奶奶家吗？

方奶奶：我就是。你是谁呀？

钱小样：方奶奶您好！我叫钱小样，是方宇的朋友。前两天您给他打电话的时候，我就在边儿上。

方奶奶：噢（ō），他说有女朋友了，你就是吧？

钱小样：嗯（ǹg），是我，奶奶。

方奶奶：好，好，好。奶奶就盼着你来呢。方宇呢？

钱小样：啊？他没在家呀！那个，我们俩约好的一起来看您，可我联系不上他，就先过来了。

方奶奶：啊……啊……啊，好，好，好。赶紧（gǎnjǐn，抓紧时间，快点儿）先进屋。

[方奶奶家里]

钱小样：奶奶，这是给您拿的水果。

方奶奶：谢谢！哟（yō），你多大了？

钱小样：我今年二十一岁了。

方奶奶：噢，小样，名字朴实。老话讲不张狂（zhāngkuáng，这里指任意作为，没有顾忌），压得住。人长得也漂亮。

钱小样：奶奶您气色真好，也就六十出头儿吧？

方奶奶：七十三了，我都。你可真会说话！

## 2 语言聚焦

### 1 用不同语气说出下面的句子。

**❶ 谁呀?**

a. 白天在屋内听到敲门声

你 问:<u>谁呀?</u>(询问)

b. 风雨交加的夜晚,你一人在家突然听到急促的敲门声

你 问:<u>谁呀?</u>(害怕地)

c. 你正在睡觉,听到很不礼貌的敲门声

你 问:<u>谁呀?</u>(生气地)

**❷ 我就是。**

a. 老　师:谁是新来的学生?

新　生:<u>我就是。</u>(自信地)

b. 警　察:住在512房间的李大朋是谁?

李大朋:<u>我就是。</u>(害怕地)

c. 客　户:您好,我想找一下这里的负责人。

经　理:<u>我就是。</u>(强调地)

**❸ 你就是吧?**

a. 妈　妈:她说已经找到男朋友了,<u>你就是吧?</u>(猜测)

女儿的男朋友:是我,阿姨。

b. 警　察:<u>你就是那个酒后驾车的司机吧?</u>(质问)

司　机:是……是我。(害怕地)

### 2 选用合适的叹词,完成下面的对话。

**❶** 小　李:小张没说你的坏话!

黄　平:他没说?_____,别以为我不知道!(哟、哼、嗐)

**❷** 大　夫:小朋友,我给你上点儿药就好了,别怕!

小孩儿:_____,疼死我了,您轻点儿啊!(嗯、啊、哎哟)

**❸** 安　娜:她什么时候说过真话!

阿　里:_____,你怎么能那么说她呀!(嗯、哎呀、哦)

④ 老　张：我说他去比赛不合适是因为他最近感冒了，不是他没能力。
　　老　李：_____，我明白你的意思了。（哦、啊、哟）

⑤ 卡　亚：明天我去机场，你去火车站。
　　山　田：_____，就这么办吧！（哦、嗯、哟）

⑥ 李　天：_____，你已经来了！我还以为你得半小时后到呢。（哟、嗯、噢）
　　志　雄：今天运气好，路上没堵车。

⑦ 阿　姆：_____，老板，这苹果多少钱一斤？（啊、哟、哎）
　　师　傅：三块五。你要多少？

⑧ 丽　莎：_____，这儿真美啊！（啊、嗯、哦）
　　小　龙：可不是！我都不想回去了！

⑨ 大　卫_____，我怎么把这件事忘了！（啊、咳、嗯）
　　百　灵：没关系，现在打电话也不晚。

⑩ 玛　丽：_____，你不是很有钱吗？拿出来呀！（嗯、啊、哼）
　　阿　姆：哎呦，我跟你开玩笑呢，你还当真了。

⑪ 丽　莎：_____？你说什么？我一点儿也听不清楚，大点儿声啊！（嗯、哟、啊）
　　阿　里：我是说明天去不了啦！有大雨！

⑫ 妮　娅：杰夫来看你了吗？
　　奥　佳：_____，别提他啦！他太让我伤心了。（嗐、哟、哦）

⑬ 百　灵：这次你考得怎么样？
　　阿　里：_____，这次的成绩太让我失望了！（唉、哦、哟）

### 3 　学说绕口令

大猫和小猫

大猫毛长，小猫毛短，
大猫毛比小猫毛长，
小猫毛比大猫毛短。

# 4 记录与评价

根据本单元你的学习情况，填写"我的备忘录"和"评价表"。

| 我的备忘录　（　　年　　月　　日） ||
|---|---|
| 本单元学过的最有用的语句 | 容易错的语音语调和语句 |
| 1 | |
| 2 | |
| 3 | |
| 4 | |
| 5 | |
| 6 | |

| 评价表 | | | | | 年　月　日 | | | | |
|---|---|---|---|---|---|---|---|---|---|
| 口头交际任务 | 完成质量 | | | | 5分 很好 | 4分 好 | 3分 一般 | 2分 较差 | 1分 很差 |
| 1. 初次见面时，能用汉语自然地开始谈话。 | | | | | | | | | |
| 2. 能用正式和非正式的方式介绍自己和他人。 | | | | | | | | | |
| 3. 能用正式和非正式的方式问候别人、与别人打招呼。 | | | | | | | | | |
| 4. 能用合适的体态语与他人寒暄。 | | | | | | | | | |
| 5. 能流利、准确、完整地复述小故事。 | | | | | | | | | |
| 6. 能根据情境，自然、准确、流利地为人物配音。 | | | | | | | | | |
| 7. 积极主动地参与课堂活动，具有与小组同学互助、合作的团队精神。 | | | | | | | | | |
| 8. 自己在小组讨论中的职责是：_____，自己的职责完成得怎么样？ | | | | | | | | | |
| 9. 我认为我们小组的表现： | | | | | | | | | |

10. 自己需要注意的问题（如态度、语言方面等）是：

11. 我们小组需要改进的问题是：

# 5 相关链接

## 1 见面打招呼

中国人见面时有时会问些私人问题，如"吃饭了吗？""您出去？"等，这种问候，并不表示别人对你的私生活感兴趣，只是出于热情、礼貌或对你的关心。如吃饭时间前后问一声"吃了吗？"仅是一句热情的招呼而已，并不是人家想请你吃饭。打招呼也不一定要求得到准确的回答，如"去哪儿？"回答"随便走走"就可以了。有时，匆忙间只是热情地招呼一声"老刘""小张"，也就表达了彼此的问候，不一定非说几句问候的话不可。

见面问候时，常常是晚辈或级别、地位低的人先开口，这样显得更有礼貌。但握手时情况与此相反。打招呼时也可以只说"您早！"或"您好！"什么的，不一定非说"王先生，您早！"或"您好，王先生！"。

除早上外，两个中国人见面时一般不说"白天好！""晚上好！"。"下午好！""晚上好！"一般是会议、广播影视节目的主持人在会议或节目开始时用于问候听众、观众的。

一般地说，称呼长辈或地位高于自己的对方时用"您"更礼貌些。但在家庭中或熟人中间也可以用"你"来称呼长辈。

## 2 电视剧《我的青春谁做主》故事梗概及人物关系

这是一个家庭里三个表姐妹的青春故事。她们成人后从梦想走进现实，每人都发现自己要面对一个超高难度的命题。她们不但要用智慧给出完美答案，还要翻越父母意志的高山阻挡，个性和理想是她们前往的彼岸。

赵青楚要在"理智与情感"间做一个抉择。无法兼得，她选择了其中一个，那是否意味着要永远失去另一个？

钱小样为追求"个性和自由"，付出了惨痛代价，但她真的就错了吗？在她放弃自我、选择承担责任以后，理想是否从此就跟她南辕北辙、渐行渐远？

李霹雳拼命挣扎，试图从母亲打造的成长模式中破茧而出，要在"世俗成功"和"自我实现"两者之间，找一个自己内心希冀的方向，要么妥协、要么反叛。

在每个女孩儿的生活命题里，母亲都试图扮演掌控和指挥的角色，她们坚信孩子的理想主义一定会在自己的经验主义面前折戟沉沙，每对父母与孩子都在PK，我的青春到底应该谁做主？

一代人有一代人的青春，杨家三姐妹的青春带着鲜明的时代烙印。三十年前，一句"知识青年到农村去"的口号改变了她们的青春命运，三姐妹天各一方，各自成家立业。三十年后，第二代的杨家表姐妹正值青春，和这个时代大多数的年轻人一样，她们并不满足于长辈们对自己青春的设想，她们要按照自己的意愿，勾画一个完全属于自己的青春蓝图。

《我的青春谁做主》【杨家人物关系表】

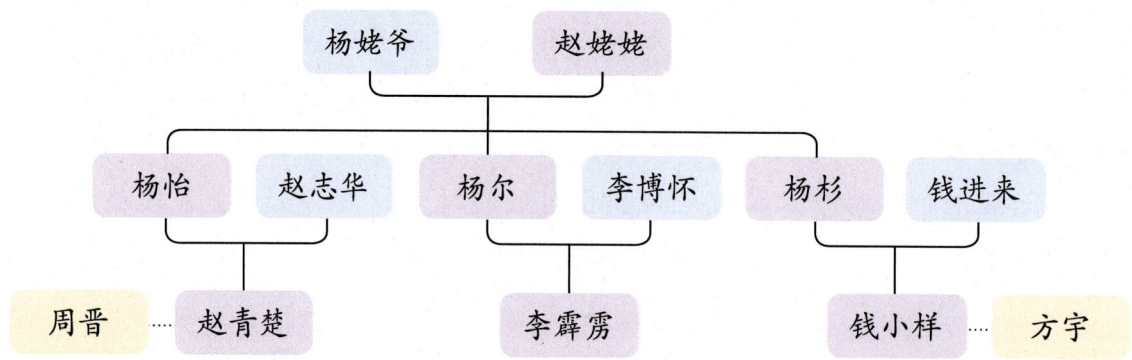

# 6 语言工具箱

*1–5*

## 1 初次见面

| | | | |
|---|---|---|---|
| 1. | 体态语 | tǐtài yǔ | body language |
| 2. | 寒暄 | hánxuān | exchange of conventional greetings |
| 3. | 来自 | láizì | to come from |
| 4. | 陌生 | mòshēng | strange |
| 5. | 隔壁 | gébì | next door |
| 6. | 对门儿 | duìménr | the house or room opposite |
| 7. | 鞠躬 | jū gōng | to bow |
| 8. | 不敢当 | bù gǎndāng | It's too much of a compliment. |
| 9. | 请多关照 | qǐng duō guānzhào | Nice to meet you. |
| 10. | 行李架 | xíngli jià | baggage rack |
| 11. | 公寓 | gōngyù | apartment |
| 12. | 请允许我来…… | Qǐng yǔnxǔ wǒ lái…… | Please allow me to… |
| 13. | 您贵姓？ | Nín guìxìng? | May I have your surname? |
| 14. | 您怎么称呼？ | Nín zěnme chēnghu? | How would you like to be addressed? |
| 15. | 请多指教！ | Qǐng duō zhǐjiào! | Your advice and comments are highly appreciated. |
| 16. | 愣 | lèng | to be dumbfounded |
| 17. | 丢脸 | diū liǎn | to lose face, to be humiliated |
| 18. | 丢人 | diū rén | to be disgraced |
| 19. | 幸会 | xìnghuì | It's an honour (for me) to meet (you). |
| 20. | 匆忙 | cōngmáng | hastily |
| 21. | 操场 | cāochǎng | playground |
| 22. | 师傅 | shīfu | master |

## 2 打招呼

| | | | |
|---|---|---|---|
| 23. | 擅长 | shàncháng | to be good at |
| 24. | 荣幸 | róngxìng | to be honoured |
| 25. | 拱手 | gǒng shǒu | to cover one's right fist with one's left hand |
| 26. | 冒犯 | màofàn | to offend |
| 27. | 太巧了 | tài qiǎo le | What a coincidence! |
| 28. | 入乡随俗 | rù xiāng suí sú | to conform to local customs |

37

| 29. | 偏好 | piānhào | to have a special fondness for sth. |
|---|---|---|---|
| 30. | 口味 | kǒuwèi | (one's) taste |
| 31. | 不一 | bùyī | to differ |
| 32. | 自述 | zìshù | to give an account of oneself |

## 3 视听说

| 33. | 嗨（表示招呼或提醒） | hēi | hi |
|---|---|---|---|
| 34. | 噢（表示醒悟或惊讶） | ō | oh (*indicating awareness or surprise*) |
| 35. | 嗯（表示肯定或答应） | ǹg | yes |
| 36. | 哟（表示轻微的惊异） | yō | oh (*indicating slight surprise*) |
| 37. | 朴实 | pǔshí | plain |
| 38. | 赶紧 | gǎnjǐn | quickly |
| 39. | 张狂 | zhāngkuáng | flippant and impudent |
| 40. | 气色 | qìsè | complexion |
| 41. | （六十）出头儿 | (liùshí) chūtóur | a little over (sixty) |

# 第二单元　煎炸炖炒

■ **单元目标**

在这一单元里，你将：

1. 能说明煎炸蒸煮炒炖的区别。
2. 能简要介绍某种食品的制作过程。
3. 熟悉中国的菜肴，熟练完成在中餐馆点菜的任务。
4. 能流利地谈论健康饮食。

# 1 煎炸蒸煮炒炖

■ 课前预习

你知道下面这些词语的意思吗？

A．画线连接词语和它们的意思，并与同伴核对一下。

> 提示
> 可参考本单元的"语言工具箱"。

❶ 煎　jiān　　　　a. 利用水蒸气的热力使食物熟或热。

❷ 炸　zhá　　　　b. 把食物放在热油里，慢慢把食物弄熟，油量要多一些，能把食物淹没。

❸ 蒸　zhēng　　　c. 把肉片（也可以是其他食物）放在开水里，烫熟马上取出，放在作料里吃。

❹ 煮　zhǔ　　　　d. 把食物放在火上，或靠近火，使食物热或熟。

❺ 炒　chǎo　　　e. 锅里放少量的油，加热后把食物放进去，使食物表面变成黄色。

❻ 炖　dùn　　　　f. 先在锅内放少量的油，再把食物放在锅里不停地翻动，使食物熟或热。

❼ 烤　kǎo　　　　g. 把食物放在锅里，加水，加调料，小火，慢慢烧，直到烂熟入味。

❽ 涮　shuàn　　　h. 把食物或其他东西放在开水锅里，不停地加热。

B．看看下列食物适合用哪种方法烹饪（有些食物可能有多种烹饪方法）。

|   | 油菜 | 薯条 | 花生 | 鱼 | 排骨 | 鸡翅 | 羊肉 | 米饭 | 包子 |
|---|---|---|---|---|---|---|---|---|---|
| 煎 | | | | | | | | | |
| 炸 | | | | | | | | | |
| 蒸 | | | | | | | | | |
| 煮 | | | | | | | | | |
| 炒 | | | | | | | | | |
| 炖 | | | | | | | | | |
| 烤 | | | | | | | | | |
| 涮 | | | | | | | | | |

● 思考题

1. 思考一下，煎与炸、煮与涮、炒与炖有什么区别。
2. 你在中国留学期间常常自己做饭吗？你会做什么菜，能介绍一下吗？

# 煎炸炖炒 第二单元

## 1 热身

两人一组,讨论一下,下列图片中的食品是用哪种烹饪方法制作出来的。

鸡蛋　　丸子　　包子　　豆角

胡萝卜、牛肉　　面条　　肉串　　羊肉

## 2 演练与交际

**1** 说说煎、炸、蒸、煮、炒、炖、烤、涮的区别

🎧 2-1 根据你听到的内容,选词填空。

煮、煎、锅贴儿、蒸、蒸饺、水饺

　　一种食品,可以采用不同的方法制作,做出不同的味道。

　　就拿饺子来说,我们通常说的饺子,指的是_____,也就是_____熟的饺子(见右上图)。

　　其实饺子还可以_____着吃或_____着吃,蒸着吃的饺子叫_____(见左图),煎着吃的饺子叫_____(见右下图)。

沟通——任务型中级汉语口语·上

两人一组，一起说一说下面各种烹饪方法的主要区别。

① 煎和炸的区别是：_____
② 煎和烤的区别是：_____
③ 炒和炖的区别是：_____
④ 煮和涮的区别是：_____
⑤ 煮和蒸的区别是：_____
⑥ 煮和炖的区别是：_____

提示

a. 是否用油。　　b. 是否直接接触水或火。　　c. 是否用调料。
d. 用油量多少。　e. 用水量多少。　　　　　　f. 时间长短。

## 2 学做西红柿炒鸡蛋

### 西红柿炒鸡蛋所需要的原料

 听录音《西红柿炒鸡蛋》，边听边填空。

### 西红柿炒鸡蛋

　　西红柿炒鸡蛋需要的主料有：鸡蛋3个，西红柿150克。配料是：大葱、姜、植物油、香油、酱油、鸡精、淀粉、盐、糖。

42

制作的过程：

1. _____西红柿洗净后_____成滚刀块；把葱、姜_____成葱花、姜末。
2. _____鸡蛋_____入碗中，_____少量盐，_____筷子搅打均匀。然后_____炒锅烧热，_____适量的油，_____蛋液_____进锅里炒熟后盛出。
3. _____水烧开，_____西红柿_____到水里焯（chāo）3秒钟后_____出。
4. 碗内放入适量的糖、盐、鸡精、香油、水淀粉和酱油，调成_____。
5. 锅中放少量植物油，烧热后放入葱花、姜末，爆出香味后放入西红柿和炒熟的鸡蛋，_____几下，放入_____好的汁，再翻炒几下就可以_____了。
这道菜的_____是红黄相间、鲜香酸甜。需要_____的是，炒制这个菜时，要旺火速成。

 看提示图片，按图片的顺序进行描述。

图片提示1：

❶

❷

❸

图片提示2:

④

⑤

⑥

全班同学一起看视频《天天饮食家常菜——家常番茄蛋》。然后在老师的带领下,全班同学一起讨论西红柿炒鸡蛋的制作方法。课后大家自由分组,按照学习的方法在家里试着做一下,下次课,大家一起交流,解决碰到的问题。

### 3 介绍自己喜欢的一道菜

3人一组,相互介绍自己最喜欢的一道菜。请按以下步骤进行说明:
① 菜名;
② 主要原料和制作方法(注意"把"字句的使用);
③ 这道菜的特点(为什么喜欢、味道、对身体的好处等)。

各组选出最有特色的一道菜,向全班推荐。之后全班投票选出一道大家"最想吃的菜",记录下来,回家后尝试一下。

## 你可能用到的词语

把……切成碎末（丝儿、片儿、块儿）／把火开大

蒜 　　黄油 　　菜花 　　西兰花

土豆 　　黄瓜

芥末 　　咖喱粉 　　洋葱 　　辣椒

柿子椒 　　胡萝卜

我最喜欢的一道菜叫……。
炒这个菜需要……，配料是……。
炒菜前要……。
原料准备好以后，锅里先放……，翻炒几下，然后再加入……，炒熟装盘就可以了。

 **4** 故事会——两个饥饿的人

 两人（A、B）一组，分别看故事A、B。

 与另一组同学组成一个大组（A1、B1 + A2、B2），以3-2-1的方式互相给对方讲述你看到的故事。每人共讲三遍。

① A1–A2、B1–B2，每人给对方讲3分钟。
② A1–B1、A2–B2，每人给对方讲2分钟。
③ A1–B2、A2–B1，每人给对方讲1分钟。

说说这两个故事给我们的启示，并比较一下这两个故事的异同。

 集体同期录音，抽查并集体讲评。

## A 故事

从前，有两个饥饿的人在赶路，正当他们饿得走不动的时候，遇到了一位好心的老人。老人送给他们两件礼物：一根鱼竿（gān）和一篓（lǒu）鲜鱼。一个人立刻要了那一篓鱼，另一个人只好要了剩下的那根鱼竿，然后他们就分开了。

得到鱼的人就在原地找了一些干柴（chái）烧火煮鱼，他真是饿坏了，很快，还没有吃出鲜鱼的美味，他就把鱼全吃光了。过了没几天，他就饿死在空空的鱼篓旁。

另一个人提着鱼竿饿着肚子，一步步继续艰难地向海边走去，当他已经看到不远处那片蓝色的海洋时，他兴奋极了，可是他的最后一点儿力气也使完了，只能带着遗憾（yíhàn）离开了人间。

---

## B 故事

又有两个饥饿的人，正当他们饿得走不动的时候，遇到了一位好心的老人。老人送给他们同样的礼物：一根鱼竿（gān）和一篓（lǒu）鲜鱼。

有了美味的食物，他们也有了新的想法，要一起去找大海。他们计划得很好，每次只煮一条鱼，吃完后继续赶路。经过很多日夜（yè yǐ jì rì）的长途跋涉，他们终于来到了海边，从此，两个人开始捕（bǔ）鱼为生。

几年后，他们在海边盖起了房子，并建起了渔船，建造了自己的新渔船，更入了海中出海捕鱼，人们也来买他们的鱼，孩子们都背起书包念书了，过上了幸福安康的生活。

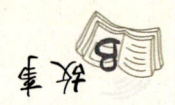

# 3 语言聚焦

**1** 读一读，然后填空。

　　来中国以前就听说中国菜的种类非常丰富，今天我终于了解到这是由于有不同的烹饪方法。比如，同样是用油来进行烹饪，_____比_____用的油更多；_____虽然不用油，但是需要把食物直接放在火上。另外，说到用水来进行烹饪，我发现_____比_____用的水少。其实，_____也要用水，但是和_____、_____不同的是，蒸的时候_____。说实话，中国美食里我最喜欢吃的要数涮羊肉了。有一次，我在家里邀请几位中国朋友吃涮羊肉，我们吃得都很开心，可是我的中国朋友却说，我把涮羊肉做成_____了。后来我才知道，原来是因为我把羊肉放在水里的时间太长了。看来我还得好好学习各种不同的烹饪方法啊！

**2** 根据图片，参考以下各组词语说一段话，注意使用"把"字句。

| | | | | |
|---|---|---|---|---|
| ❶ 土豆 | 片 | 水 | 洗 | 备用 |
| ❷ 白菜 | 丝 | 盘子 | 备用 | |
| ❸ 黄瓜 | 丁 | 盘子 | 备用 | |
| ❹ 胡萝卜 | 滚刀块 | 盘子 | 备用 | |
| ❺ 肉 | 洗干净 | 片 | 备用 | |
| ❻ 鸡蛋 | 打到碗里 | 搅打 | 均匀 | 备用 |
| ❼ 葱花 | 7分热的油 | 爆 | 香味 | |
| ❽ 面条 | 开水 | 煮 | 5分钟 | 捞 |

# 2 谈论饮食

## 课前预习

理解下面的词语和句子，并选择合适的词语或句子填空。

> 果酱、馅儿饼、奶酪、蛋白质、维生素、馄饨、豆浆、低血糖、胆结石、人是铁，饭是钢、一日之计在于晨、忽视

来中国以后我发现中国人吃早餐的习惯和我们差别很大，我们早上常常是吃面包、_____、_____，喝牛奶，还有一些水果，中国人吃包子、_____、_____、油条，喝_____，但无论哪种吃法，都富含_____和_____。有人早上不习惯吃早饭，我认为这样是不太好的，俗话说，_____在于晨，早饭很重要。中国人还常说"人是铁，_____"，听说不吃早饭容易造成_____，还容易得_____、胃病等。为了自己的健康，千万别_____了早餐。

**思考题**

除了本国食品，你还喜欢什么风味的食品？喜欢中餐吗？你认为什么样的食品更有利于健康？

# 1 热身

你能说出下面图片中的食品名称吗？你吃过其中的哪些食品？味道怎样？两人一组，相互交流一下，并对这些食品进行归类（哪些食品是中国人常吃的早餐，哪些属于快餐）。

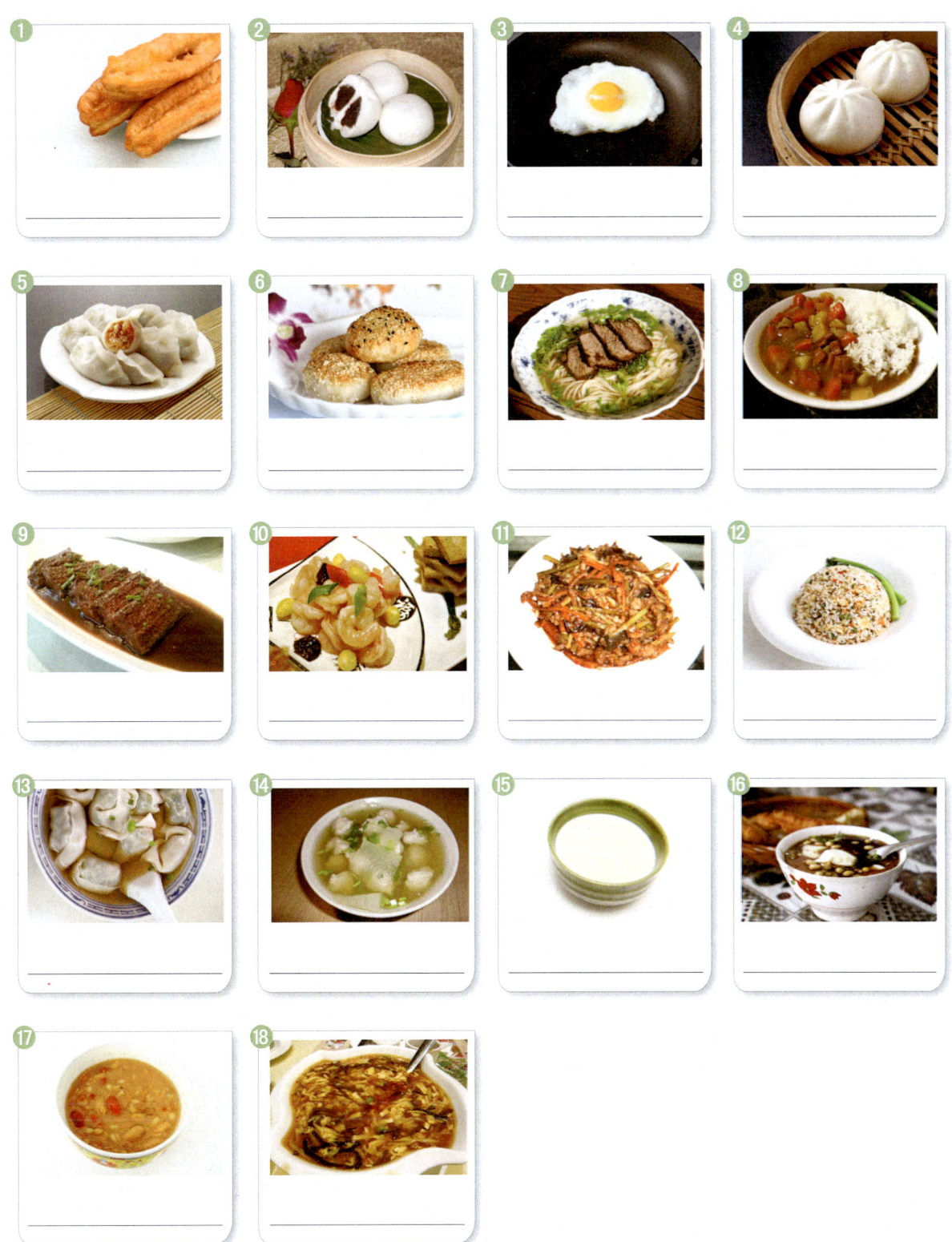

## 词语归类

| | | |
|---|---|---|
| 豆包 | | 豆腐脑 |
| 烧饼 | 早餐 | 牛肉面 |
| 油条 | | 酸辣汤 |
| 红烧带鱼 | | 豆浆 |
| 包子 | 快餐 | 绿豆粥 |
| 馄饨 | | 丸子汤 |
| 炒饭 | | 腰果虾仁 |
| 盖饭 | 其他 | 荷包蛋 |
| 饺子 | | 鱼香肉丝 |

# 2 演练与交际

## 1 讨论——怎么吃才是健康的

下面的饮食金字塔是中国人的传统饮食结构，也就是以谷物、蔬菜为主，配以肉、蛋、奶等，中餐的烹调方法也是多种多样，有的清淡，有的油腻。在你们国家，人们的饮食习惯是怎样的？你认为哪些食物和饮品有益于健康，哪些不利于健康？如何才能吃得健康？3人一组，将左侧各类饮食按照健康与否进行归类，并就以上问题进行讨论。

请两个小组的代表汇报讨论结果。

**各类饮食举例**

汉堡、油条、薯条、蔬菜、泡菜、烤羊肉串、鸡蛋、水果、牛奶、豆浆、咖啡、啤酒、茶、可乐、巧克力、冰淇淋、糖……

**饮食金字塔**

## 2 餐馆点菜

4人一组，一人为餐馆服务员，三人为就餐者，大家快速阅读菜谱，点出今天要吃的饭菜（要求：所点的菜要冷热、荤素搭配，还要有汤、饮料、主食或点心等）。服务员可以做一些推荐和介绍。最后，服务员把点的菜、汤、饮料、主食或点心等记下来在班上汇报。

请各组服务员报出所点的菜单。大家讨论，看哪一组点的菜最合适（如菜的类型、菜的价格、菜的总量等）。

### 菜 单

凉菜

1. 大拌菜 ¥14.00
2. 酱牛肉 ¥26.00
3. 老醋花生 ¥16.00
4. 凉拌黄瓜 ¥10.00
5. 皮蛋豆腐 ¥16.00
6. 凉拌海带丝 ¥10.00
7. 凉拌三丝 ¥12.00
8. 泡菜 ¥8.00

热菜

9. 清蒸鱼 ¥48.00
10. 糖醋鱼 ¥36.00
11. 水煮鱼 ¥42.00
12. 油焖大虾 ¥60.00
13. 腰果虾仁 ¥38.00
14. 铁板牛柳 ¥32.00
15. 葱爆羊肉 ¥36.00
16. 烤鸭 ¥50.00/半只

 宫保鸡丁 ￥28.00
 麻婆豆腐 ￥22.00
 鱼香肉丝 ￥26.00
 香菇油菜 ￥20.00

 红烧茄子 ￥26.00
 清炒荷兰豆 ￥22.00
 木耳炒青菜 ￥18.00
 西芹百合 ￥26.00

## 主食

 麻团 ￥4.00/个
 炒饭 ￥22.00/盘
 小笼包 ￥16.00/屉
 肉饼 ￥6.00/个

 葱花饼 ￥14.00/张
 牛肉面 ￥25.00/碗
 花卷 ￥1.00/个
 白米饭 ￥2.00/碗

## 汤类

 酸辣汤 ￥20.00/盆
 番茄鸡蛋汤 ￥16.00/盆
 海带豆腐汤 ￥14.00/盆

 冬瓜丸子汤 ￥25.00/盆
 鱼丸菠菜汤 ￥22.00/盆
 蛋花玉米羹 ￥16.00/盆

## 酒水

㊴ 白酒 ￥100.00/瓶　㊵ 红酒 ￥80.00/瓶　㊶ 扎啤 ￥10.00/杯　㊷ 罐啤 ￥10.00/听　㊸ 瓶啤 ￥12.00/瓶

㊹ 可乐 ￥12.00/瓶　㊺ 橙汁 ￥20.00/瓶　㊻ 茶水 ￥20.00/壶　㊼ 酸奶 ￥8.00/杯　㊽ 豆浆 ￥6.00/杯

### 3 介绍"我的营养早餐"

两人一组，先快速说出下面早餐食物图片的名称，再各自为自己列出一份营养丰富的早餐食谱，并解释说明这样吃的理由。

#### 早餐食物

酸奶、豆浆、牛奶、米粥、果汁、咖啡、麦片、沙拉、水果（猕猴桃、橙子、香蕉、苹果、木瓜、梨）、果酱、奶酪、三明治、煎饼、油条、馅儿饼、包子、面包、烧饼、馄饨、鸡蛋、汉堡包等

❶_____　❷_____　❸_____　❹_____　❺_____

❻_____　❼_____　❽_____　❾_____　❿_____　⓫_____

沟通——任务型中级汉语口语·上

⑫_____ ⑬_____ ⑭_____ ⑮_____ ⑯_____

⑰_____ ⑱_____ ⑲_____ ⑳_____ ㉑_____

我的早餐食谱：

说明：这是一份营养丰富的早餐，……。

👥 请几位同学分别介绍一下自己列出的早餐食谱，大家来比较一下，他们的早餐有何不同，谁吃得更健康。

**4** 讨论交流——每天是否必须吃早餐

🎧2-3 听录音《七成中国人不会吃早餐》，边听边记录下面几个问题的要点。这些要点会对你后面的会话很有帮助！

❶ 很多人一日三餐的习惯是怎样的？
_____

❷ 一些人早上不吃早餐的理由是什么？
_____

❸ 早上不吃早餐有什么不好？
_____

❹ 作者认为很忙的人早上能不能吃上营养、健康的早餐？应该怎么做？

_____

❺ 专家认为，早餐应该包括哪几类食品？

_____

3人一组，就是否必须吃早餐的问题各自发表自己的观点（要求一个人持肯定的态度，一个人持否定的态度，一个人持中立的态度），三方要用充分的理由、生活中的具体事例来论证自己的观点。最后，根据讨论情况完成"小组讨论报告单"。

### 相关提示

肯定：我们必须吃早餐

　　人类生活经验的总结，如："早饭要吃好，午饭要吃饱，晚饭要吃少。""一日之计在于晨。""人是铁，饭是钢。"

　　不吃早餐容易带来很多疾病……。

　　不吃早餐不利于减肥……。

否定：我们不必吃早餐

　　有人不吃早餐肯定有不吃早餐的道理。首先，早上时间很紧张……；其次，刚起床就……；再有，我们在生活中看到很多人不吃早餐，身体……。

中立：吃不吃早餐都可以

　　每个人都有自己的生活习惯，习惯吃早餐的人，不吃早餐会……；不习惯吃早餐的人，吃了早餐可能……。

### 小组讨论报告单

　　大家好！关于是否必须吃早餐的问题，我们小组有以下三种观点：

　　第一种观点认为_____。理由一是：_____，比如：_____；二是_____；三是_____。

　　第二种观点相反，认为_____。理由有____个：

1._____ 2._____ 3._____。

　　第三种观点认为_____。理由是_____。

> 我支持第_____种观点，因为_____。
> 总之，对_____的问题，我们小组每个人都有自己的看法，也都有自己的道理。
> 我的报告完了，谢谢大家！

## 3 语言聚焦

按照括号中说话人的意向完成对话。

[午餐时间到了，学生A和学生B在教室里讨论去哪儿吃午餐的问题。]

A：终于下课了，我都饿了。咱们去哪儿吃午饭？

B：哪有时间吃午饭呀！_____。（陈述理由）

A：你说得也对。如果不去食堂吃，我们就去学校周边找个快餐店吧。

B：吃快餐速度快倒是快，可是_____。（反驳建议）

A：那怎么办？总不能饿着呀，下午还有四节课呢。早知道这样，我就提前打电话叫个外卖，预订盒饭了。

B：_____。（反驳建议）

A：说实话，我也不太喜欢吃盒饭，但是我们的午休时间有限。

B：嗯，看来今天只能叫外卖了。不过我听说学校附近有一家慢餐店，我们周末有空儿可以去那儿吃。

A：慢餐店？_____。（反驳建议）

B：不浪费时间！_____。（陈述理由，劝说对方）

A：我也知道最近附近新开了一家"黑店"，周末我们去那儿吧！

B：黑店？

A：就是吃饭时是没有灯的，人们可以边吃边充分享受饭菜的味道。

B：没灯怎么吃！_____。（反驳建议）

A：[看表]哟，咱们都聊了十多分钟了，还是快点儿打电话叫外卖吧。我可不想下午饿着肚子上课。

B：好吧！等等，我忘了带外卖的电话了！

# 3 视听说

## ■ 课前预习

画线连接词语和它们的意思，并与同伴核对一下。

1. 品尝
2. 吃个半饱
3. 境界
4. 意犹未尽
5. 先下手为强
6. 吃着碗里的，想着锅里的

a. 总是感到不满足。
b. 对某种事物或吃的东西觉得还没过足瘾，还想再来一次。
c. 没有完全吃饱。
d. 先于别人行动，可以取得优势。
e. 先吃点儿，感觉一下味道怎么样。
f. 某种事物或思想、表现达到的程度或表现的情况。

> **思考题**
> 霹雳为什么请小样和青楚吃饭？她们对霹雳做的饭菜满意吗？

## 1 情境配音

1. 看电视剧《我的青春谁做主》第14集片段（约00:30-00:33）两遍。
2. 就所看内容进行问答。
3. 分角色朗读情景对白并做配音表演。

### 对白节选

霹　雳：第一道：意式蔬菜汤、奶油蘑菇汤、海鲜浓汤，请品尝！
小　样：我看你们那个也挺好喝的，要不咱换换？
霹　雳：第二道：沙拉。田园沙拉、海鲜沙拉、土豆沙拉，再次品尝！
小　样：我怎么看都觉得你们的比我的好吃。
青　楚：你是典型的"吃着碗里的，想着锅里的"。
霹　雳：第三道：主菜。菲力牛排、照烧鳕鱼、黄油鸡卷，慢慢品尝！
小　样：我看我还是先下手为强吧，姐姐。

霹 雳：最后一道：甜点。我就不给每个人搞特殊了。我的代表作，大理石芝士蛋糕。

小 样：你要从第一道菜就这样，不就不用我这么忙活了吗！嗯，好好吃呀！可是，这大理石在哪里啊？

霹 雳：各位觉得怎么样？

青 楚：嗯嗯。

小 样：好吃！不过我觉得我就算吃完这块也没饱，还有吗？

青 楚：意犹未尽是一种境界。

小 样：啊，就是成心吃个半饱。

霹 雳：青楚姐，你真的是个会吃的人。我到了你说的那种境界吗？

青 楚：嗯，应该说你是个烹饪小天才。

# 2 语言聚焦

## 1 用不同的语气说出下面的句子。

❶ 嗯，好吃！

a. 朋友：尝尝我做的菜。怎么样啊？
   你：嗯，好吃！（喜欢，称赞）

b. 朋友：小张说他很会做菜，你觉得好吃吗？
   你：嗯，好吃！我差点儿没……。（说反话，不喜欢）

❷ 嗯

a. 妈妈：你明天千万别忘了带水啊！
   孩子：嗯，嗯。（答应）

b. 老板：你回去吧，明天不用来上班了！
   工人：嗯？不用来上班了？（吃惊地，不敢相信）

**2** 根据括号中的要求，完成下面的对话。

[在家里请客人吃饭]

王　涛：饭做好了，我们吃饭吧。来，大家随便坐。

阿　里：_____。（客气）

王　涛：_____。（客套）

阿　里：您的饭菜做得很香！

王　涛：真的吗？

阿　里：_____。（反问）

王　涛：能得到你的称赞我很高兴。

阿　里：_____。（邀请，承诺）

**3** 学说绕口令

①

葡萄皮儿（pútaopír）

吃葡萄不吐（tǔ）葡萄皮儿，
不吃葡萄倒吐葡萄皮儿。

②

茄子（qiézi）

姐姐借刀切茄子，
去把儿（bàr）去皮儿斜（xié）切丝儿，
切好茄子烧茄子、炒茄子、蒸茄子，
还有一碗焖（mèn）茄子。

# 4 记录与评价

根据本单元你的学习情况，填写"我的备忘录"和"评价表"。

| 我的备忘录 （　　年　　月　　日） ||
|---|---|
| 本单元学过的最有用的语句 | 容易错的语音语调和语句 |
| 1 | |
| 2 | |
| 3 | |
| 4 | |
| 5 | |
| 6 | |

| 评价表　　　　　　　　　　　　　　　　　　　　　　　　年　月　日 ||||||
|---|---|---|---|---|---|
| 口头交际任务　　　　　　完成质量 | 5分 很好 | 4分 好 | 3分 一般 | 2分 较差 | 1分 很差 |
| 1. 能说明煎炸蒸煮炒炖的区别。 | | | | | |
| 2. 能简要介绍某种食品的制作过程。 | | | | | |
| 3. 熟悉中国的菜肴，熟练完成在中餐馆点菜的任务。 | | | | | |
| 4. 能流利地谈论健康饮食。 | | | | | |
| 5. 能流利、准确、完整地复述小故事。 | | | | | |
| 6. 能根据情境，自然、准确、流利地为人物配音。 | | | | | |
| 7. 积极主动地参与课堂活动，具有与小组同学互助、合作的团队精神。 | | | | | |
| 8. 自己在小组讨论中的职责是：_____，自己的职责完成得怎么样？ | | | | | |
| 9. 我认为我们小组的表现： | | | | | |
| 10. 自己需要注意的问题（如态度、语言方面等）是： | | | | | |
| 11. 我们小组需要改进的问题是： | | | | | |

# 5 相关链接

## 1 中式快餐主要品种

**中式快餐**

第一类是饭食类，如炒饭、盖饭等。

第二类是面条类，如炸酱面、鸡蛋西红柿面、牛肉面、炒面以及类似于面条的桂林米粉、云南米线等。

第三类是面点类，如包子、蒸饺、烧麦、锅贴儿、煎饼等。

## 2 中国的地域口味

有人说在中国"南甜北咸、东辣西酸"。这在一定程度上反映了中国饮食文化的地区差异。人们的口味与地理环境存在着一定的联系。

## 3  中国的八大菜系

菜系，是指在一定区域内，由于气候、地理、历史、物产及饮食风俗的不同，经过漫长历史演变而形成的一整套自成体系的烹饪技艺和风味，并被各地所承认的地方菜肴。中国最有影响和代表性的为社会所公认的菜系有：鲁、川、苏、浙、粤、湘、闽、徽等"八大菜系"。

| 八大菜系 | 特点 | 名菜 |
| --- | --- | --- |
| 山东菜系（鲁菜） | 清香、鲜嫩、味纯，善用葱姜。 | "糖醋黄河鲤鱼"、"油爆大虾"、"红烧海螺"、"葱扒海参"等。 |
| 四川菜系（川菜） | 油重、味浓，离不开三椒（即辣椒、胡椒、花椒）和鲜姜，以辣、酸、麻脍炙人口。 | "大煮干丝"、"黄焖鳗"、"怪味鸡块"、"樟茶鸭"、"麻婆豆腐"等。 |
| 江苏菜系（苏菜） | 擅长于炖、焖、烧、煨、炒。浓中带淡，鲜香酥烂，原汁原汤，浓而不腻，口味平和，咸中带甜。 | "鸭包鱼翅"、"松鼠鳜(guì)鱼"、"淮扬狮子头"、"盐水鸭"等。 |
| 浙江菜系（浙菜） | 清、香、脆、嫩、爽、鲜。烹调技法擅长于炒、炸、烩、溜、蒸、烧。 | "西湖醋鱼"、"东坡肉"、"龙井虾仁"、"油焖春笋"、"西湖莼菜汤"等。 |
| 广东菜系（粤菜） | 讲究鲜、嫩、爽、滑，一般夏秋力求清淡，冬春偏重浓醇。 | "蚝油牛肉"、"咕噜肉"、"烤乳猪"、"文昌鸡"、"干煎大虾碌"、"冬瓜盅"等。 |
| 湖南菜系（湘菜） | 油重色浓，多以辣椒、熏腊为原料，口味注重香鲜、酸辣、软嫩。 | "腊味合蒸"、"东安子鸡"、"洞庭野鸭"、"红煨鱼翅"、"汤泡肚"、"冰糖湘莲"、"金钱鱼"等。 |
| 福建菜系（闽菜） | 色调美观，滋味清鲜。多以海鲜为原料烹制各式菜肴。 | "佛跳墙"、"醉糟鸡"、"太极明虾"、"清蒸加力鱼"、"荔枝肉"等。 |
| 安徽菜系（徽菜） | 选料朴实，讲究火功，重油重色，味道醇厚，保持原汁原味。以烹制山野海味而闻名。 | "火腿炖甲鱼"、"腌鲜鳜鱼"、"火腿炖鞭笋"、"雪冬烧山鸡"等。 |

# 4 老北京的风味小吃

## 老北京风味小吃

| 驴打滚 |  豌豆黄 |  糖火烧 |  芸豆卷 |
|  艾窝窝 |  灌肠 |  麻豆腐 |  杏仁豆腐 |
|  萨其马 |  薄脆 |  糖耳朵 |  炸酱面 |
|  豆腐脑 |  春饼 |  面茶 |  爆肚儿 |

炒肝儿

卤煮火烧

豆汁、焦圈

糖葫芦

# 6 语言工具箱

2-5

**1** 煎炸蒸煮炒炖

| 1. | 煎 | jiān | to fry |
| 2. | 炸 | zhá | to deep-fry |
| 3. | 炖 | dùn | to stew |
| 4. | 蒸 | zhēng | to steam |
| 5. | 煮 | zhǔ | to boil |
| 6. | 菜肴 | càiyáo | cooked dish |
| 7. | 蒸气 | zhēngqì | steam |
| 8. | 淹没 | yānmò | to submerge |
| 9. | 作料 | zuóliao | condiments |
| 10. | 涮 | shuàn | to scald thin slices of meat, etc. in boiling water |
| 11. | 烹饪 | pēngrèn | to cook (food) |
| 12. | 鸡翅 | jīchì | chicken wings |
| 13. | 锅贴儿 | guōtiēr | *guotie* (pan-fried meat dumpling) |
| 14. | 调料 | tiáoliào | seasoning |
| 15. | 番茄 | fānqié | tomato |
| 16. | 原料 | yuánliào | raw material |
| 17. | 主料 | zhǔliào | main ingredient |
| 18. | 配料 | pèiliào | ingredient |
| 19. | 鸡精 | jījīng | chicken essence |
| 20. | 淀粉 | diànfěn | starch |
| 21. | 切 | qiē | to slice, to cut |
| 22. | 滚刀块儿 | gǔndāokuàir | roll cut |
| 23. | 搅打 | jiǎodǎ | to stir, to mix |
| 24. | 均匀 | jūnyún | even, well-distributed |
| 25. | 盛 | chéng | to put in a container |
| 26. | 焯 | chāo | to scald (as a way of cooking) |
| 27. | 捞 | lāo | to scoop up from a liquid |
| 28. | 汁 | zhī | juice |
| 29. | 旺火 | wànghuǒ | roaring fire |
| 30. | 芥末 | jièmo | mustard |

64

| 31. | 咖喱粉 | gālífěn | curry powder |
|---|---|---|---|
| 32. | 饥饿 | jī'è | hunger |
| 33. | 长者 | zhǎngzhě | the elderly |
| 34. | 鱼竿 | yúgān | fishing rod |
| 35. | 篓 | lǒu | basket |
| 36. | 各奔东西 | gè bēn dōng xī | each will go a different way |
| 37. | 干柴 | gānchái | dry firewood |
| 38. | 忍饥挨饿 | rěn jī ái è | to endure the torments of hunger |
| 39. | 遗憾 | yíhàn | pity |
| 40. | 夜以继日 | yè yǐ jì rì | day and night |
| 41. | 奔波 | bēnbō | on the run; to rush about |
| 42. | 捕鱼 | bǔ yú | to catch fish |
| 43. | 织网 | zhī wǎng | to knit a net |

## 2  谈论饮食

| 44. | 果酱 | guǒjiàng | jam |
|---|---|---|---|
| 45. | 馅儿饼 | xiànrbǐng | baked pie with stuffings |
| 46. | 奶酪 | nǎilào | cheese |
| 47. | 蛋白质 | dànbáizhì | protein |
| 48. | 维生素 | wéishēngsù | vitamin |
| 49. | 馄饨 | húntun | wonton |
| 50. | 豆浆 | dòujiāng | soya-bean milk |
| 51. | 低血糖 | dīxuètáng | hypoglycemia |
| 52. | 胆结石 | dǎnjiéshí | gallstone |
| 53. | 胃炎 | wèiyán | gastritis |
| 54. | 人是铁，饭是钢 | rén shì tiě, fàn shì gāng | Man should eat to live and can't do without eating. |
| 55. | 一日之计在于晨 | yí rì zhī jì zàiyú chén | An hour in the morning is worth two in the evening. |
| 56. | 忽视 | hūshì | to ignore |
| 57. | 富含 | fùhán | to be rich in |
| 58. | 豆腐脑 | dòufunǎo | jellied beancurd |
| 59. | 酸辣汤 | suānlà tāng | hot and sour soup |
| 60. | 丸子汤 | wánzi tāng | meatball soup |
| 61. | 荷包蛋 | hébāodàn | poached egg |
| 62. | 谷物 | gǔwù | grain |
| 63. | 蔬菜 | shūcài | vegetable |

| 64. | 烹调 | pēngtiáo | to cook |
| 65. | 清淡 | qīngdàn | (of food) light |
| 66. | 油腻 | yóunì | oily |
| 67. | 冰淇淋 | bīngqílín | ice-cream |
| 68. | 就餐者 | jiùcānzhě | person who is having dinner |
| 69. | 菜谱 | càipǔ | menu |
| 70. | 荤素 | hūnsù | meat dish and vegetable dish |
| 71. | 食谱 | shípǔ | recipe |
| 72. | 猕猴桃 | míhóutáo | kiwi fruit |
| 73. | 引发 | yǐnfā | to bring about, to cause |
| 74. | 疾病 | jíbìng | disease |
| 75. | 借口 | jièkǒu | excuse |
| 76. | 微波炉 | wēibōlú | microwave oven |

## 3 视听说

| 77. | 蘑菇 | mógu | mushroom |
| 78. | 品尝 | pǐncháng | to taste |
| 79. | 鳕鱼 | xuěyú | codfish |
| 80. | 芝士 | zhīshì | cheese |
| 81. | 吃个半饱 | chī ge bàn bǎo | to eat to half-fullness |
| 82. | 境界 | jìngjiè | extent reached, realm |
| 83. | 吃着碗里的，想着锅里的 | chīzhe wǎn li de, xiǎngzhe guō li de | to have insatiable greed |
| 84. | 先下手为强 | xiān xià shǒu wéi qiáng | to gain the initiative by striking the first blow |
| 85. | 意犹未尽 | yì yóu wèi jìn | to feel not enough, to want more |

# 第三单元　住房家居

■ 单元目标

在这一单元里，你将：

1. 表达对住房问题的看法。
2. 完成对留学生住宿问题的调查及报告。
3. 准确说出家居生活中各种物品的名称。
4. 完成找房、看房、租房等交际活动。

# 1 谈论住房

■ 课前预习

理解住房条件中的词语，并根据提示把你现在租住的房间情况填写在表格中。

| 住房条件 | 我的住房 |
| --- | --- |
| 位置（离学校远近） | |
| 租金 | |
| 面积/朝向/楼层 | / / |
| 装修情况 | |
| 设备（屋里有什么） | |
| 交通（出行是否方便） | |
| 居住环境（是否安全，有没有可视对讲机和防盗门） | |
| 购物环境（离超市远近） | |
| 优点和缺点 | |

**提示**

精装修、简装修、平方米、公里、橱柜、暖气、家用电器（空调、电视机……）、家具（衣柜、床……）、可视对讲机、防盗门

**思考题**

你对现在的住房满意吗？你希望租住一套什么样的住房？

# 住房家居 第三单元

## 1 热身

两人一组,快速说出你想到的关于住房的相关问题和词语,并说说你认为哪些问题是最需要考虑的,和同伴交流一下。

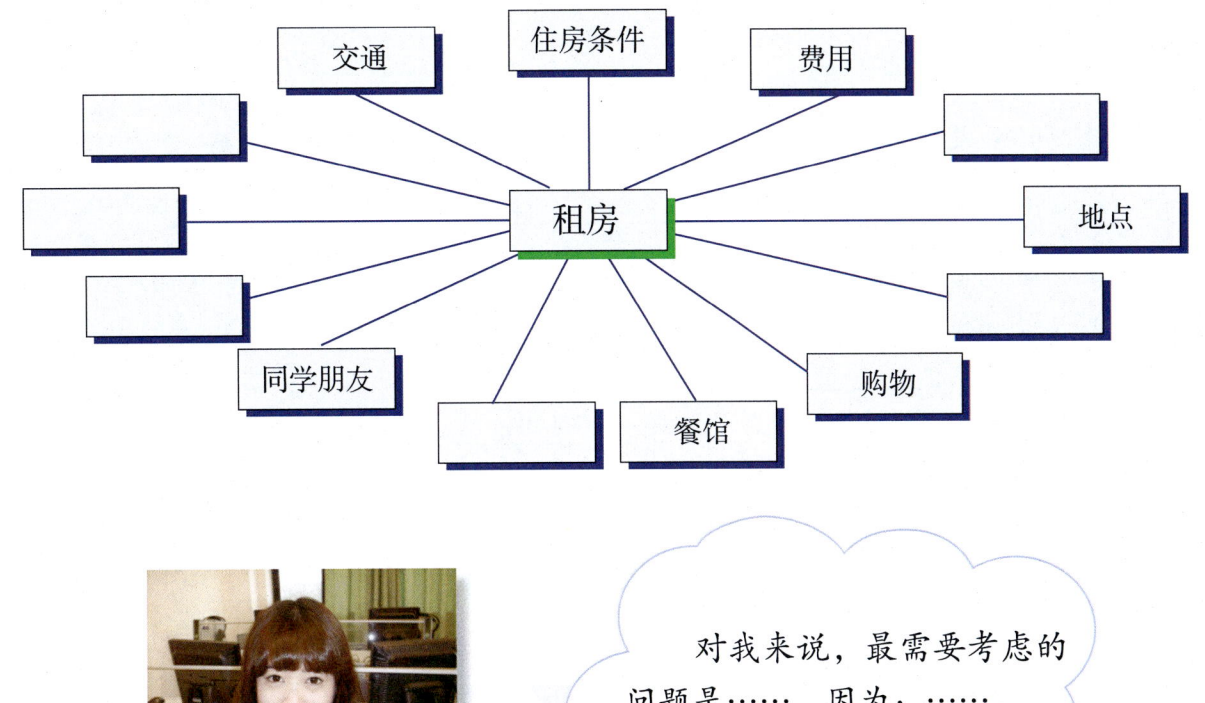

对我来说,最需要考虑的问题是……,因为:……。

你说得有道理,但我和你不太一样,……,在我看来,……更重要。

## 2 演练与交际

### 1 哪套房子更理想

两人打算合租一套房子,现在一起阅读下面的房源资料,讨论哪些条件(如位置、房租、设备、环境等)自己很满意,哪些条件觉得不理想,综合比较这两套房子的优缺点,商量选定其中一套。

69

| 住房条件 \ 小区名称 | A. 万景园 | B. 世纪新村 |
|---|---|---|
| 位置 | 离学校12公里 | 在学校对面，步行去教室只需5分钟 |
| 面积、装修 | 90平米两居室，精装修 | 60平米两居室，简装修 |
| 朝向 | 南北向 | 东西向 |
| 楼层 | 第九层（共18层），有电梯 | 顶层（共6层），没有电梯 |
| 设备 | 有电视机、洗衣机、冰箱、热水器、空调、全套家具、橱柜；有暖气；有全套炊具；可上网 | 有电视机、洗衣机、冰箱、热水器、全套家具、橱柜；有暖气；没有空调；炊具不全；可上网 |
| 租金 | 3000元/月 | 4500元/月 |
| 交通 | 小区门口有两条公交线路通往市区，离地铁300米，坐6站地铁可以到学校 | 小区门口有6条公交线路通往市区 |
| 居住环境 | 新建社区，环境优美，小区门口有保安值勤，单元门有可视对讲机，每家有防盗门 | 环境一般，紧靠马路，有保安值勤，单元门有对讲机，自家装有防盗门 |
| 购物环境 | 小区旁边有大型购物中心 | 小区东边2公里有一个大型超市 |
| 优点 | | |
| 缺点 | | |

### 我们的选择

我们看了两套房源资料，商量了一下，我们觉得：

万景园的优点是：＿＿＿＿＿＿＿＿＿＿＿＿＿＿＿＿＿＿＿＿＿＿＿＿＿＿＿＿＿＿＿；

缺点是：＿＿＿＿＿＿＿＿＿＿＿＿＿＿＿＿＿＿＿＿＿＿＿＿＿＿＿＿＿＿＿＿＿＿。

世纪新村的优点是：＿＿＿＿＿＿＿＿＿＿＿＿＿＿＿＿＿＿＿＿＿＿＿＿＿＿＿；

缺点是：＿＿＿＿＿＿＿＿＿＿＿＿＿＿＿＿＿＿＿＿＿＿＿＿＿＿＿＿＿＿＿＿。

综合起来考虑，我们觉得＿＿＿＿＿＿＿＿＿＿＿＿＿＿＿＿＿＿＿＿＿＿，

所以，我们决定＿＿＿＿＿＿＿＿＿＿＿＿＿＿＿＿＿＿＿＿＿＿＿＿＿＿＿＿。

 抽选两个小组向全班报告讨论结果，并详细说明理由。

## 2 讨论——住城区还是住郊区

听录音《在哪儿买房好》，参考提示的词语，边听边填空。

> **· 词语提示 ·**
>
> 看病、购物、交通费用、城里繁华、城里人、放松、轻松、节省时间、娱乐、学校、升值、舒适、成本低、物业费、停车费、取暖费、低密度住宅、塔楼、房价低、自然环境、单调

### 在哪儿买房好

小梅是一个公司的白领，她的公司在市中心，她认为还是住在城里好，理由是：

1. _____，而且就人们的心理习惯来说，住城里有一种"_____"的优越感。

2. 生活方便，无论是_____、_____还是_____都比郊区方便很多，而且城里的_____也好，有利于孩子的学习。

3. _____低，住城里，每天10分钟或20分钟就能到单位上班，身体_____，精神上_____，没有每天长时间坐车的辛苦和劳累，还_____。

4. 买城里的房子无论出租还是出售都相对容易，而且_____潜力大。

---

刘红是城里一个企业的职工，她主张在郊外买房，她认为在郊外买房的好处是：

1. 郊区_____，相同价钱可以在郊区买一套比城区好得多的房子。

2. 郊区草地、绿树多，_____比城里好，住在郊区让人感觉_____。

3. 生活_____，郊区的物价相对较低，每月的生活费用要少一些。而城里无论_____、_____还是_____都比郊区高，甚至在城里吃饭都比郊区贵。

4. 城区的房子通常都是高层_____，在建筑风格上比较_____，而郊外的房子多是_____，建筑形式也多种多样，可尽情选择。

沟通——任务型中级汉语口语·上

① 全班随机分成三大组（每组6-7人，分别编号），就"住城区还是住郊区"的问题展开讨论。一组主张住城区，二组主张住郊区，三组主张住城区、郊区都可以。组内角色分工：主持人、提问者、鼓励者、总结者。一起讨论，尽可能多地找出支持本组观点的论据、理由，并努力记住。

② 三大组同号的同学重新组成小组，发表己方观点，并至少说出三个理由，按照"小组讨论报告单"准备小组讨论报告。

每人报告小组讨论情况，并说明自己的真实观点。全班同期录音，集体讲评。

---

**小组讨论报告单**

大家好！关于_____的问题，我们小组有以下三种观点：

第一种观点认为_____。理由一是：_____，比如：_____；二是_____；三是_____。

第二种观点相反，认为_____。理由有____个：1._____ 2._____ 3._____。

第三种观点认为_____。理由是：_____。

我支持第____种观点，因为_____。

总之，对_____的问题，我们小组每个人都有自己的看法，也都有自己的道理。

我的报告完了，谢谢大家！

---

### 3 外国留学生住宿情况调查

4-5人一组，根据调查表进行组内小调查并记录调查要点（15分钟）。每人根据调查结果，准备调查报告（10分钟）。

每人报告调查结果（录音3-5分钟）。

**背景提示**

很多同学在学校周围租房子住，但一些同学对租住的房子不满意，又没有好的解决办法，很苦恼。现在我们决定对周边外国留学生住宿情况做一个小调查并进行分析总结，以便为更多的同学租房提供参考。

| 调查表 | |
|---|---|
| 住校内还是校外？如果住校外，离学校几公里？ | |
| 几居室？是否与他人合租？几人合租？ | |
| 每月整套住房的租金是多少？ | |
| 交通是否便利？ | |
| 购物是否方便？ | |
| 就餐、娱乐是否方便？ | |
| 是否感到安全？ | |
| 租房时你最看重的是什么？ | |
| 你和房东关系怎样？存在哪些问题？原因是什么？ | |
| 对居住环境给出评价，哪些地方满意，哪些地方不满意。 | |
| 租住现住房的理由？ | |

### 调查报告

大家好！我来向大家汇报一下我们小组的调查结果。

通过调查我们发现：

租房时大家最看重的是以下几个方面：1. ……；2. ……；3. ……。因为……。

意见不一致的有____个方面：第一个方面……，理由是……；第二个方面……；第三个方面……。

根据上面的调查结果，我们想向租房的外国留学提出如下建议：1. ……；2. ……；3. ……。

我的报告完了，谢谢大家！

## 3 语言聚焦

**1** 根据本课学习的内容填空。

① 世纪新村在学校_____，_____去学校只_____5分钟。

② 万景园的房子_____好，南北通透。

③ 世纪新村的房子是_____，_____没有电梯。

④ 世纪新村的房子太_____了，一个月的_____要4500元。

⑤ 万景园_____学校太远，坐6站地铁_____到学校。

⑥ 世纪新村门口有6条公交线路_____市区。

⑦ 世纪新村_____一般，紧靠马路，_____也不太方便。

⑧ 万景园_____有个大型购物中心，买东西很_____。

**2** 参考所给的词语完成句子。

例：通过调查　发现
——通过调查我们发现，很多同学都不太愿意住在校内。

① 向　汇报　调查结果
　　——

② 租房时　看重
　　——

③ 方面　意见　不一致
　　——

④ 根据　向　提出　建议
　　——

# 2 租房

## 课前预习

A. 理解下面的词语，并把左、中、右三列词语按类别连接起来。

| | | |
|---|---|---|
| 炒菜锅、汤锅 | 电器 | 衣柜、床头柜 |
| 电表、水表 | 家具 | 盘子、碗 |
| 冰箱、微波炉 | 炊具 | 燃气表 |
| 筷子、勺子 | 餐具 | 水龙头、淋浴器 |
| 书架、餐桌 | 仪器 | 空调、热水器 |
| 马桶、浴缸 | 洁具 | 漏勺、锅铲 |

**提示**

可参考本单元的"语言工具箱"。

B. 理解下面的词语，并把这些词语填到下面的对话中。

屋子、居住、两居室、书房、房间、卧室、房子、住房

A：我最近租了一套两居室的房子。
B：_____是什么意思？
A：就是一套房子里除了厅、厨房、卫生间以外，有两个可睡觉或看书的_____。
B：哦，我明白了，两居室就是有两个房子。
A：你说错了，是有两个房间，或者说有两个_____。
B：不可以说两个房子吗？
A：不行。_____一般指的是从外面看到的建筑，如果指某个人们_____或办公的空间，我们常说"房间"或者"屋子"。

75

B：我们说"租房子",租的不是建筑里面的房间吗?
A：我们通常说的"租房子"是说租一个居住的地方,没说是几个房间,可能是一间,也可能是成套的_____。
B：如果我有一套两居室,一个用来睡觉,一个专门看书,这两个房间叫什么?
A：_____和_____。
B：我知道了。谢谢!

● 思考题

1. 你能否用汉语说出自己房间里的物品?
2. 请画出自己住房的户型图,并试着说一下,房间里的家具是怎样摆放的。

# 1 热身

两人一组,参考"家具物品名称提示"相互说一说图片中物品的名称,把不会说的图片序号记下来。

全班同学轮流说出图片中物品的名称,说错的地方其他同学帮助改正。

家具物品名称提示

沙发、餐桌、床头柜、汤勺、锅铲、电水壶、写字台、衣柜、阀门、电视机、电饭锅、炒菜锅、窗帘、电视柜、花瓶、冰箱、空调、电热水器、盘子、电表、微波炉、洗衣机、叉子、勺子、筷子、刀、饮水机、燃气表、电脑桌、衣架/衣挂、椅子、书柜、书架、水龙头、浴缸、电熨斗、遥控器、水表、电吹风、淋浴器、晾衣架、燃气灶、马桶、电暖气、抽屉、电风扇、漏勺、杯子、碗

住房家居 第三单元

## 2 演练与交际

### 1 寻找房源

听录音《找房》,边听边记录下面几个问题的要点。

① 租房人在和谁谈话?

② 租房人要租一套什么样的房子?

③ 每个月租金是多少?

④ 小区周围环境怎么样?

⑤ 交通便利吗?买东西方便吗?

两人一组,分别为中介公司职员和租房者,根据上面记录的问题要点和你自己真正关心的问题,模拟角色:找房。

抽选两个小组进行表演。

请问,有两居室的房子出租吗?
我想租……的房子。
朝向?环境?交通?设备?租金……?
什么时候可以……?

有啊!您想租……?
您对房子有什么要求吗?
南北通透。
小区南边有……。
离学校只有……。
走5分钟就可以……。
月租金……。
随时可以看房。

## 2 租房

听录音《租房》，参考提示的词语，边听边填空。

> **词语提示**
>
> 物业费、集中供暖、冰箱、简单、天然气、派出所、上网费、有线电视、水流、家电、包月、带宽、燃气热水器、签了合同

### 租房

1. 洗澡是用_____吗？

2. 这房子冬天暖气怎么样？是小区_____吗？

3. 水龙头的_____大吗？水龙头出水不快，我会很着急。

4. _____倒是挺全的，就是_____小了点儿，家具也_____了一些。

5. _____我来交，水、电、_____需要您事先买，有专门的卡；_____、电话费、_____的费用也需要您自己交。

6. 上网费是_____吗？_____是多少？

7. 明天就可以签。如果您明天就想搬过来的话，_____我就带您去_____登记，然后把钥匙给您就可以了。

两人一组，分别为房东和租房者，根据下面的提示和你自己真正关心的问题，模拟角色：看房。看房后可以成功租下房子，也可因故没有租下房子。

抽选两个小组进行表演。1组：租下一套房子；2组：因为某种原因没有租下房子。

> 您这套房子的面积是……？
> 洗澡是用……？
> 暖气怎么样？
> 冰箱……，家具也……。
> 价格可以商量吗？
> ……费怎么交？
> 上网费是包月吗？带宽是多少？

> 热水器在……。
> 取暖费……。
> ……也够用了。
> 只能便宜……。
> ……我交，……需要您自己交。
> 如果您明天……的话，签了合同就……，然后……。

问题提示

1. 屋内各种设备、用品（空调、暖气、热水器、冰箱、洗衣机、微波炉、电话、宽带、家具、炊具、餐具）
2. 各项费用（物业费、水费、电费、燃气费、电话费、宽带费、有线电视费）
3. 租金

### 3 模拟角色——有问题找房东

两人一组,根据下面的电话内容,两个人分别扮演房东和租房者,准备10分钟。

在班上表演(表演内容可以根据自己的经验有所变化,但租房者提出的问题不能少于4个)。另选出三位同学作为评委打分,并点评。

#### 有问题找房东

房东:喂,你好!

房东:什么事呢?

房东:呦!今天我没时间,明天我去看看。你不用水的话就把厕所水表旁的阀门关上吧。

房东:是不是没气了?

房东:你试一试用打火机能不能打着火。

房东:可能燃气灶打火的电池该换了,你换一下电池试试。

房东:可能在电视柜下面的抽屉里,要是没有,那就……我明天过去找一找再说吧。

房东:我明天一定过去一趟,明天再说吧。

租房人:您好!张先生。我是文海。有几件事要和您说一下。

租房人:昨天我发现厕所马桶不停地流水,我怎么都弄不好。

租房人:好的。还有就是炉灶打不着火了。

租房人:有啊,我上个星期刚买的气。

租房人:我试了,打不着。

租房人:那我就试一下吧。再问您一下,空调遥控器在什么地方?我怎么找都找不到。

租房人:还有,还有就是电脑桌键盘下面的拉板……

租房人:好吧。明天见!

### 4 故事会

两人(A、B)一组,分别看故事A、B。

与另一组同学组成一个大组(A1、B1 + A2、B2),以3-2-1的方式互相给对方讲述你看到的故事。每人共讲三遍。
① A1–A2、B1–B2,每人给对方讲3分钟。
② A1–B1、A2–B2,每人给对方讲2分钟。
③ A1–B2、A2–B1,每人给对方讲1分钟。
说说这两个故事给我们的启示。

集体同期录音，抽查并集体讲评。

### 故事：老木匠

有个老木匠（mùjiang）准备退休了，他告诉老板，说自己准备回家与妻子儿女享受天伦之乐去了。老板舍不得他的好工人走，问他是否能帮忙再建一座房子，老木匠答应了。但大家后来都看得出老木匠的心已不在工作上了，他用的木材没有认真挑选，干出的活也很粗糙（cūcāo）。房子建好的时候，老板把大门的钥匙递给他，说："这是你的房子，感谢你为我工作了这么些年，这是我送给你的珍贵礼物。"

老木匠惊讶得目瞪口呆，羞愧（xiūkuì）得无地自容。如果他早知道是在给自己建房子，他怎么会这样呢？现在他还得感谢老板赠与他的珍贵礼物，住进自己粗制滥（làn）造的房子里！

### 故事：扫阳光

有一家有小兄弟俩，一个五岁，一个六岁。因为家里面的房子正面无窗采光很差，他们感觉屋里太黑了。一天，他们俩商量要说："我们一起把外面的阳光扫一点儿进来吧！"于是，兄弟俩拿着扫帚（sǎozhou）和畚箕（běnji），到阳台上去扫阳光。等他们把畚箕搬到屋里的时候，里面的阳光就没有了。这样一趟一趟地扫了很多次，屋里还是一点儿阳光也没有。

正在厨房忙碌的妈妈看见他们奇怪的样子，就问："你们在做什么呢？"他们回答说："房间太黑了，我们要扫点儿阳光进来。"妈妈笑着说："只要把窗户打开，阳光自然会进来，何必去扫呢？"

## 3 语言聚焦

**根据租房情境，完成对话。**

［留学生A想要租房东B的房子。］

A：你好！我是安妮，上周和你约好今天来看房。

B：哦，安妮，你好！快请进。

A：你们这儿怎么没电梯呀？爬楼真累！

B：＿＿＿＿＿＿＿＿＿＿＿＿＿＿＿＿＿＿＿＿（解释原因，并劝说对方）

A：嗯，这倒不是什么大问题。对我来说，最需要考虑的问题就是租金，因为我是个学生，没有那么多钱。

B：你说得有道理，但是在我看来，＿＿＿＿＿＿＿＿＿＿＿＿＿（提醒）

A：对了，说到房子的位置，我觉得虽然这儿的交通很方便，但是没有直接去我们学校的公共汽车呀！

B：你可以＿＿＿＿＿＿＿＿＿＿＿＿＿＿＿＿＿＿＿＿（提出建议）

A：坐地铁？那多贵呀！我还想多省下些钱尝遍中国的八大菜系呢。

B：吃美食，没问题。＿＿＿＿＿＿＿＿＿＿＿＿＿＿＿（劝说对方）

A：真的吗？那太好了！

B：这么说，你决定租这套房子了？

A：＿＿＿＿＿＿＿＿＿＿＿＿＿＿＿＿＿＿＿＿（犹豫不决）

B：好！不过你最好尽快做出决定，还有不少留学生看好我这套房子呢。

# 3 视听说

■ 课前预习

画线连接词语和它们的意思，并与同伴核对一下。

1. 三气齐全　　　a. 指人心不好，知道不对还这样做；恶毒。
2. 没得挑　　　　b. 很满意，没什么可挑剔的。
3. 黑着心　　　　c. 担心对自己或对别人不利而不敢按自己本来的想法说话、做事。
4. 白住　　　　　d. 房间里有天然气、暖气、空调（冷气）。
5. 援建　　　　　e. 住（别人的房子），但不给钱（租金）。
6. 活雷锋　　　　f. 指少给点儿钱或买点儿礼物表示一下心意。
7. 顾虑　　　　　g. 活着的雷锋（雷锋：人名，活着的时候经常帮助别人，做好事）。
8. 意思意思　　　h. 支援别的地方的建设。

提示

可参考本单元的"语言工具箱"。

 注：雷锋（1940—1962）在中国家喻户晓，他是全心全意为他人做好事的人的代名词，是大家学习的榜样。作为一名普通的解放军战士，在他短暂的一生中做了很多助人为乐的好事。1962年，他在一次汽车意外事故中遇难，年仅22岁。1963年3月5日毛泽东题词"向雷锋同志学习"，并把3月5日定为学雷锋纪念日。

● 思考题

高齐为小样找了一套什么样的房子？为什么不需要付钱？

# 1 情景配音

1. 看电视剧《我的青春谁做主》第21集片段（约00:09—00:11）两遍。
2. 就所看内容进行问答。
3. 分角色朗读情景对白并做配音表演。

## 对白节选

高 齐：一层，朝南，两居，三气齐全，配备家具、家电。你觉得这房子怎么样？

小 样：又不给我住，我就不挑了吧。

高 齐：要是给你住呢？

小 样：你帮我们家找的房子啊？

高 齐：我就不信你能找着比这儿更适合你们家人住的房子，出门到康复中心就两步路。

小 样：这房子和地点本身没得挑，那房租多少啊？

高 齐：零。

小 样：不要钱？为什么呀？

高 齐：不要你钱还不好？

小 样：那我们也不能黑着心白住啊！到底怎么回事？为什么不要钱啊？

高 齐：这房子是我科里同事的。他去西部援建，空着。上回你不是说要找房子吗？我就想到这儿了。给他打了个电话，说了说情况。他同意把房子借住。

小 样：高齐，你就是一当代的活雷锋！

高 齐：我跟我们同事关系好，他两年之内回不来，你就不用有任何顾虑，尽管住。

小 样：真不用给钱？意思意思也不用？

高 齐：不用。

小 样：哎呀，这说话就要成为我家了。让我再好好看一遍。

## 2 语言聚焦

**1** 用不同语气说出下面的句子。

① 不要钱？

    a. 售货员：这个你拿走吧，送给你！
       顾　客：<u>不要钱？</u>（怀疑地）

    b. 房　东：这个停车位每月300，你想用就交租金。
       租　户：啊？300？<u>不是说不要钱吗？</u>（不满地）

② 到底怎么回事？

    a. ——小张说他明天不去了。
       ——<u>到底怎么回事？不是说好一起去的吗？</u>（询问）

    b. ——他昨天被警察带走了！
       ——<u>到底怎么回事？难道……？</u>（刨根问底）

**2** 根据人物的意思，用合适的语气语调完成下面的对话。

[租房]

马　丁：我今天找到了一套特别满意的房子。

阿　娜：_____（怀疑、不相信）

马　丁：我今天去房屋中介公司，正好碰上一个人在登记出租房屋，我一看，他的房屋很适合我们，就和他说要租他的房子，明天去签合同。

阿　娜：_____（惊喜）

马　丁：_____（承诺下个月可以搬家）

阿　娜：房子在哪儿？离学校远吗？周围环境怎么样？

马　丁：_____（介绍房屋情况）

阿　娜：_____（称赞男友能干）

马　丁：你说，咱们没和他签合同，他会不会今天把房子租给别人？

阿　娜：_____（建议）

马　丁：_____（同意）

## 3 学说绕口令

**❶**

### 盆(pén)和瓶(píng)

桌上放个盆,盆里有个瓶,
乒(pīng)乒乓(pāng)乓,乒乒乓乓,
不知是瓶碰(pèng)盆,还是盆碰瓶。

**❷**

### 造房子

捡颗小石子,在地上画个方格子,
画好了格子造房子。
画个大方格子造个大房子,
画个小方格子造个小房子,
楼上的房子分给鸽子,
楼下的房子分给小兔子。

# 4 记录与评价

根据本单元你的学习情况，填写"我的备忘录"和"评价表"。

| 我的备忘录 （　年　月　日） ||
|---|---|
| | 本单元学过的最有用的语句 | 容易错的语音语调和语句 |
| 1 | | |
| 2 | | |
| 3 | | |
| 4 | | |
| 5 | | |
| 6 | | |

| 评价表 | | | 年　月　日 | | | |
|---|---|---|---|---|---|---|
| 口头交际任务 \ 完成质量 | 5分 很好 | 4分 好 | 3分 一般 | 2分 较差 | 1分 很差 |
| 1. 能表达对住房问题的看法。 | | | | | |
| 2. 能完成对留学生住宿问题的调查及报告。 | | | | | |
| 3. 能准确说出家居生活中各种物品的名称。 | | | | | |
| 4. 能完成找房、看房、租房等交际活动。 | | | | | |
| 5. 能流利、准确、完整地复述小故事。 | | | | | |
| 6. 能根据情境，自然、准确、流利地为人物配音。 | | | | | |
| 7. 积极主动地参与课堂活动，具有与小组同学互助、合作的团队精神。 | | | | | |
| 8. 自己在小组讨论中的职责是：_____，自己的职责完成得怎么样？ | | | | | |
| 9. 我认为我们小组的表现： | | | | | |

10. 自己需要注意的问题（如态度、语言方面等）是：

11. 我们小组需要改进的问题是：

# 5 相关链接

## 1 四合院

四合院是一种四面是屋子、中间是院子的住房，它是中国北方住宅建筑中的一种传统形式。目前在北京城区仍有不少这种居民住宅形式。四合院的一般格局是街门开在整组院落的左前角，

第一道小院内有两门，门内是正房和东、西厢房。规模大的四合院还有二院和三院，全在院落的中轴线上。

有的四合院还有左、右跨院，甚至建有花园，称作宅园，是四合院中的典型式样。在北京，目前四合院保存较好的地区是东城区交道口南大街以西、锣鼓巷一带。

## 2 西北土窑洞

窑洞是中国西北黄土高原上的传统民居建筑。作为一种民居形式，它具有保温隔热、冬暖夏凉、隔音效果好等特点，而且不需要钢材、水泥，造价低廉。在各种窑洞中，土窑是靠山挖掘的黄土窑洞，保温隔热效果最好；还有砖窑和石窑，是在山坡或平地上先用砖或石块盖成洞的形状，然后在上面铺上厚厚的一层黄土，既坚固又美观。

窑洞也有采光不足、通风不畅的缺点。现在新建的窑洞为了解决采光和通风的问题，窗户都开得很大，而且都装上了玻璃，在洞内装上了管道，采用自然空调的方法，让窑洞外的干净新鲜空气通过管道送入窑洞内。

## 3  广东围龙屋

围龙屋是广东省梅县地区客家人的传统住宅形式,因为形状像盘龙而得名。整座围龙屋结构外圆内方,环围有池塘,民房绕围墙而建,像城堡一样将主体住宅紧紧围住。主体住宅布局一般是"三堂四廊、十厅九井",屋内有房数十间,可以住几代数十口人家,并有饲养、加工、贮存、晾晒等各种设施。围龙屋造型优美,雕梁画栋,具有较高的艺术造诣,显示出客家人历史悠久的文化传统。

## 4  干栏式建筑

这种建筑是中国南方一些少数民族的传统住房形式,具有悠久的历史,目前广西、云南等地的竹楼就是由此发展而来的。特点是:分上下两层,多用木、竹做桩柱、楼板和墙壁,房顶用杉树皮、茅草、瓦块覆盖,楼上住人,楼下养牲畜、存放农具及杂物。对于这种建筑形式形成的原因说法不一,有人认为是为了适应地理环境的需要,有人认为这与生活习俗、经济条件有关,还有人认为它起源于一种原始禁忌。

## 5  三省一颗印

三省一颗印也叫"一口印",是流行于云南、安徽、陕西等地的一种住房形式,因为房屋的形状像印一样,因此而得名。这种建筑的基本布局是:前面有厅房,后面有上房,两侧有厢房。房屋四面相连,屋面联结处构成四槽,下雨时,雨水顺着四槽流下,流到院子里的井中,或者从檐下小沟排出,所以民间也称这种建筑为"四水到堂"。

# 6 语言工具箱

## 1 谈论住房

| | | | |
|---|---|---|---|
| 1. | 朝向 | cháoxiàng | to face (to) |
| 2. | 可视对讲机 | kěshì duìjiǎngjī | visual telephone |
| 3. | 防盗门 | fángdàomén | anti-theft door |
| 4. | 精装修 | jīng zhuāngxiū | fine decorated |
| 5. | 简装修 | jiǎn zhuāngxiū | simple decorated |
| 6. | 顶层 | dǐngcéng | top floor |
| 7. | 郊区 | jiāoqū | suburbs |
| 8. | 繁华 | fánhuá | prosperous |
| 9. | 优越感 | yōuyuègǎn | superiority complex |
| 10. | 升值 | shēngzhí | to increase in value over a period of time |
| 11. | 潜力 | qiánlì | potential |
| 12. | 景观 | jǐngguān | landscape |
| 13. | 成本 | chéngběn | costs |
| 14. | 物业费 | wùyèfèi | property management fee |
| 15. | 塔楼 | tǎlóu | tower building |
| 16. | 低密度住宅 | dī mìdù zhùzhái | low-density residential building |
| 17. | 仁者见仁，智者见智 | rénzhě jiàn rén, zhìzhě jiàn zhì | The benevolent see benevolence, and the wise see wisdom. |

## 2 租房

| | | | |
|---|---|---|---|
| 18. | 马桶 | mǎtǒng | nightstool |
| 19. | 浴缸 | yùgāng | tub |
| 20. | 燃气表 | ránqìbiǎo | gas meter |
| 21. | 水龙头 | shuǐlóngtóu | (water) faucet |
| 22. | 淋浴器 | línyùqì | shower |
| 23. | 漏勺 | lòusháo | strainer, colander |
| 24. | 锅铲 | guōchǎn | pancake turner |
| 25. | 餐具 | cānjù | dinnerware |
| 26. | 炊具 | chuījù | cooking utensils |
| 27. | 电熨斗 | diànyùndǒu | electric iron |

| 28. | 阀门 | fámén | valve |
| 29. | 抽屉 | chōuti | drawer |
| 30. | 遥控器 | yáokòngqì | telecontroller |
| 31. | 房源 | fángyuán | the source of houses (for rent or sale) |
| 32. | 中介公司 | zhōngjiè gōngsī | intermediary agency |
| 33. | 南北通透 | nán běi tōngtòu | fresh air can go through from south to north (of an apartment) |
| 34. | 楼层 | lóucéng | storey |
| 35. | 集中供暖 | jízhōng gōngnuǎn | central heating |
| 36. | 水流 | shuǐliú | flow of water |
| 37. | 押金 | yājīn | deposit, cash pledge |
| 38. | 带宽 | dàikuān | bandwidth |
| 39. | 宽带 | kuāndài | broadband |
| 40. | 派出所 | pàichūsuǒ | local police station |
| 41. | 炉灶 | lúzào | kitchen range |
| 42. | 键盘 | jiànpán | keyboard |
| 43. | 木匠 | mùjiang | carpenter |
| 44. | 退休 | tuìxiū | to retire |
| 45. | 享受 | xiǎngshòu | to enjoy |
| 46. | 天伦之乐 | tiānlún zhī lè | family happiness |
| 47. | 粗糙 | cūcāo | rough, coarse |
| 48. | 惊讶 | jīngyà | surprised |
| 49. | 目瞪口呆 | mù dèng kǒu dāi | to gape goggle-eyed and dumbstruck—to be flabbergasted |
| 50. | 羞愧 | xiūkuì | ashamed |
| 51. | 无地自容 | wú dì zì róng | can find no place to hide oneself for shame |
| 52. | 赠与 | zèngyǔ | to gift |
| 53. | 粗制滥造 | cū zhì làn zào | to be crudely made |
| 54. | 密闭 | mìbì | airtight |
| 55. | 阴暗 | yīn'àn | dark, gloomy |
| 56. | 扫帚 | sàozhou | broom |
| 57. | 簸箕 | bòji | dustpan |
| 58. | 忙碌 | mánglù | busy |

## 3 视听说

| 59. | 三气齐全 | sān qì qíquán | gas, electricity, heating are all provided |
| 60. | 康复中心 | kāngfù zhōngxīn | rehabilitation centre |
| 61. | 没得挑 | méi de tiāo | to be faultless |
| 62. | 黑着心 | hēizhe xīn | vicious mind |

| | | | |
|---|---|---|---|
| 63. | 白住 | bái zhù | to live for free |
| 64. | 科 | kē | administrative section |
| 65. | 援建 | yuánjiàn | to provide aid in construction |
| 66. | 活雷锋 | huó Léi Fēng | living Lei Feng—a model service man |
| 67. | 顾虑 | gùlǜ | misgiving |
| 68. | 意思意思 | yìsi yìsi | to express one's gratitude, friendship, etc. with money or gifts |

# 第四单元 穿衣戴帽

■ 单元目标

在这一单元里,你将学会:

1. 说出各类服装的汉语名称。
2. 描述人们的着装情况。
3. 从多方面谈论服装。
4. 就服饰等问题表达自己的观点。

# 1 描述服装

■ 课前预习

猜猜、查查下列词语的意思，然后试着把它们写在适当的数量词后面。

> 项链、戒指、领带、帽子、旗袍、手套、衬衫、羽绒服、连衣裙、
> 大衣、凉鞋、长筒袜、手镯、耳环、牛仔裤、棉鞋、丝巾、短裙、T恤

男士（春秋装、冬装）

用于上半身的：一件_____、一件_____、一件_____、
　　　　　　　一副_____、一顶_____、一条_____

用于下半身的：一条_____、一双_____、

女士（夏装、休闲装）

用于上半身的：一件_____

用于下半身的：一条_____、一双_____、一双_____

用于全身的：一条_____、一条_____

用于修饰自己的：一条_____、一条_____、一个_____、
　　　　　　　　一对_____、一副_____

● 思考题

如果让你描述一个人的穿着打扮，你会怎样描述？
（提示：上身、下身、头上、脚上、脖子上、手上等）

# 1 热身

👥 每个人快速读两遍表中的量词和服饰名称。

👥 3-4人一组,每组同学按照序号快速轮流说出图片中的服饰名称及相应量词,如:一件西服、一件夹克。选出一位同学记录问题。

👥 各组把问题汇总到班上,全班讨论。

1. 量词:件、双、条、顶、套/身、副、对、只、个
2. 服饰:西服/西装、领带、夹克、牛仔裤、连衣裙、T恤、运动帽、中山装、唐装、旗袍、衬衫(长袖/短袖)、婚纱、羽绒服、休闲外套、靴子、布鞋、凉鞋、高跟鞋、拖鞋、围巾、礼帽、手套、袜子(长筒袜/短袜)、运动鞋、运动服、风衣、毛衣、短裤、丝巾、大衣、背心、睡衣/浴袍、泳衣、皮带/腰带、项链、耳环、戒指、手镯

沟通——任务型中级汉语口语·上

## 2 演练与交际

### 1 我穿哪件衣服好

🎧 4-1　听录音《我穿哪件衣服好》，参考提示的词语，边听边填空。

> **词语提示**
> 合身、得体、搭配、时尚、要我说呀、怕什么、看上去、那就……吧、还是……比较好、不觉得……吗、你说……好呢、能……吗

我穿哪件衣服好

蓝　蓝：我明天要去参加一个朋友的婚礼，_____我穿哪件衣服_____？

小　丽：_____，你穿那条带花边儿的裙子比较好看。

蓝　蓝：配哪件上衣呢？你说这件白上衣怎么样？

小　丽：去参加婚礼，_____穿鲜艳一点儿_____。

蓝　蓝：_____穿这件粉红色的上衣_____。

小　丽：这件粉红色的上衣好像不太_____，有点儿瘦。试试这件合适不合适。

蓝　蓝：这件花衬衣和裙子不_____。

小　丽：花衬衣配这条蓝裙子很漂亮。

蓝　蓝：你_____穿这条紫裙子更好_____？这条裙子好像更_____。

小　丽：_____的确不错，衣服很_____，也适合婚礼的场合。

蓝　蓝：那就这样吧，再穿上这双高跟鞋，你看怎么样？

小　丽：好看是好看，可是这么高的跟，你走路_____舒服_____？

蓝　蓝：没关系啦，打车去，打车回，_____？

👥 两人一组，一人要参加下面的一个活动（从下面的情景中任选一种），向另一人询问穿什么衣服合适，请对方给出建议或意见并说明理由，直到自己满意为止。（对话时请参考"对话提示"中的词语和句式。）

👥 抽选2-3个小组在班上表演，大家指出优缺点。

去跟男/女朋友约会

去参加朋友的婚礼

去听古典音乐会

去公司面试

| 对话提示 ||  |
|---|---|---|
| 词语 | 得体、时尚、帅气、合身、随意、庄重、礼貌、舒适、漂亮、鲜艳、正装、休闲服 ||
| 句式 | 询问 | 你说我穿哪件衬衣更好呢？<br>你觉得这条裤子怎么样？<br>我穿这件上衣不好看吗？<br>你看我穿这裙子合适吗？<br>我穿这条裤子瘦不瘦？<br>是不是这件红颜色的衬衣更……？ |
|  | 建议或意见 | 我觉得你穿那条带花边儿的裙子更……。<br>要我说呀，你穿……比较好看。<br>好看是好看，可是……。<br>你不觉得穿……更好吗？<br>还是穿……比较好。<br>那就穿……吧。 |

明天我去参加小丽的婚礼，你说我穿什么好？

要我说呀，最好上身穿……，下身……，脚上……比较合适，看上去很漂亮！

## 2 寻人启事

仔细阅读下面的寻人启事，然后迅速用一问一答的形式与同伴一起说出其中的关键内容。如：失踪者姓名、性别、年龄、籍贯、身高、体型、长相、说话口音、穿着等。询问者注意使用正确的句子。

---

**寻人启事**

张宝国，男，1958年6月出生，福建省永安市人，身高1.75米左右，体型偏瘦，方脸，浓眉，双眼皮，五官端正，肤色偏黑。不会说普通话，只会说福建话。于2012年1月25日去北京打工，后失去联系至今。离家时，穿深灰色夹克衫和蓝牛仔裤，头戴黑色旅游帽，脚穿白色旅游鞋。家人推测其目前可能在北京。

现恳请好心朋友，如您知其下落，请打电话0598-76XXX21与我们联系。我们将感激不尽，并愿意当面酬（chóu）谢。

---

**注意使用正确的句子**

× 这个人的姓名？ → 这个人叫什么？／你知道他的名字吗？

× 这个人的性别？ → 这个人是男的女的？

× 这个人的年龄？ → 他看上去多大了？／这个人看上去年龄有多大？

× 这个人的籍贯？ → 你知道他是哪儿的人吗？

×这个人的身高？　→　这个人有多高？

×这个人体型怎么样？　→　这个人胖吗？

×这个人长得/长相怎么样？　→　他长什么样？/这个人皮肤白吗？/这个人皮肤黑不黑？/这个人是什么脸型？/这个人眼睛大吗？

×他的说话口音是什么？　→　他说话有口音吗？

×他穿的衣服什么样？　→　他穿什么衣服？

### 3　模拟角色——报案

 两人一组，一人是报案者，一人是警察。报案者根据情景1-3的内容，向警察报案。
**具体要求：**

　　报案者要根据图中的情景，想象一下那天发生了什么事，然后向警察报案。参照所给的句式，把事情发生的经过和嫌疑人的长相、穿着、口音以及其他明显的特征等向警察详细说明。

　　警察要认真倾听、仔细询问，并向报案者复述嫌疑人的体貌特征，表示一定认真办案，并安慰报案者。

 抽选2-3个小组，由小组中的警察向大家讲述事情经过和要寻找的人物的体貌特征，请大家帮助查找。

情景1　（在医院）上午在马路上正常骑车时被汽车撞了。

> 上午，我正过马路，突然，……，那个撞倒我的司机是个女的，穿……，戴……，车牌号……。

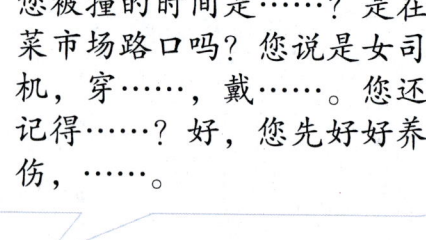

> 您被撞的时间是……？是在菜市场路口吗？您说是女司机，穿……，戴……。您还记得……？好，您先好好养伤，……。

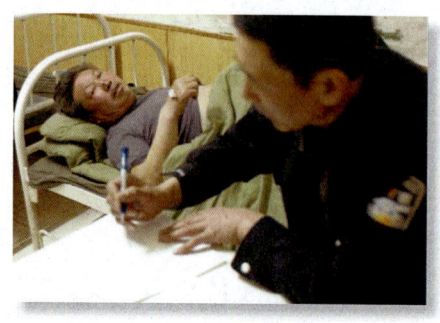

**情景2** （在公交车上）钱包被人偷走了。

刚才，在……站，上来了两个年轻人，一个穿……，个子……，另一个穿……，个子……。

你说高个穿……，矮个穿……，是吗？你放心，……。

**情景3** （在派出所）一个朋友前天外出后，一直没有回来，手机也关机了。

前天，我的一个朋友去商场买东西，说好……，可直到今天也没回来。我们急坏了，一直在找，可是……。

你的朋友出门时穿的什么衣服，你还记得吗？……。

警察介绍案情

今天有一位×国留学生来公安局报案，他/她说：……（案情经过）

现在我们要尽快找到……的人。

下面我详细说一下这个人的体貌特征：……

### 4  故事会——皇帝的新装

🎧 听录音《皇帝的新装》。尽量记住故事的主要内容。
4-2

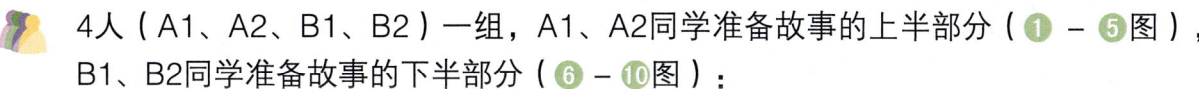

4人（A1、A2、B1、B2）一组，A1、A2同学准备故事的上半部分（❶ – ❺图），B1、B2同学准备故事的下半部分（❻ – ❿图）：
① 以 A1-A2、B1-B2 的方式互相给对方讲述自己准备的故事。
② 以 A1-B1、A2-B2，A1-B2、A2-B1 的方式合作讲出完整的故事。
③ 一起推测故事的结局（后面将会发生的事）。

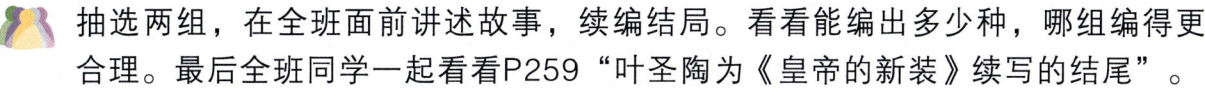

抽选两组，在全班面前讲述故事，续编结局。看看能编出多少种，哪组编得更合理。最后全班同学一起看看P259 "叶圣陶为《皇帝的新装》续写的结尾"。

## 3 语言聚焦

**选词填空**

得体、时尚、合身、随意、庄重、热情、舒适、鲜艳、帅气、正装、休闲服

你知道买衣服、穿衣服应该注意些什么吗？我认为买衣服最重要的是要_____。记得有一次我去逛服装店，一进门就被衣服_____的颜色、_____的式样吸引住了，结果就忘记了要挑选合适的号码，不过好在后来售货员很_____地又帮我换了一件。我弟弟呢，他认为穿衣服最重要的是要_____。他平时喜欢穿_____，既_____又_____；但在正式场合，他选择穿_____，这样显得更加_____一些。而且，我弟弟还认为男孩子穿正装时更_____。你同意我弟弟的看法吗？

# 2 谈论服装

■ 课前预习

A. 试着把下面的词语填到合适的句子中。

休闲、宽松、均码、免熨、精细、化纤、纯棉、熨烫、真丝、紧身、粗糙、新潮

1. 买内衣最好选择_____的。
2. 这条领带是_____的。
3. 这件衣服做工太_____，不能买。
4. 你看，这件西服做得多_____啊，一看就是件高档服装。
5. 这种样式属于_____服装，上班穿不合适。
6. 你穿衣服真够_____的，这种式样的衣服我还是第一次见到。
7. 这种面料的衣服只能低温_____。
8. 你不胖不瘦，这种_____的衣服你穿没问题。
9. 你放心，这种水洗布的衣服是_____的。
10. 这不是_____的吗？你怎么说是纯棉的？
11. 直说吧，你有点儿胖，穿_____的衣服不好看，最好选_____一点儿的衣服穿。

> **提示**
> 可参考本单元的"语言工具箱"。

B. 把下面左、中、右三列词语按类别连接起来。

| | | |
|---|---|---|
| 纯棉、真丝 | 款式 | 大号、两个X（XXL） |
| 粗糙、精细 | 尺码 | 免熨、熨烫 |
| 休闲、新潮 | 面料 | 浅蓝、深灰 |
| 水洗、干洗 | 花色 | 紧身、宽松 |
| 艳的、素的 | 做工 | 皮革、化纤 |
| 均码、加肥 | 洗熨 | 讲究、精致 |

> **思考题**
> 1. 你对"时髦、时尚、新潮、酷、奇异、奇特"等词语熟悉吗？
> 2. 你对年轻人的各种着装有什么看法？

# 1 热身

 两人一组，按照所给的类别，将下面20组有关服装的常用词语归类。

比赛：各组同学轮流说出下面的常用服装词语属于哪一类，并简单解释词语的意思，不出错的小组获胜。

| 类别：A. 花色　B. 样式/款式　C. 洗熨　D. 特点　E. 面料　F. 做工　G. 试衣 | | | |
|---|---|---|---|
| ① 纯棉的（棉的）、真丝的 | （　） | ⑪ 中式的、西式的 | （　） |
| ② 化纤的、皮的、革的 | （　） | ⑫ 优质的、高档的 | （　） |
| ③ 讲究、精致 | （　） | ⑬ 花朵图案的、条纹的 | （　） |
| ④ 新潮的、大众化的 | （　） | ⑭ 淡蓝色、深灰色、浅色 | （　） |
| ⑤ 紧身的、宽松的 | （　） | ⑮ 水洗、干洗、熨烫 | （　） |
| ⑥ 艳的、素的 | （　） | ⑯ 精细、粗糙 | （　） |
| ⑦ 过时的、传统的 | （　） | ⑰ 身高、裤长 | （　） |
| ⑧ 腰围、胸围 | （　） | ⑱ 易洗、不掉色 | （　） |
| ⑨ 试衣间、中号、均码 | （　） | ⑲ 吸汗透气、保暖 | （　） |
| ⑩ 有个性的、休闲的 | （　） | ⑳ 免熨、不变形 | （　） |

# 2 演练与交际

**1 模拟角色——选择合适的服装**

 听录音《我想买一身西服》，参考提示的词语，边听边填空。

> • 词语提示 •
>
> 纯毛、化纤、腰围、休闲、面料、颜色、适合、混纺、做工、老气、种类、胸围、号码

## 我想买一身西服

售货员：您看上哪件衣服了，可以试试。

顾　客：我想买一身西服。

售货员：您想要什么_____的？

顾　客：不一定是_____的，_____、_____的都可以，但_____一定要好。

售货员：您想要什么_____的呢？

顾　客：还是深色的好一些，具体_____还是穿上看感觉吧。

售货员：您看这几款有没有_____您的？

顾　客：有没有三个扣子，显得略微_____一点儿的？

售货员：这款藏蓝的您看怎么样？

顾　客：我穿会显得有些_____。这款有没有我能穿的？

售货员：您_____、_____是多少？

顾　客：_____80公分，_____大概是92公分吧。

售货员：我给您找一件您穿上试试。我们这里_____、_____都很齐全，您一定能选一件满意的。

顾　客：那就谢谢啦！

 两人一组，一人是服装店售货员，一人是即将毕业准备参加工作面试的大学生。两人模拟购物。

**具体要求：**

大学生要为自己选择搭配一套求职面试的服装，向售货员详细说明需要的服装的名称、样式、花色、面料、号码、特点等。

售货员要向年轻人推荐服装，直到年轻人满意。

抽选2—3组同学在班上表演，大家给出评价。

相比之下，我觉得你穿这件白西装更帅气、更有个性，而且，它的款式……。

你是不是考虑一下这件衬衫？这件比那件更……，再说，还是纯棉的，……。

## 2 各抒己见

3人一组，从下面 ❶ – ❸ 题中选择一题相互交流，并简要记下你与同伴相同或不同的观点及理由。

抽选2-3个小组代表，汇报小组同学的观点及理由。

❶ 中国有句俗话：人靠衣裳马靠鞍，意思是穿什么衣服对人来说很重要。你同意这种说法吗？说说你的理由。

我的观点：_____。

我的理由：1._____；

　　　　　2._____；

　　　　　3._____。

他人的观点和理由：_____。

❷ 你喜欢买名牌服装吗？为什么？你有没有自己喜欢的服装品牌？如果有，是什么牌子？什么样式？在什么季节穿的？如果没有，请说说理由。

　　1. 我喜欢/不喜欢名牌服装的理由：_____。

　　2. 我喜欢的品牌：_____；样式：_____；

理由：_____。

　　3. 他人喜欢某品牌的理由：_____。

❸ 很多人觉得冬天少穿衣服可以锻炼人不怕寒冷，还可以让自己显得很帅或很漂亮，对此你怎么看？究竟应该要美丽还是要健康？请阅读下面医生的话，然后以生活实际为例，谈谈你的观点。

我的观点：_____。

我的理由：1._____；

　　　　　2._____；

　　　　　3._____。

他人的观点和理由：_____。

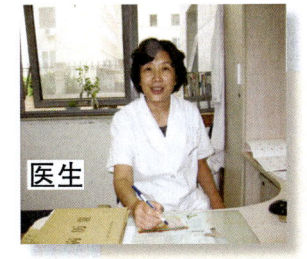

医生

不否认冬季进行合理的耐寒锻炼对身体非常有益，但是耐寒训练应以有氧运动为主，如慢跑、骑自行车、游泳、打网球等，只靠少穿衣服并不能起到耐寒锻炼的效果。相反，由于冬季的气温较低，双腿遭受寒冷空气侵袭，容易出现发凉、麻木、酸痛等症状，时间长了，还会出现关节肿胀、水肿疼痛的现象。一旦疾病出现，想彻底治好将是非常困难的事情。

## 3 小辩论——他们很时尚吗？

很多年轻人喜欢把自己打扮得与众不同，如下面图中的情况。你对此怎么看？你是否觉得这样很时尚？大家起立，在班内寻找与自己观点相同的同学，组成3人小组，一起比较、补充各自的理由，并将理由按重要程度排序，写在下面的表1中。然后为下一步的辩论做准备，换位思考，讨论：如何反驳不同意见（填写表2）。

重新调整小组成员，与持不同观点的同学重新组成3-4人组，参考所给的句型在组内进行小辩论，各自阐明观点及理由。如果别人的话你没听清楚，要追问到底；也可反驳别人的观点，进一步解释说明自己的理由。

他们是怎样打扮自己的？

身体穿孔、戴隐形彩色眼镜、文身、染彩色头发、做奇异发型、奇特的化妆、穿破牛仔裤

观点1：我认为这是赶时髦、追时尚，这样打扮很"酷"，很有个性。
观点2：我虽然能接受他们的样子，但不会像他们那样去做。
观点3：我坚决反对这样做，这样显得很另类，让人看着不舒服。

表1：

我们的观点：_____
理由：第一，_____
　　　第二，_____
　　　第三，_____
　　　第四，_____

表2：

如果他们说：_____
我们回答：_____
如果他们说：_____
我们回答：_____
如果他们说：_____
我们回答：_____

你是说……，是吗？
对不起，你说……，为什么？

怎么能说……呢？
如果……，那么，……。
与其……，不如……。
A是A，但是，……。

## 3 语言聚焦

根据情境，完成对话。

❶ A：你觉得这条裙子的颜色适合我吗？
B：颜色＿＿＿＿是＿＿＿＿，不过＿＿＿＿＿＿＿＿＿＿＿＿＿＿＿。

❷ A：你说我穿哪件T恤更好？
B：相比之下，＿＿＿＿比＿＿＿＿更＿＿＿＿，再说，＿＿＿＿＿。

❸ A：我想买这条有条纹图案的连衣裙。
B：你不觉得＿＿＿＿＿＿＿＿＿＿＿＿＿＿＿吗？

❹ A：这件上衣适合在正式场合穿吗？
B：要我说呀，最好＿＿＿＿＿＿＿＿＿＿＿＿＿＿＿。

❺ A：你看我穿这件旗袍瘦不瘦？
B：＿＿＿倒是不＿＿＿＿，不过＿＿＿＿＿＿＿＿＿＿＿＿。

❻ A：这里没有我喜欢的衣服，而且尺码都是均码号！
B：你是不是考虑一下＿＿＿＿＿＿＿＿＿＿？

❼ A：＿＿＿＿＿＿＿＿＿＿＿＿＿＿＿＿＿？
B：你不觉得这顶帽子你戴太大了吗？

# 3 视听说

■ 课前预习

你知道这些词语的意思和用法吗？

A. 画线连接词语和它们的意思。

① 赴宴　　　　　　　　　a. 言语、动作显得成熟、得体、自然。

② 会晤　　　　　　　　　b. 规模大。

③ 双边峰会　　　　　　　c. 让大家都乱忙，不能安静。

④ 稳重大方　　　　　　　d. 和某个重要人物正式见面。书面语。

⑤ 麻利　　　　　　　　　e. 双方重要人物参加的会议。

⑥ 盛大　　　　　　　　　f. 动作快，利落。

⑦ 折腾　　　　　　　　　g. 去参加宴会。

B. 选用合适的词语填空。

赴宴、会晤、双边峰会、稳重大方、麻利、盛大、折腾

① 这是一个规模_____的招待会。

② 晚上我要去_____。

③ 他这个人_____，小丽的母亲非常喜欢他。

④ 喂！你能不能_____点儿，我在车里等了你20分钟了。

⑤ 我看房间这样布置挺好的，别_____了。

⑥ 今天我要参加一个_____，明天还要陪总经理和泰达公司的总裁_____。

● 思考题

杨怡觉得青楚、母亲、小样的着装有什么问题？

112

# 1 情境配音

1. 看电视剧《我的青春谁做主》第13集片段（约00：13-00：16）两遍。
2. 就所看内容进行问答。
3. 分角色朗读情景对白并做配音表演。

### 对白节选

杨　怡：哎，青楚啊，你今儿打算穿这身衣服去赴人家周晋的宴？

青　楚：嗯，怎么啦？

杨　怡：那哪行啊？太随便了。

青　楚：我平常天天都这样见他。

杨　怡：今天不行。这是周晋第一次正式跟咱们全家会晤，是"双边峰会"，得庄重。

青　楚：我这样还不够庄重吗？

杨　怡：哎，你不是有套白裙子吗？换上那个，既有青春活力又稳重大方。啊，来，来，来。

青　楚：不至于吧，妈！

杨　怡：快点儿换上吧，啊！快点儿啊！麻利点儿！

青　楚：哦。

杨　怡：哟，嘿嘿，妈，你怎么穿这个呀？太老气了。年轻人穿素，老年人得艳。你不是有套红的吗？穿那个呀！快去，去！

小　样：大姨，你就直接指导我穿什么吧。你让我穿什么我就穿什么。

杨　怡：你是不是全是休闲的衣服呀？你们女孩子呀，也应该适当地准备一两套正式的衣服。以后再遇到像今天这样盛大的场合，也好应付啊。

小　样：我这不头一回赶上这么盛大的节日嘛！

杨　怡：算了吧。青楚啊，借小样一套衣服吧。

青　楚：妈，你是不打算把每个人都折腾一遍才算完？

杨　怡：嗯，这件还不错。

青　楚：来吧，来吧。

杨　怡：快点儿，快点儿！快点儿啊！

## 2 语言聚焦

**1** 用不同语气说出下面的句子。

① 嗯，怎么啦？
  a. ——你别往菜里放盐了。
    ——<u>嗯，怎么啦？</u>（一般询问）
  b. ——你明天不用来了！
    ——<u>嗯，怎么啦？凭什么这样对我？</u>（不满地）

② 今天不行。
  a. ——明天再去吧！
    ——<u>今天不行？</u>（怀疑）
  b. ——我们今天就去吧！
    ——<u>今天不行！明后天没问题。</u>（强调）

**2** 根据人物身份，用合适的语气语调完成下面的对话。

[准备去参加婚礼]

妻　子：你看我今天穿哪件衣服好呢？
丈　夫：我看_____就不错。（建议）
妻　子：_____太_____了。（反对）
丈　夫：那就_____。（建议）
妻　子：_____不适合今天穿。（反对）
丈　夫：那我就说不好了，你随便吧。

**3** 🎧 4-4 学说绕口令

补布裤

明明屋里补布裤，使用一块土粗布，
粗布裤上补粗布，土粗布补粗布裤，
明明穿上粗布裤，艰苦朴素牢记住。

# 4 记录与评价

根据本单元你的学习情况，填写"我的备忘录"和"评价表"。

| 我的备忘录 （　年　月　日） ||
|---|---|
| 本单元学过的最有用的语句 | 容易错的语音语调和语句 |
| 1 | |
| 2 | |
| 3 | |
| 4 | |
| 5 | |
| 6 | |

| 评价表　　　　　　　　　　　　　　　　　年　月　日 ||||||
|---|---|---|---|---|---|
| 口头交际任务　　　　　完成质量 | 5分 很好 | 4分 好 | 3分 一般 | 2分 较差 | 1分 很差 |
| 1. 能说出各类服装的汉语名称。 | | | | | |
| 2. 能描述人们的着装情况。 | | | | | |
| 3. 能从多方面谈论服装。 | | | | | |
| 4. 能就服饰等问题表达自己的观点。 | | | | | |
| 5. 能流利、准确、完整地讲述图片故事。 | | | | | |
| 6. 能根据情境，自然、准确、流利地为人物配音。 | | | | | |
| 7. 积极主动地参与课堂活动，具有与小组同学互助、合作的团队精神。 | | | | | |
| 8. 自己在小组讨论中的职责是：_____，自己的职责完成得怎么样？ | | | | | |
| 9. 我认为我们小组的表现： | | | | | |
| 10. 自己需要注意的问题（如态度、语言方面等）是： | | | | | |
| 11. 我们小组需要改进的问题是： | | | | | |

# 5 相关链接

## 1 唐装的由来

说起唐装，可能在大多数人的脑海中闪过的是这样的字眼——唐朝的服装。事实上，唐装并不是唐朝的服装，也不是由唐服发展而来的服装。那么唐装究竟是哪个朝代的服装呢？其实，唐装是由中国清代服饰演变而来的。清代康熙年间的对襟马褂，以其穿着简易快捷而备受官员与百姓欢迎，成为古装中流传至今而款式基本不变的中华民族服饰。唐装是满族服装的延续和改良，满装是东方服装文化中的一支，在它的发展过程中，与汉民族在文化服装方面逐步走向融合。今天的唐装就是在这样的历史融合中逐步形成的。之所以称其为"唐装"，是因为唐朝是中国文明发展史上的一个高峰，人们以最鼎盛的唐朝为古代中国之荣。在国外，华人被称为"唐人"，所住街区称为"唐人街"，那么"唐人"所穿的民族服饰自然就应该叫做"唐装"。如今，"唐装"已经成为一个统称，泛指具有中华民族传统特色的服饰。它正在成为服装的"中国名片"，用民族的符号和服饰的语言向世界作自我介绍："我来自中国。"

## 2 旗袍

旗袍是中国一种富有民族风情的妇女服装，由满族妇女的长袍演变而来。由于满族人被称为"旗人"，故将这种长袍称之为"旗袍"。在清代，妇女服饰可以说是满汉并存。清初，满族妇女以长袍为主，而汉族妇女仍以上衣下裙为时尚；清代中期，满汉各有仿效；到了清代后期，满族效仿汉族的风气日盛，甚至出现了"大半旗装改汉装，宫袍截作短衣裳"的情况，而此时，汉族仿效满族服饰的风气也在一些达官贵妇中流行起来。

到了20世纪20年代，受西方服饰影响，经改进之后的旗袍逐渐在广大妇女中成为一种时尚。这种旗袍是汉族妇女在吸收西洋服装样式后，通过不断改进，才进入千家万户的。旗袍的样式很多，开襟的有如意襟、琵琶襟、斜襟、双襟；领有高领、低领、无领；袖口有长袖、短袖、无袖；开衩有高开衩、低开衩；还有长旗袍、短旗袍、夹旗袍、单旗袍等。改良后的旗袍在20世纪30年代，几乎成为中国妇女的标准服装。正是在这一时期，旗袍奠定了它在女装舞台上不可替代的重要地位，成为中国女装的典型代表。

# 6 语言工具箱

**1 描述服装**

| | | | |
|---|---|---|---|
| 1. | 服饰 | fúshì | dress and personal adornment |
| 2. | 项链 | xiàngliàn | necklace |
| 3. | 戒指 | jièzhi | (finger) ring |
| 4. | 旗袍 | qípáo | cheongsam |
| 5. | 衬衫 | chènshān | shirt |
| 6. | 羽绒服 | yǔróngfú | down wear |
| 7. | 拖鞋 | tuōxié | slipper(s) |
| 8. | 手镯 | shǒuzhuó | bracelet |
| 9. | 休闲 | xiūxián | leisure |
| 10. | 籍贯 | jíguàn | birthplace |
| 11. | 体型 | tǐxíng | body type |
| 12. | 长相 | zhǎngxiàng | looks, appearance |
| 13. | 穿着 | chuānzhuó | what sb. wears |
| 14. | 靴子 | xuēzi | boot(s) |
| 15. | 合身 | héshēn | (of clothes) to fit |
| 16. | 得体 | détǐ | appropriate |
| 17. | 搭配 | dāpèi | to match, to fit |
| 18. | 时尚 | shíshàng | fashion |
| 19. | 帅气 | shuàiqì | handsome |
| 20. | 随意 | suíyì | at will |
| 21. | 庄重 | zhuāngzhòng | solemn |
| 22. | 正装 | zhèngzhuāng | formal clothes |
| 23. | 特征 | tèzhēng | feature |
| 24. | 报案 | bào àn | to inform the police of a crime |
| 25. | 寻人启事 | xún rén qǐshì | notice for looking for sb. |
| 26. | 失踪者 | shīzōngzhě | missing person |
| 27. | 浓眉 | nóngméi | bushy eyebrows |
| 28. | 五官端正 | wǔguān duānzhèng | to have regular features |
| 29. | 推测 | tuīcè | to infer |
| 30. | 恳请 | kěnqǐng | to earnestly request |
| 31. | 下落 | xiàluò | whereabouts |

| 32. | 酬谢 | chóuxiè | to reward sb. for his kindness |
| 33. | 撞 | zhuàng | to bump against |
| 34. | 矮 | ǎi | short |
| 35. | 案情 | ànqíng | details of a case |
| 36. | 称职 | chènzhí | up to the requirements of a post |
| 37. | 诚实 | chéngshí | honest |
| 38. | 老臣 | lǎochén | old minister (of a monarchy) |
| 39. | 陛下 | bìxià | Your Majesty |
| 40. | 大典 | dàdiǎn | grand ceremony |
| 41. | 袍子 | páozi | robe |
| 42. | 轻柔 | qīngróu | light and soft |
| 43. | 装模作样 | zhuāng mú zuò yàng | to be pretentious |
| 44. | 轰动 | hōngdòng | to cause a sensation |
| 45. | 高傲 | gāo'ào | arrogant |
| 46. | 旁若无人 | páng ruò wú rén | to act as if no one else was nearby—to be self-important and unmindful of others |
| 47. | 后裙 | hòuqún | a special long cloth which ties in the back of the ceremonial dress |

## 2 谈论服装

| 48. | 宽松 | kuānsōng | (of clothes) loose |
| 49. | 均码 | jūnmǎ | one-size-fits-all |
| 50. | 免熨 | miǎnyùn | (of clothes) to be easy-care |
| 51. | 化纤 | huàxiān | chemical fibre |
| 52. | 纯棉 | chúnmián | pure cotton |
| 53. | 熨烫 | yùntàng | to iron and press |
| 54. | 真丝 | zhēnsī | real silk |
| 55. | 新潮 | xīncháo | new-fashioned |
| 56. | 干洗 | gānxǐ | dry-clean |
| 57. | 洗熨 | xǐyùn | to wash and iron |
| 58. | 皮的 | pí de | leathern |
| 59. | 革的 | gé de | leatheroid |
| 60. | 腰围 | yāowéi | waistline |
| 61. | 胸围 | xiōngwéi | chest circumference |
| 62. | 变形 | biànxíng | to change shape |
| 63. | 面料 | miànliào | fabric, material |
| 64. | 做工 | zuògōng | workmanship |

| 65. | 混纺 | hùnfǎng | blending (fabric) |
|---|---|---|---|
| 66. | 藏蓝 | zànglán | purplish blue |
| 67. | 各抒己见 | gè shū jǐ jiàn | each airs his own views |
| 68. | 人靠衣裳马靠鞍 | rén kào yīshang mǎ kào ān | clothes make the man |
| 69. | 耐寒 | nàihán | cold-resistant |
| 70. | 有氧运动 | yǒuyǎng yùndòng | aerobic exercise |
| 71. | 麻木 | mámù | numb |
| 72. | 症状 | zhèngzhuàng | symptom |
| 73. | 关节 | guānjié | joint |
| 74. | 肿胀 | zhǒngzhàng | to swell |
| 75. | 换位思考 | huànwèi sīkǎo | to put oneself in another's shoes |
| 76. | 阐明观点 | chǎnmíng guāndiǎn | to clarify one's view |
| 77. | 纹身 | wénshēn | tattoo |
| 78. | 隐形眼镜 | yǐnxíng yǎnjìng | contact lens |
| 79. | 酷 | kù | cool |

### 3 视听说

| 80. | 会晤 | huìwù | to meet |
|---|---|---|---|
| 81. | 双边峰会 | shuāngbiān fēnghuì | bilateral talk |
| 82. | 稳重大方 | wěnzhòng dàfang | elegant and poised |
| 83. | 麻利 | máli | nimble |
| 84. | 老气 | lǎoqì | dark and old-fashioned |
| 85. | 盛大 | shèngdà | grand |
| 86. | 折腾 | zhēteng | to cause physical or mental suffering |

# 第五单元　交通出行

### 单元目标

在这一单元里，你将：

1. 能介绍自己的旅游计划，咨询与旅游有关的事情。
2. 能讲述难忘的旅游经历，并推荐旅游线路。
3. 能介绍城市的交通状况。
4. 能讲述一场交通事故，并能分析事故原因。

# 1 旅游

## 课前预习

A. 画线连接词语和它们的意思。

① 日光浴　　　　　　　a. 营业不旺盛的季节。就旅游而言，指出来旅游的人比较少的时间段。

② 旺季　　　　　　　　b. 为了身体健康，光着身子让太阳晒。

③ 报价　　　　　　　　c. 到目的地以后，和其他人临时组成一个旅游团一起旅游。

④ 淡季　　　　　　　　d. 坐飞机去，坐火车回；或者坐火车去，坐飞机回。

⑤ 托运　　　　　　　　e. 营业旺盛的季节。就旅游而言，指出来旅游的人比较多的时间段。

⑥ 发团　　　　　　　　f. 坐火车旅行，往返都是卧铺。

⑦ 双卧　　　　　　　　g. 旅行团出发。

⑧ 单飞　　　　　　　　h. 行李、货物不随身带，委托运输部门运到目的地。

⑨ 拼团游　　　　　　　i. 到目的地以后负责接旅游团的当地导游。

⑩ 地接导游　　　　　　j. 在买卖中，卖方说出的价格。

> **提示**
> 可参考本单元的"语言工具箱"。

B. 你熟悉下面这些地方吗？画线连接相关景点和地名。

① 中华文明的瑰宝——万里长城（八达岭长城）　　　a. 甘肃敦煌
② 中国四大名园之一——拙政园　　　　　　　　　　b. 北京
③ 历史文化名城——平遥古城　　　　　　　　　　　c. 西藏拉萨
④ 江南水乡——乌镇　　　　　　　　　　　　　　　d. 海南
⑤ 雪域高原的神殿——布达拉宫　　　　　　　　　　e. 山西
⑥ 风景名胜区——九寨沟　　　　　　　　　　　　　f. 江苏苏州
⑦ 天下第一奇山——黄山　　　　　　　　　　　　　g. 陕西西安
⑧ 佛教艺术圣地——莫高窟　　　　　　　　　　　　h. 四川阿坝
⑨ 滨海旅游城市——三亚　　　　　　　　　　　　　i. 浙江嘉兴
⑩ 中国古代奇迹之一——秦始皇陵兵马俑　　　　　　j. 安徽

C. 选择上面的一个旅游地点，上网查找与这个旅游点以及周边旅游点相关的内容，并参考下面的表格做出旅行计划。

**参考网址：**

> 1. http://www.beijinggl.com/； 2. http://baike.baidu.com/dili/；
> 3. http://qq.ip138.com/train/

| 旅 游 计 划 | | |
|---|---|---|
| 1. 旅游时间（季节、天数） | | |
| 2. 旅游线路及游览景点 | | 门票费用： |
| 3. 旅游中使用的交通工具 | | 交通费： |
| 4. 每个住宿地及住宿宾馆 | | 住宿费： |
| 5. 特色饮食 | | 餐饮费： |
| 6. 必带物品 | | 费用总计： |
| 本次旅游的意义： | | |

**思考题**

你经常去旅游吗？哪次旅游最难忘？准备一下以后给大家做介绍。

# 1 热身

> 3-4人一组，每组选择一个类别（D、E可以由一个小组负责），从下列词语中找出属于这一类别的词语，并讨论这些词语的意思。

> 比赛：各组同学轮流说出挑选出的词语，并简单解释这些词语的意思，不出错的小组获胜。

| 类别：A.旅游　B.交通　C.旅行社　D.酒店　E.旅游方式 | | | |
|---|---|---|---|
| ① 青年旅馆、星级酒店 （　） | | ⑭ 旅游团、导游、地接导游 （　） |
| ② 标准间、普通间、单人间（　） | | ⑮ 旅游线路、指定地点、接站 （　） |
| ③ 入住、叫醒服务 （　） | | ⑯ 日光浴、海滨 （　） |
| ④ 信用卡、现金 （　） | | ⑰ 打折票、往返票、学生票 （　） |
| ⑤ 床位、客满 （　） | | ⑱ 旅游鞋、旅行包、旅行地图 （　） |
| ⑥ 订房、退房、房价、押金（　） | | ⑲ 航班、经济舱、登机牌、托运（　） |
| ⑦ 跟团游、自助游、拼团游（　） | | ⑳ 旅游车、包车、专车、游船 （　） |
| ⑧ 淡季、旺季 （　） | | ㉑ 急救包、自救 （　） |
| ⑨ 报价、免费 （　） | | ㉒ 参观、游览 （　） |
| ⑩ 纪念品、特产 （　） | | ㉓ 出团日期、天天发团 （　） |
| ⑪ 散客、团队 （　） | | ㉔ 时刻表、正点、晚点 （　） |
| ⑫ 日程安排、行程、回程 （　） | | ㉕ 车次、直达、硬座、软卧 （　） |
| ⑬ 景点、门票 （　） | | ㉖ 双卧、单卧、双飞、单飞 （　） |

# 2 演练与交际

① 旅游咨询

听录音《旅游咨询》，搞清楚旅游者向旅行社咨询了哪些问题并填空。

### 旅游咨询

> ❶ 我想_____一下关于旅游的事。你们这周有没有去西安的旅游团？
> ❷ 有，周五_____，有_____，也有_____。
> ❸ 我想坐火车去，_____是多少？
> ❹ 现在是_____，每人2280元。
> ❺ 我还想问一问，这个团肯定能_____吗？
> ❻ 这个团属于全国散客_____，几个人都可以成行。我们旅行社负责买火车票，你们取票后自己坐车过去，下了火车由地接导游_____，安排整个行程。
> ❼ 好吧，我们_____一下再和你们联系。
> ❽ 我们保证到当地后提供优秀的_____服务。欢迎您_____报名。

两人一组，一人是旅行社职员，一人是旅游者，旅游者向旅行社职员询问有关旅游的问题。

我想咨询一下……。
我还想问一问，……？
请问，费用里面含不含……？

去……的旅游团有双卧，还有……。
这是行程安排，您可以拿去……。
您放心，我们保证……。

### 2 我们去哪儿旅游

3人一组，参考下面的景点并根据事先准备的旅游计划讨论一起去哪儿旅游，充分说明你的兴趣以及选择这个旅游景点的理由，最终做出一致决定并共同讨论、修改旅游计划。

各小组代表参考所给提示介绍本组的旅游设想，看哪个小组的安排更细致、合理。

八达岭长城　　　　拙政园　　　　平遥古城　　　　乌镇　　　　布达拉宫

九寨沟　　　　黄山　　　　莫高窟　　　　三亚　　　　兵马俑

| 旅 游 计 划 | | |
|---|---|---|
| 1. 旅游时间（季节、天数） | | |
| 2. 旅游线路及游览景点 | | 门票费用： |
| 3. 旅游中使用的交通工具 | | 交通费： |
| 4. 每个住宿地及住宿宾馆 | | 住宿费： |
| 5. 特色饮食 | | 餐饮费： |
| 6. 必带物品 | | 费用总计： |
| 本次旅游的意义： | | |

## 我们的旅游设想

我们小组同学计划于_____去_____旅游,为期_____。这次旅游我们计划游览_____、_____、_____、_____以及_____。准备_____月_____日从_____出发,先乘_____去_____,再_____去_____。准备在_____和_____住_____个晚上。

我们听说_____的_____很有特色,所以除了游览参观以外,我们还要_____。

这是一次很有意义的旅游,_____。我们大家都盼着这一天的到来。

### 3 模拟角色——勤动嘴少跑腿

两人一组,参考下面的内容提示进行模拟角色的练习,A是旅游者,B是旅行社职员或当地的路人。A在旅游途中遇到问题,向B打听咨询。

抽选两组同学在班上表演。集体讲评。

• 内容提示 •

❶ A来到一个陌生的旅游地,由于事先准备不足,不知道这个地方都有哪些值得游览的景点,请B介绍一下(可以选择一个B熟悉的地方进行介绍,也可以是你自己国家的一个地方)。

❷ A来到一个向往已久的旅游胜地,第二天想出去好好玩儿一天,但由于不熟悉当地的交通,不知道如何安排第二天的行程,请B给一些建议和指导。(可以选择两个人都熟悉的地方,如现在的学校所在地,A提出打算要去的两个地方,B给出行程安排,介绍如何坐车,包括旅游专车和公交车,不能打车)。

沟通——任务型中级汉语口语·上

请问,这个城市都有哪些值得游览的地方?
您能给我介绍一下这个城市的旅游景点吗?

我们这个城市最值得游览的地方有5处……,八达岭长城,……颐和园……,故宫……还有……。

明天我想去……,您说我怎么安排行程,怎样坐车好呢?
有没有旅游专线车或直达车?要倒几次车?在哪儿倒车?

你最好先去……,再去……。
去……有一条旅游专线,在……上车。
去……比较麻烦,……。

**4** 介绍自己的难忘之旅

🎧 听录音《游吐鲁番》,边听边记录下面几个问题的答案。
5-2

① 吐鲁番的夏天气候怎么样?

② 吐鲁番主要产什么水果?

③ 吐鲁番人常怎样待客?

④ 吐鲁番人有怎样的生活习惯？在那里生活，会不会热得受不了?

⑤ 吐鲁番的沙丘和其他沙漠地带有什么不同?

两人一组，向对方介绍自己的"一次难忘的旅行"，注意说明时间、地点（地名）、难忘的景物（或人物、事件、地域文化、特色等）。最后向朋友推荐这个地方，并说明去这个地方要注意的问题。

抽选两个同学在班上做介绍。

埃菲尔铁塔　　　埃及金字塔　　　日本富士山　　　悉尼歌剧院　　　美国科罗拉多峡谷

云南西双版纳　　北京颐和园　　　上海老建筑　　　香港夜景　　　新疆喀纳斯湖

我永远难忘去年7月，我和家人去……的那次旅游，……。

说起旅行，给我印象最深的是去……的那次，……。

这是一个……的地方，希望大家能有机会去……看一看。如果你去了，一定会……。

你想知道怎么去，我觉得最好……。对了，去这个地方一定要注意……。

要带什么东西？嗯，……是必备的，因为……；还有，……也少不了，千万别忘了！至于费用嘛，……就足够了。

## 3 语言聚焦

**1** 根据每个人的需要，为他们选择适合的旅游方式。

> A. 随团旅游　　B. 自由行　　C. 拼团游　　D. 自助游

❶ 放暑假了，约翰和三位同班同学约好一起去旅游，他们想自己选择感兴趣的线路，自己安排时间和行程，但希望能顺利买到车票并能找到价格相对便宜的宾馆。

❷ 麦克是一位英国留学生，他第一次来中国学习，而且不会说汉语。他需要有人帮助他安排旅游行程和旅游线路，帮他买车票、订旅馆。

❸ 杰克很早就听说泰山的景色很美，他打算下个月去那儿旅游，但他不愿意和别人一起去，他觉得这样很不自由。

❹ 丽莎在四川有一个朋友，她想去看望这个朋友并在当地好好玩儿几天，但朋友那里没地方住，朋友也没时间陪她游玩儿，她对当地又不熟悉，需要有人帮助她才行。

## 2 选词填空。

景点、结伴、日光浴、旅行社、导游、订房、海滨、纪念品、
信用卡、现金、旅游线路、自助游、淡季、推荐、打折票、门票

来北京已经两年了，每到假期我总喜欢去中国各地旅游。起初，我常到_____报名随团旅游。因为那时候汉语说得不好，旅游时总得听_____的安排。另外，_____也是安排好的，有的_____自己不想去也没有办法。不过，即使是这样，我还是很开心，每次旅游都会买很多_____带给亲友。后来，我和朋友们开始尝试_____。我的中国朋友给我_____了很多有名的景点，比如西安秦始皇陵兵马俑、云南西双版纳。由于我们都是学生，所以可以买到便宜的_____。这个学期结束后我打算和两个朋友_____去美丽的_____城市青岛，好好儿享受享受海边的_____。

如果大家也想旅游，我建议最好在_____去。那时候人比较少，_____也相对便宜，到旅馆_____也更容易一些。对了，出门最好带一张_____，它比_____花起来更方便。

# 2 交通

## 课前预习

画线连接词语和它们的意思。

① 拥堵　　　　　　　　　　　a. 上下班时间。
② 畅通　　　　　　　　　　　b. 车辆反着规定的方向行驶。
③ 并线　　　　　　　　　　　c. 机动车行驶的主要道路，路面相对较宽。
④ 限行　　　　　　　　　　　d. 车辆超过规定的速度行驶。
⑤ 主路　　　　　　　　　　　e. 车辆转成相反的方向。
⑥ 铺路　　　　　　　　　　　f. 车辆在行驶过程中从所行驶的车道驶向同方向的相邻车道。

⑦ 逆行　　　　　　　　　　　g. 路上车非常多，开不起来。
⑧ 掉头　　　　　　　　　　　h. 限制行驶，某条路不能开车通过，或某一类车不能上路行驶。

⑨ 超速行驶　　　　　　　　　i. 路上车很少，开起来很顺畅。
⑩ 高峰时段　　　　　　　　　j. 限制在一定的速度内行驶。
⑪ 限速行驶　　　　　　　　　k. 车辆行驶指示牌。
⑫ 交通标志　　　　　　　　　l. 主路旁边修建的辅助性道路，一般路面较窄。

 提示

可参考本单元的"语言工具箱"。

思考题

根据你的了解，你觉得哪个国家的哪个城市交通状况最好？能介绍一下吗？

## 1 热身

两人一组，关于交通，你能想起多少相关词语？与同伴一起说一说。

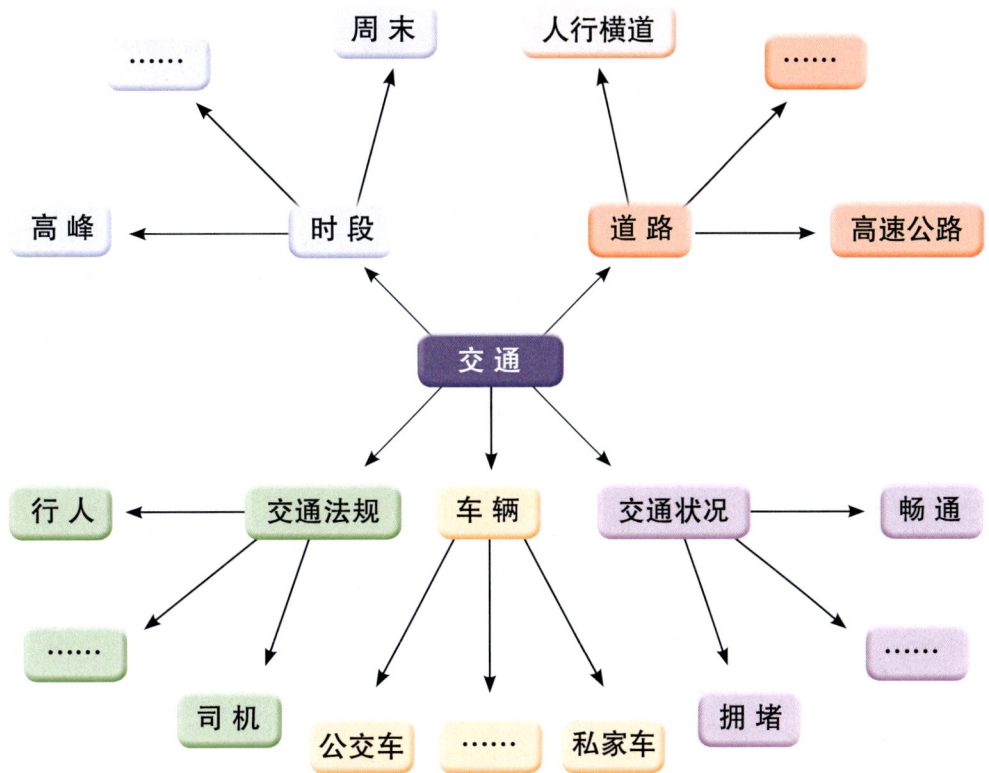

## 2 演练与交际

### 1 介绍某个城市的交通状况

听录音《北京市内的交通》，参考提示的词语，边听边填空。

> **词语提示**
>
> 发展、随后、公交车、形成、便利、先、除了、开设、快速公交线路、延长、缩短、出租车、私家车、大型客运公司、600多条、特别是、普及、拥挤、缓解、加强、遵守、地铁、带来、压力、行驶、控制

北京市内的交通

现在北京的交通越来越_____了。_____说北京的_____。北京_____上个世纪七八十年代修建的地铁一号线、二号线以外，2000年以后地铁的修建又有了突飞猛进的_____，先是将一号线_____，_____建成了开往东郊的八通线、连接北部地区的轻轨十三号线，以及五号线、十号线、八号线等10多条线路。地铁线路全长已经达到300多公里，_____了相互连接的交通网络。

再说北京的＿＿＿＿。北京地区有10多个＿＿＿＿＿＿＿＿，拥有公交线路＿＿＿＿，可以说公交线路四通八达。＿＿＿＿2005年以后在前门、朝阳门和安定门分别＿＿＿＿了三条通往五环以外的＿＿＿＿＿＿＿＿，＿＿＿＿了市民上下班乘车的时间。而且公交车实行刷卡上车，4折优惠，给人们出行提供了极大的便利。

　　北京的＿＿＿＿也很多，宾馆、医院、车站等都会有出租车等候，在路上可以招手上车。

　　随着人们生活水平的提高，＿＿＿＿近几年已经相当＿＿＿＿，这也给社会交通＿＿＿＿很大的＿＿＿＿。北京市实行车辆限行的制度，每个工作日都有约五分之一的车辆不能在五环路内＿＿＿＿。而且从2011年起，每年的汽车销售量也有所＿＿＿＿，这使＿＿＿＿的交通得到了一些＿＿＿＿。如果司机和市民能进一步＿＿＿＿交通安全意识，共同＿＿＿＿交通法规，北京的交通一定会越来越好。

> **提示**
>
> 你要介绍的这个城市可能是你居住过的、去过的或听说过的你认为交通状况最好的城市，也可能是交通状况最差的城市。可以课前上网查找一下有关这个城市交通情况的介绍。

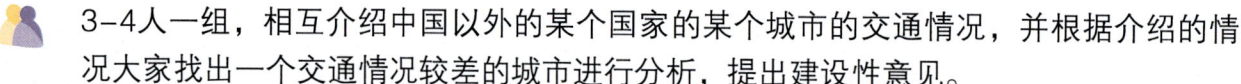 3-4人一组，相互介绍中国以外的某个国家的某个城市的交通情况，并根据介绍的情况大家找出一个交通情况较差的城市进行分析，提出建设性意见。

 抽选2-3个小组的代表介绍本组讨论情况（某一城市的交通状况及改进意见）。

巴黎地铁

维也纳有轨电车

新加坡汽车

日本新干线

某国公交车

交通出行　第五单元

你来这里多久了？
你对这里的环境适应吗？
在×××，人口……，汽车……，但是交通秩序……，人们都很遵守……，不随便……，……。

刚一个月。
还好，就是……。
你们国家的交通……？

我们小组讨论了_____国_____市的交通情况，我们认为这个城市的交通存在以下一些问题：
一是，_____；
二是，_____；
三是，_____；
四是，_____。
我们建议：
首先，_____；
其次，_____；
再次，_____；
还有，_____；
最后，_____。

**2** 讨论——酒后驾车

🎧 5-4　先听一则交通事故新闻，边听边记录要点。

| 消息（法院判决结果） | 被告人陈家犯以危险方法_____公共安全罪，被判处无期徒刑，剥夺政治权利_____，附带民事赔偿366万2629元。 |
|---|---|
| 车祸发生时间 | _____年_____月_____日5点36分 |
| 肇（zhào）事者 | 陈家 |

135

| | |
|---|---|
| 事故经过 | 被告人陈家_____超速驾车，由_____向_____行驶，违反交通信号管制，从后方直接_____上前方等候交通信号放行的一辆菲亚特牌小型轿车，继而又撞向正常_____的639路公交车左前侧。之后，陈家弃车逃逸。 |
| 事故后果 | 菲亚特车主及其女儿_____，妻子重伤，639路公交车上的一名乘客_____。 |

 ① 全班随机分成正、反、中立三大组（每组6-7人，分别编号），就"酒后驾车该不该重罚"的问题展开讨论。一组赞成重罚，如判无期徒刑；二组反对重罚，认为拘留几天或几个月就可以了；三组是中立的态度，认为应该根据情况而定，有的要重罚，有的应轻罚。组内角色分工：主持人、提问者、鼓励者、总结者。一起讨论，尽可能多地找出支持本组观点的论据、理由，并努力记住。
② 正、反、中立方同号的同学重新组成小组，发表己方观点，并至少说出三个理由，按照"小组讨论报告单"准备小组讨论报告。

 每人报告小组讨论情况，并说明自己的真实观点。全班同期录音。集体讲评。

### 小组讨论报告单

大家好！关于_____的问题，我们小组有以下三种观点：

第一种观点认为_____。理由一是：_____，比如：_____；二是_____；三是_____。

第二种观点相反，认为_____。理由有_____个：1._____ 2._____ 3._____。

第三种观点认为_____。理由是：_____。

我支持第____种观点，因为_____。

总之，对_____的问题，我们小组每个人都有自己的看法，也都有自己的道理。

我的报告完了，谢谢大家！

### 3 故事会

① 4人一组，阅读下面的故事，并根据故事情节每人各选一个酒后违章案例（见下图）改编故事的第三小段。
② 在组内轮流给不同的同学讲述自己改遍的事故的经过，共讲三遍。
③ 4人一起分析造成交通事故的一般原因有哪些，并提出避免交通事故的建议3-5个。

抽选两个同学讲故事；两个同学汇报讨论结果。

#### 故事：酒后驾车

李刚最近心情不错，工作业绩突出，老板刚给他涨了工资。想到大学时的几个好朋友很长时间没见面了，趁（chèn）国庆节放假，他想约大家一起聚一聚。晚上6点，几个同学陆陆续续来到周记海鲜酒店，说说笑笑，大家非常高兴。

无酒不成席。老同学难得一聚，肯定要喝上几杯。李刚是开车来的，知道酒后驾车的危害，但同学们都知道他的酒量大，都说少喝点儿没关系。他也不想让大家扫兴（sǎo xìng，遇到不愉快的事情而没有了好心情），心想：一年多了，查酒驾（jiǔjià，酒后开车）也没查到自己，哪那么巧，今天会碰上？于是就把杯中酒喝了下去。接下来大家相互劝酒，李刚也忘了开车的事，一来二去，十几杯酒都被他喝干了。

李刚走出饭店时头昏昏沉沉的，坐进车里，迷迷糊糊地把车开上了主路。可是，刚开没多会儿，路上就堵起来，车走走停停。李刚开始时脚下还一会儿油门一会儿刹车的，挺灵活。开着开着就不行了，看见前面的车尾灯亮了，却不知道踩（cǎi）刹车（shāchē，减速器），只听"咚"的一声，他的车撞上了前面的车。还好，由于车速慢，人没有受伤，只是两辆车都撞坏了。因为是酒后驾车，不仅保险公司不赔偿（péicháng），李刚本人还要受到严厉的处罚。

违章案例（假设A车是李刚开的车）

❶ 绿灯亮时，蓝车直行，A车左转弯。

❷ 蓝车正常行驶，A车超车向左并线。

❸ 蓝车正常直行，A车违反交通指示标志左转弯。

❹ 蓝车已在环形路口内，A车刚进路口。

我们认为造成交通事故的原因主要是：

机动车司机_____；
非机动车司机_____；
行人_____。

那么，如何避免交通事故呢？

首先，_____；
其次，_____；
再次，_____；
还有，_____；
最后，_____。

思考：

1. 造成交通事故的原因有哪些？

   机动车司机：……

   非机动车司机、行人：……

2. 如何避免交通事故？

   司机、行人、国家刑法……

# 3 语言聚焦

**1** 选词填空。

> 行人、司机、遵守、拥堵、畅通、闯红灯、交通法规、酒后开车、疲劳驾驶、超速行驶、高峰时段、人行横道、过街天桥、地下通道、交通事故

改善城市交通最重要的就是要遵守_____。对_____来说，过马路时一定要走_____，没有人行横道的地方要走_____或者_____。对_____来说，首先，开车时要注意观察红绿灯，即使有急事也不能_____。其次，开车前司机不能喝酒，因为很多交通事故都是由_____造成的。再次，技术再好的司机连续开车四个小时也一定要休息，不能_____。还有，开车要_____道路的限速规定，不能开得过快，要避免_____。最后，在_____开车要更加小心，遇到车辆_____时要耐心等待。只有大家做到了以上这几点，才能保证道路交通的安全与_____，避免各种_____的发生。

**2** 看图并参考下面的提示词语填空、解说。

> **词语提示**
> 掉头、正常行驶车辆、禁行、倒车、闯红灯、逆行、公交车道、直行、通行、避让

❶

❷

❸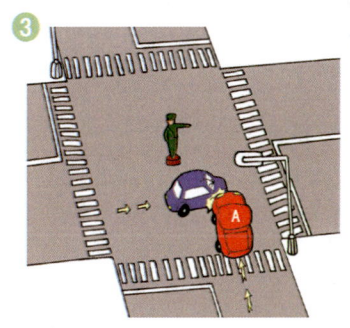

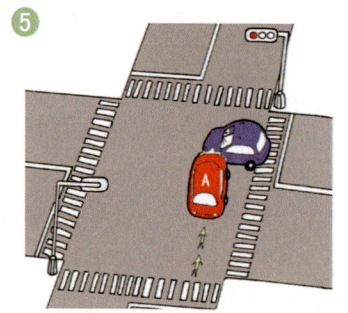

❶ _____时没有_____正常行驶车辆。

❷ 进入_____车道。

❸ 没按交通警察的指挥_____。

❹ _____时没有避让正常行驶车辆。

❺ _____。

❻ 公交车正常行驶在_____上，A车突然闯进。

❼ 在_____车道左转弯。

❽ 开车门时没有注意_____。

❾ _____。

# 3 视听说

## ■ 课前预习

画线连接词语和它们的意思。

❶ 速战速决　　　　　　　　a. 规定一定的范围，不能超过这个范围。
❷ 拖延　　　　　　　　　　b. 指包括吃、住、行、娱乐为一体的系列服务。
❸ 限制　　　　　　　　　　c. 一切齐全，应有尽有。也说"一应俱全"。
❹ 一站式　　　　　　　　　d. 比喻用迅速的办法完成任务。
❺ 一条龙服务　　　　　　　e. 延长时间，不迅速处理。
❻ 一应齐全　　　　　　　　f. 所有的问题都可以在某处得到整体解决。

> **思考题**
>
> 青楚、周晋、高齐三个人周五下午去哪儿了？他们去干什么？为什么说这是一条龙服务？

## 1 情境配音

1. 看电视剧《我的青春谁做主》第19集片段（约00:28-00:31）两遍。
2. 就所看内容进行问答。
3. 分角色朗读情景对白并做配音表演。

### 对白节选

青　楚：对了，还有一个问题需要探讨。我们必须速战速决，不能拖延时间。所以，是不让方宇提前把回来的火车票买好？

周　晋：坐火车行动太受限制，他坐汽车没问题吧？

高　齐：要是一直躺着就没什么问题。

周　晋：那就行，交给我解决了。保证一站式一条龙服务。

青　楚：怎么一站式一条龙啊？

周 晋：到时你就知道了。
青 楚：那好。星期五下班以后我们向银川出发。
周 晋：来，预祝我们成功！

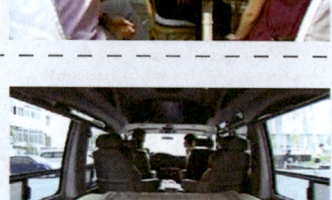

周 晋：上车吧！回程的路上让小姨父躺后排，用安全带固定。我和高齐轮流开车。这床大，你们可以轮流休息。路上需要的水、食物、卫生用品都准备好了，一应齐全。怎么样？这一条龙服务您还满意吧？
青 楚：不能再满意了。
周 晋：出发！去接高齐！
青 楚：好！

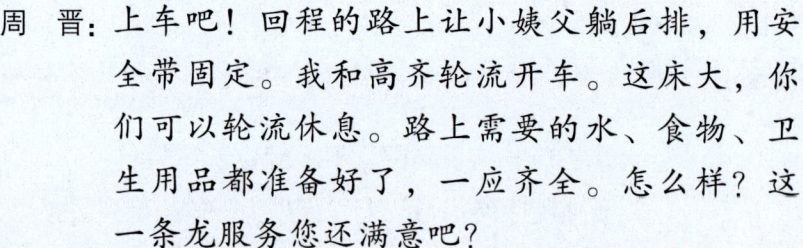

## 2 语言聚焦

**1** 用不同语气说出下面的句子。

❶ 好！

　a.——他干得挺好的！
　　——<u>好？那样就算好？</u>（怀疑）
　b.——你去买礼物，我去收拾房间。
　　——<u>好！</u>（赞成）
　c.——你再催催他，让他快点儿来！
　　——<u>好、好、好！都叫他三次啦！真是的。</u>（不耐烦地）

❷ 不能再满意了。

　a.——这套家具你还满意吧？
　　——<u>不能再满意了。太好了！</u>（肯定）
　b.——这套家具你还满意吧？
　　——<u>不能再满意了！来，闻闻，这甲醛的气味多好闻啊！</u>（说反话）

## 2. 根据人物的意思，用合适的语气语调完成下面的对话。

［两个人商量怎么去朋友那儿。］

维　达：我们今天怎么去大卫那儿？

大　山：我们_____吧。（建议打车）

维　达：打车去，路上堵车怎么办？

大　山：怕堵车那就_____。（建议坐地铁）

维　达：_____。（反对，理由：地铁站远）

大　山：_____？（无奈、询问）

维　达：我们_____好不好？_____。（建议骑车，理由：方便）

大　山：_____！（反对，理由：远、累）

维　达：上次你去张丽家，不就是骑车去的吗？你怎么不说累呢？

大　山：_____。（生气，建议：分头行动）

## 3. 学说绕口令 5-5

❶　狗、猴过桥

桥东走来一条狗，桥西走来一只猴。
行到桥心碰了头，彼此匆匆跑回头。
猴回头来望望狗，狗回头来望望猴。
不知究竟猴怕狗，还是最后狗怕猴？

❷　中国名山

日出仁泰山；晚霞岳麓山；
奇秀峨眉山；奇险数华山；
道场武当山；寺群五台山；
水中普陀山；迷地虎丘山；
少林卧嵩山；伟人出韶山；
探宝祁连山；仙水落天山；
云海恋黄山；红叶赏香山；
世界最高点：喜马拉雅山。

# 4 记录与评价

根据本单元你的学习情况，填写"我的备忘录"和"评价表"。

| 我的备忘录 （　　年　　月　　日） ||
|---|---|
| 本单元学过的最有用的语句 | 容易错的语音语调和语句 |
| 1 | |
| 2 | |
| 3 | |
| 4 | |
| 5 | |
| 6 | |

| 评价表　　　　　　　　　　　　　　　　　年　月　日 | | | | | |
|---|---|---|---|---|---|
| 口头交际任务　　　　　完成质量 | 5分 很好 | 4分 好 | 3分 一般 | 2分 较差 | 1分 很差 |
| 1. 能介绍自己的旅游计划，咨询与旅游有关的事情。 | | | | | |
| 2. 能讲述难忘的旅游经历，并推荐旅游线路。 | | | | | |
| 3. 能介绍城市的交通状况。 | | | | | |
| 4. 能讲述一场交通事故，并能分析事故原因。 | | | | | |
| 5. 能流利、准确地描述图片。 | | | | | |
| 6. 能根据情境，自然、准确、流利地为人物配音。 | | | | | |
| 7. 积极主动地参与课堂活动，具有与小组同学互助、合作的团队精神。 | | | | | |
| 8. 自己在小组讨论中的职责是：_____，自己的职责完成得怎么样？ | | | | | |
| 9. 我认为我们小组的表现： | | | | | |
| 10. 自己需要注意的问题（如态度，语言方面等）是： | | | | | |
| 11. 我们小组需要改进的问题是： | | | | | |

# 5 相关链接

## 1 中国世界自然文化遗产名单

中国是一个旅游资源十分丰富的国家，拥有壮丽的山河、雄伟的古代建筑艺术，奇特的动植物和数不尽的名胜古迹，可谓自然景观与人文景观交映生辉。众多的世界自然与文化遗产更是闪烁着中国人民的智慧和勤劳的光芒。身临其境，置身其中，您将感受到从未有过的身心陶醉。欢迎来到中国，您可以从气吞山河的万里长城、气势磅礴的秦始皇兵马俑、如诗如画的桂林山水、充满东方神秘的故宫等独具特色的旅游胜景中，领略探索中国的古老与文明。

**世界文化遗产**：开平碉楼与古村落，安阳殷墟，长城，明清皇家宫殿（北京故宫、沈阳故宫），敦煌莫高窟，秦始皇陵及兵马俑，周口店北京人遗址，承德避暑山庄，曲阜孔庙、孔府及孔林，武当山风景区，拉萨布达拉宫，丽江古城，平遥古城，苏州古典园林，北京颐和园，北京天坛，明清皇家陵寝，龙门石窟，大足石刻，都江堰——青城山，皖南古村落（西递和宏村），高句丽王城、王陵及贵族墓葬，山西大同云冈石窟，澳门历史城区，福建土楼，河南"登封天地之中"历史建筑群。

**世界自然遗产**：中国南方喀斯特、四川大熊猫栖息地、武陵源风景名胜区、九寨沟风景名胜区、黄龙风景名胜区、云南"三江并流"保护区、中国丹霞，三清山。

**世界文化和自然双重遗产**：泰山风景名胜区、黄山风景名胜区、武夷山、峨眉山——乐山大佛。

**世界文化景观**：庐山、五台山、杭州西湖。

## 2 中国风景名胜举例

北京故宫

四川九寨沟

桂林山水

贵州黄果树瀑布

安徽黄山　　　　江西庐山　　　　云南丽江玉龙雪山　　　西藏珠穆朗玛峰

## 3　酒后驾驶五大危害

据新浪网对4500多位网友的调查，仅有20%的被调查者从未有过酒后驾车的行为。绝大部分人对于酒后驾车的危害都有所了解，但是在亲朋好友的"盛情"相劝下，往往要贪饮几杯后再驾车回家。调查表明，40%的酒后驾车者"过高地相信自己的驾驶技术"，没有意识到酒后驾车能造成非常大的安全隐患，往往会造成追悔莫及的交通事故。那么，酒后驾车到底有哪些危害呢？

一是触觉能力降低。饮酒后驾车，因酒精麻醉作用，人的手、脚触觉较平时降低，往往无法正常控制油门、刹车及方向盘。

二是判断能力和操作能力降低。饮酒后，人对光、声刺激的反应时间延长，从而无法正确判断距离和速度。

三是视觉障碍。血液中酒精含量超过0.3‰，就会导致视力降低，在这种情况下，人已经不具备驾驶能力。如果酒精含量超过0.8‰，驾驶员的视野就会缩小。至于醉酒的驾驶员，甚至只能感觉到周围环境的很小一部分。

四是心理变态。酒精刺激下，人有时会过高估计自己，对周围人的劝告常不予理睬，往往做出力不从心的事。

五是疲劳。饮酒后易困倦，表现为驾车行驶不规律、出现空间视觉差等疲劳驾驶行为。

## 4　世界各国酒后驾车处罚规定

酒精成为"马路杀手"实际上是全球共同面对的一个社会难题。据世卫组织发布的首份《道路安全全球现状报告》，全球每年有127万人死于道路交通事故，并有85%的国家和地区道路交通法规不完善。而此前世卫组织还有统计说，全球50%——60%的交通事故与酒后驾驶有关，酒后驾驶已成为车祸致死的首要原因。

中国对饮酒、醉酒驾驶机动车辆的认定标准较其他国家放得过宽。目前中国认定酒后驾车标准的起点是0.2%（血液中的酒精含量大于或者等于20mg/100ml），瑞典为0.02%，德国0.03%，日本0.05%，美国0.08%。

中国：规定经检测，驾驶者血液中酒精含量大于（等于）20mg/100ml，警察即可暂扣或吊销驾照。酒精含量大于（等于）80mg/100ml，即使没有造成任何交通事故，也要入狱服刑1到6个月。一旦造成他人死伤，驾驶者除入狱服刑外还终身禁驾。

美国：如果醉驾被警察抓到，除了一系列罚款与监禁之外，司机还要重新到驾校学习，甚至还要到医院停尸房参观因交通事故致死的尸体，以此来警醒人们。

英国：初犯者将被吊销驾照一年；重犯者吊销驾照三年，外加1000英镑罚款；如果在10年内共有3次被判酒后驾车，吊销驾驶执照109年，这实际上等于剥夺司机的驾驶权。

加拿大：根据相关规定，醉驾者第一次醉驾罪名成立，会被判安装"互动点火锁"（每次打火前，司机都要对着仪器吹气，假如司机的血液酒精浓度超过0.02，引擎就无法发动，仪器会发警报，提醒警方及其他司机）1年；第二次醉驾罪名成立，会被判安装"互动点火锁"3年；第三次醉驾罪名成立，则会被判终身安装"互动点火锁"。醉驾伤人致死的最高刑罚为无期徒刑，致人伤残为10年监禁。

日本：日本新交通法规定，违规者可处以最高5年监禁或约9000美元的罚款。此外，凡是向酒后驾车的司机提供车辆、酒水的人以及车上乘客都要受到严厉处罚。

俄罗斯：规定驾驶员最多的饮酒量以一杯啤酒的量为限，行车过程中驾车人不得喝酒，酒后行车如果是初犯，会被取消一至三年驾驶资格；再犯的话，就会受到三至五年不许开车的处罚。如果因饮酒造成交通事故，驾驶人员将受到五年以内监禁，罚款、吊销行车执照、剥夺终身驾驶权利等处罚。

波兰：警方抓到醉酒司机之后，会把他们的姓名、年龄、所驾车型号和牌照、被扣地点和当时血液中的酒精含量，外加司机近照，一一上传至警方专设的网站，再发给全国各大报刊，在指定版面曝光。

立陶宛：作为醉驾处罚的一种手段，警方会对被拘留过的醉驾者发放以字母"O"开头的特殊牌号。遇到带这种号牌的汽车，行人会"敬而远之"，警察也严加监督。

土耳其：对酒后驾车的驾驶员，由警方押出城至20公里外的地方，然后强迫他步行回城。

马来西亚：一旦发现酒后驾车者，立即予以拘留，并将他的妻子也一同拘留，关在一起，令其妻彻夜教育丈夫。

# 6 语言工具箱

 旅游

| 1 | 日光浴 | rìguāngyù | sunbath |
|---|---|---|---|
| 2 | 旺季 | wàngjì | peak season, busy season |
| 3 | 报价 | bào jià | quoted price |
| 4 | 淡季 | dànjì | slack season |
| 5 | 托运 | tuōyùn | to consign |
| 6 | 发团 | fā tuán | (of a tour group) to set out |
| 7 | 双卧 | shuāng wò | sleeping berth for the round trip |
| 8 | 单飞 | dān fēi | one-way flight |
| 9 | 拼团游 | pīntuányóu | to travel with a temporary group |
| 10 | 地接导游 | dìjiē dǎoyóu | local guide |
| 11 | 瑰宝 | guībǎo | treasure |
| 12 | 雪域 | xuěyù | snowland |
| 13 | 神殿 | shéndiàn | holy temple |
| 14 | 圣地 | shèngdì | the Holy Land |
| 15 | 推荐 | tuījiàn | to recommend |
| 16 | 标准间 | biāozhǔnjiān | standard room |
| 17 | 自助游 | zìzhùyóu | self-service travel |
| 18 | 散客 | sǎnkè | individual tourist |
| 19 | 登机牌 | dēngjīpái | boarding pass |
| 20 | 成行 | chéngxíng | to go on a trip |
| 21 | 花毡 | huāzhān | felt with flower patterns |
| 22 | 土炕 | tǔkàng | heatable adobe sleeping platform |
| 23 | 沙漠 | shāmò | desert |
| 24 | 沙丘 | shāqiū | sand dune |
| 25 | 敷 | fū | to put or spread sth. onto a surface |

## 专有名词

| | | | |
|---|---|---|---|
| 26 | 吐鲁番 | Tǔlǔfān | Turpan |
| 27 | 敦煌 | Dūnhuáng | Dunhuang, a place in Gansu Province |
| 28 | 拙政园 | Zhuōzhèng Yuán | Humble Administrator's Garden |
| 29 | 平遥 | Píngyáo | Pingyao, a place in Shanxi Province |
| 30 | 西藏拉萨 | Xīzàng Lāsà | Lhasa, Tibet |
| 31 | 乌镇 | Wūzhèn | Wuzhen, a town in Zhejiang Province |
| 32 | 布达拉宫 | Bùdálā Gōng | the Potala Palace (in Lhasa, Tibet) |
| 33 | 九寨沟 | Jiǔzhàigōu | Jiuzhai Valley, a scenic spot in Sichuan Province |
| 34 | 莫高窟 | Mògāokū | the Mogao Grottoes in Dunhuang |
| 35 | 兵马俑 | Bīngmǎyǒng | TerraCotta Warriors and Horses |

## 2 交通

| | | | |
|---|---|---|---|
| 36 | 拥堵 | yōngdǔ | to block up |
| 37 | 畅通 | chàngtōng | unblocked |
| 38 | 并线 | bìngxiàn | to change lane |
| 39 | 限行 | xiànxíng | traffic restriction |
| 40 | 主路 | zhǔlù | main road |
| 41 | 辅路 | fǔlù | auxiliary road |
| 42 | 逆行 | nìxíng | (of vehicles) to go in a direction not allowed by traffic regulations |
| 43 | 掉头 | diào tóu | to turn round |
| 44 | 超速行驶 | chāosù xíngshǐ | overspeed driving |
| 45 | 高峰时段 | gāofēng shíduàn | rush hour |
| 46 | 限速行驶 | xiànsù xíngshǐ | speed limited driving |
| 47 | 交通标志 | jiāotōng biāozhì | traffic sign |
| 48 | 突飞猛进 | tū fēi měng jìn | to advance by leaps and bounds |
| 49 | 延长 | yáncháng | to extend, to prolong |
| 50 | 交通网络 | jiāotōng wǎngluò | traffic network |
| 51 | 四通八达 | sì tōng bā dá | to provide easy access from all directions |
| 52 | 缩短 | suōduǎn | to shorten |
| 53 | 普及 | pǔjí | to popularize |
| 54 | 控制 | kòngzhì | to control |
| 55 | 重罚 | zhòngfá | severe penalty |
| 56 | 无期徒刑 | wúqī túxíng | life imprisonment |

| 57 | 拘留 | jūliú | to detain |
| 58 | 关注 | guānzhù | to pay close attention to |
| 59 | 终身 | zhōngshēn | lifelong |
| 60 | 附带 | fùdài | to attach |
| 61 | 赔偿 | péicháng | to compensate (for) |
| 62 | 违反 | wéifǎn | to violate |
| 63 | 管制 | guǎnzhì | to regulate |
| 64 | 继而 | jì'ér | afterwards |
| 65 | 弃车逃逸 | qì chē táoyì | to abandon the car and then escape from a traffic accident |
| 66 | 避让 | bìràng | to dodge |
| 67 | 禁行 | jìnxíng | the forbidden (line) |
| 68 | 倒车 | dào chē | to back a car |
| 69 | 闯红灯 | chuǎng hóngdēng | to go through a red light |
| 70 | 直行 | zhíxíng | to go straight |
| 71 | 通行 | tōngxíng | to go through |

## 3 视听说

| 72 | 探讨 | tàntǎo | to discuss, to explore |
| 73 | 速战速决 | sù zhàn sù jué | to fight a quick battle, to force a quick decision |
| 74 | 拖延 | tuōyán | to delay |
| 75 | 限制 | xiànzhì | to restrict |
| 76 | 一站式 | yízhànshì | one-stop (service) |
| 77 | 一条龙服务 | yìtiáolóng fúwù | all-in-one service |
| 78 | 预祝 | yùzhù | to congratulate beforehand |
| 79 | 小姨父 | xiǎoyífu | the husband of one's mother's younger sister |
| 80 | 固定 | gùdìng | to fasten, to fix |
| 81 | 轮流 | lúnliú | to take turns |
| 82 | 一应齐全 | yì yīng qíquán | to be complete in every line |

## 专有名词

| 83 | 银川 | Yínchuān | Yinchuan, capital of Ningxia Hui Autonomous Region |

# 第六单元　生活购物

■ 单元目标

在这一单元里，你将学会：

1. 说出与购物相关的语句，讲述自己的购物经历。
2. 如何顺利圆满地完成购物及退换货任务。
3. 就购物相关问题发表自己的观点。
4. 根据调查数据、图表，进行解释、分析。

# 1 购物

■ 课前预习

从以下词语中选择合适的词语填空。

a. 赔钱　　b. 促销　　c. 畅销　　d. 打折　　e. 信誉　　f. 开发票
g. 批发价　h. 保修期　i. 买一送一　j. 讨价还价　k. 物美价廉
l. 货比三家　m. 一分钱一分货

❶ 购物最好多走几家店，_____才能买到最好的东西。
❷ 您看，我们一下子买了10支笔，您得按_____来算吧！
❸ 这台电视价格便宜是便宜，可是还没过_____就坏了，真是_____啊！
❹ 这东西质量好，价格还很便宜，可以说是_____。
❺ 这家商场在做_____活动，所有商品都是_____，平时买一件现在就能买两件了！
❻ 这家商场的商品种类齐全，品种繁多，要买什么都有。而且，很讲_____，_____商品也可退换。
❼ 现在经济状况不好，做生意也赚不了几个钱，净_____了。
❽ 记住：在服装批发市场买衣服，是可以_____的！
❾ 最近啊，这种手机卖得特快，非常_____。但买完你可记得一定要_____啊！

## 1 热身　猜一猜，说一说

你能说出下面的图片都是什么地方吗？你常去哪儿？为什么去那儿？没去过哪儿？

❶ _____

❷ _____

❸ _____

生活购物 第六单元

❹ _____　　❺ _____　　❻ _____

❼ _____　　❽ _____　　❾ _____

 提示

超市、农贸市场、购物中心、服装专卖店、电子商城、同仁堂药店、24小时便利店、张一元茶庄、电器商店、批发市场。

❿ _____

如果想要买下列物品，最好去哪儿？可多选，并简要说明原因。

A. 买牛奶、面包、日用品、学习用具_____；B. 买水果和蔬菜_____；C. 买药_____；D. 买名牌时装和化妆品_____；E. 买皮鞋、羽绒大衣_____；F. 给朋友和家人买礼物_____；G. 买洗衣机、电风扇、电饭锅_____；H. 夜里11点买小食品和饮料_____；I. 买笔记本电脑和U盘_____。

## 2 演练与交际

### 1 练习使用与购物相关的词语

看看下表中与购物相关的一些词语，读一读，猜一猜，查一查，问一问，搞清楚每个词语的大概意思。

153

## 沟通——任务型中级汉语口语·上

### 与购物相关的词语

| | |
|---|---|
| 商　　店： | 超市　百货商场　服装市场　购物中心　电器商店　淘宝网 |
| 商品种类： | 食品　日用品　百货　服装　电器 |
| 服装材质： | 纯棉　羊毛　羊绒　麻　真丝　化纤（huàxiān） |
| 商品特色： | 时尚　流行　新款　款式新颖　品种繁多　种类齐全　中高档　畅销　进口　绿色食品　质量　可靠　信誉　售后服务 |
| 价格相关： | 零售价　批发价　砍价　讨价还价　交款　信用卡　刷卡　支付　发票 |
| 促销相关： | 打折　清仓大甩卖　赔钱　让利　特价商品　买一送一　送货上门 |
| 其　　他： | 货比三家　一分钱一分货　物美价廉 |

参考示例，每人选用部分词语向同伴讲述自己"上周末的购物经历"（时间可根据自己的情况替换）。

我前天在**服装市场**买了一条裙子，是**纯棉**的，**样式新颖**，很**时尚**。因为正赶上**大甩卖**，所以价钱不贵，根本不需要**砍价**，真是**物美价廉**啊！那儿还有很多**新款**的**进口**牛仔裤，我想周末再去买一条……。

听说海尔冰箱在中国很**畅销**，**质量可靠**，**售后服务**也不错，所以，上周末我就在国美电器买了一台海尔牌小冰箱。我是用**信用卡支付**的，不到两千块，商家**送货上门**，我很满意。

### 2 模拟角色——退换货

全班分成两大组，分别完成任务1和任务2。

【任务1】
你上周日在某鞋店买了一双运动鞋，穿了一天之后因某些原因不满意，今天来商店要求退换货。向售货员讲明原因，经过协商，最后售货员同意退货或换货。

> **提示**
> 
> 质量、颜色、有点儿（肥、瘦、小、挤脚）、号码不对、鞋底（开裂、开胶、硬）、新款、老款、发票、保修期……

【任务2】
你半年前在中关村某电子商城电脑专卖店买了一台笔记本电脑，在使用过程中发现了一些问题，你现在找商家要求退货。向售货员讲明原因后，售货员以种种理由拒绝了你的要求。

**提示**

坏了、死机、黑屏、噪声大、跟广告/说明书不一样、售后服务、型号、损坏、病毒、维修

先想清楚顾客退换货的理由可能有哪些，售货员不答应的理由可能有几点。然后分别扮演顾客和售货员，表演退换这两种商品的整个过程。

【任务1】
顾客的理由：_____
_____
售货员的理由：_____
_____

【任务2】
顾客的理由：_____
_____
售货员的理由：_____
_____

随机抽选几组，在全班表演，师生讲评。

 **3** 故事会

 两人（A、B）一组，分别看故事A、B。

 与另一组同学组成一个大组（A1、B1 + A2、B2），以3-2-1的方式互相给对方讲述你看到的故事，并说出"猜猜看"的内容。
① 以A1–A2、B1–B2给对方讲3分钟。
② 以A1–B1、A2–B2给对方讲2分钟。
③ 以A1–B2、A2–B1给对方讲1分钟。

 集体同期录音，参考答案，集体讲评。

## 故事：祝福苹果

有一年，苹果大丰收，市场上的苹果卖得不好，很多苹果商人都觉得自己要赔钱了！

可是，一位聪明的商人却一点儿也不着急。当苹果还长在树上时，他想：如果能让苹果上出现表示快乐与祝福的字样，如"喜"、"福"等字，一定能卖得好、多赚钱！

于是他就让果农把做好的纸样贴在了苹果朝阳的一面，如"喜"、"福"、"乐"、"寿"等。果然，由于贴了纸的地方阳光照不到，苹果上也就留下了那些字。

人们从没见过这样的苹果，祝福苹果一上市，就很快被大家抢着买走了，这位聪明的商人赚了一大笔钱。

第二年，他的这个办法别人也学会了，可还是他的苹果卖得最好，你知道为什么吗？请你猜猜看。

我猜情况可能是这样的：_____

_____

## 故事：伞

一次，有位裁缝对一个男人说："上星期，我的伞在一个朋友家里忘了，我十分着急，所以，我花了很多钱登了个广告，可还是没有找回来。"

"您的广告是怎么写的？"男人问。裁缝回答："我是这样写的：上星期日傍晚我忘带走了一把雨伞，如谁捡到了，请送到东大街10号，本人将用15张乐谱来感谢他。"

男人说："您的广告写错了，我给您写一个广告，如果某某人回来，我一定把您的新伞送来！"

隔了几天的第二天早上，裁缝打开门吃了一惊，当他看到了，竟送来六十把雨伞。这些五光十色的，新的旧的，大的小的都有，都从各地寄来的。

裁缝看到的非常非常高兴，好几天他爱不释手，乐得合不上嘴。

男人听了，谢谢他为自己做的事放在心上！

你知道广告是怎么写的吗？请你猜猜。

我猜情况可能是这样的：

## 3 语言聚焦

**1** 选词填空。

> 食品、信誉、发票、砍价、刷卡支付、质量、款式、日用品、退换货、
> 讨价还价、物美价廉、电器商店、服装市场、货比三家、售后服务、
> 清仓大甩卖

每周我都会去购物。我经常在超市买_____和_____。如果想买服装了，我就会去_____。对了，我还在_____买过手机和电视机。有时我也会去_____好的网上商店购物。

买东西前我喜欢_____，去几个不同商店比较一下价格再买，所以我总能买到一些_____的商品。虽然我常在商店_____的时候去购物，但是我还是喜欢_____，因为我觉得不_____就不算是真正的购物。另外，交款时我常使用信用卡_____费用，我认为这比带着现金更方便。一般买了电器或服装后，我还会去开_____，这样可以更好地享受_____。不过我在中国买到的服装都_____新颖，_____也很好，所以还从来没有过_____的经历呢。

**2** 根据情境，完成对话。

〔顾客B不久前买了一部手机，找售货员A退换货。〕

A：您好！欢迎光临！

B：您好！上个月我在这里买了一部手机，现在这个手机经常死机，我想退货！

A：_____？

B：我有发票，给您。对了，我用这部手机打电话时噪音很大，根本听不清楚对方在说什么。

A：您说_____，是不是_____？

B：怎么会？同样的位置，别人都能轻松地接打电话，只有我的手机不行。肯定是你们手机的通话喇叭出了问题！

A：＿＿＿＿＿＿＿＿＿＿＿＿＿＿＿＿＿＿＿。

B：好吧，就算＿＿＿＿＿＿＿＿＿＿＿＿＿＿＿＿＿＿＿，那手机电池的待机时间也太短了吧，一天就得充一回电，多麻烦！

A：您认为＿＿＿＿＿＿＿＿＿＿＿＿，可能是因为＿＿＿＿＿＿＿＿＿＿＿＿＿＿＿＿。

B：谁说的？我每天只打一两个电话，短信也就发个十多条。什么也别说了，快点儿帮我退货！

A：实在抱歉，我们商店规定＿＿＿＿＿＿＿＿＿＿＿＿＿＿＿＿＿＿＿。

B：怎么会有这样的规定呢？要是不能退货，就帮我换一部新手机吧。

A：可以，不过＿＿＿＿＿＿＿＿＿＿＿＿＿＿＿＿＿＿＿。

B：要等这么长时间？那我这个星期用什么呀？早知道这样，就不在你们这里买了。

A：您别着急！如果不想换货也行，我们可以为您维修，请您＿＿＿＿＿＿＿＿＿＿＿＿＿＿＿＿＿＿。

B：什么？还要交费！

# 2　货比三家

■ **课前预习**

画线连接词语和相关的句子。

① 品牌　　　　　　　　a. 这种现象不多见，只是有时候才能见到。

② 商标　　　　　　　　b. 网购通过快递公司送达，又快又方便。

③ 频率　　　　　　　　c. 墨盒、打印纸这些东西用完了，需要买了！

④ 偶尔　　　　　　　　d. 在商场挑选完东西，别忘了算好价钱去交款！

⑤ 快捷　　　　　　　　e. 大家都认为这家商店很讲信誉，不欺骗消费者。

⑥ 结算　　　　　　　　f. 你知道耐克、阿迪达斯、三星、索尼这些名牌吗？

⑦ 诚信　　　　　　　　g. 这个地区几乎每天都有大大小小的地震，地震次数特别多。

⑧ 数码耗材　　　　　　h. 每种商品上都有由文字、图形等组成的标志，代表这个商品。

# 1　热身　猜一猜，说一说

下面是一些名牌商品的品牌标志，你了解它们代表哪些商品吗？与同伴商量一下，参考"商品目录"，说出它们所代表的商品名称，并说说其中你喜欢的品牌。

**商品目录**

绿茶、啤酒、饮料、烤鸭、白酒、药品、皮包、电脑、手机、服装、运动鞋、电冰箱、方便面、涮羊肉、化妆品

① 　②　　③ 　④

沟通——任务型中级汉语口语·上

⑤ _____

⑥ _____

⑦ _____

⑧ _____

⑨ _____

⑩ _____

⑪ _____

⑫ _____

⑬ _____

⑭ _____

⑮ _____

## 2 演练与交际

 **快速反应**

> 当你要表明自己对某一问题的态度时，比如赞成、不完全赞成、反对，你怎么说？怎么开头？

两人一组，一位同学先从A中选择一个观点，另一位同学再从B中选择一个合适的回答来表明你的态度，并接着举例，继续把话说完整。

例如：

> 我觉得网上购物既省时又方便。

> 我与你有同感，不用跑很多家商店，而且还送货上门，多好啊！（比如）我前两天就在网上买了一件不错的T恤。

160

**A**

1. 大家都喜欢物美价廉的东西。
2. 买东西要货比三家，不要见到就买。
3. 一分钱一分货。
4. 网上购物容易上当受骗。
5. 年轻人都喜欢买名牌。
6. 质量好的东西一定很贵。
7. 年轻人现在都不去商场购物了，大家都是在网上购物。
8. 价格贵的东西一定是好东西。

**B**

1. 我与你有同感，_____，比如_____。
2. 我很赞成这种观点，_____，比如_____。
3. 你的话有道理，可是_____，比如_____。
4. _____不能说没有道理，可是_____，比如_____。
5. 我不同意这种观点，_____，比如_____。
6. 我看未必，_____，比如_____。
7. 不见得吧，_____，比如_____。
8. 怎么能说_____呢？_____，比如_____。

小游戏：班内比赛，一人说出一种观点，另一人马上表态。可以按座位顺序以接力的方式完成。如果大家一致认为某人说的话不合理，或停顿时间过长，该同学最后要表演一个汉语节目。

### 2 见仁见智

**A组：最重要的是……？**

购买商品时，人们关注的重点是不一样的，有人注重质量，有人注重价格，你最看重的是哪个方面？为什么呢？

两人一组，讨论一下，先举例具体说明自己的观点和理由，然后总结概括一下两人的观点。

我觉得物美价廉最重要,如果太贵,……。

我认为质量最重要,贵一点儿也可以,因为……。

 提示

服装鞋帽、化妆品、食品、药品、茶叶、电子产品、家具、礼物

我们的观点

_____
_____
_____
_____
_____
_____

 B组:"一分钱一分货"有没有道理?

讨论前,3人一组,抽签决定正方、反方和中立方。
讨论时要充分举例证明自己的观点,并反驳对方。
讨论后,要总结概括本组观点,最后抽签决定一人向全班报告。

我觉得有时候是对的,但有时候未必。比如,……物美价廉……,不就是东西好还不贵吗?

有人说"一分钱一分货",我觉得这句话有道理,你们觉得呢?

你的话有一定的道理,但是,为什么很多人喜欢买非常贵的名牌商品呢?……。

生活购物　第六单元

**小组讨论报告单**

大家好！关于"一分钱一分货"的问题，我们小组有以下三种观点：

第一种观点认为：_____。

理由一是：_____；二是：_____；比如，_____。

第二种观点与第一种观点相反，认为：_____。

理由有_____个：1._____；2._____。

第三种观点认为：_____。

理由是：_____。

总之，对于_____的问题，我们小组每个人都有自己的看法，也都有自己的道理。

我的报告完了，谢谢大家！

## 3　拓展训练——大学生网上购物的调查报告

【任务】

3人一组，根据中国调查网关于"大学生网上购物调查问卷"的调查结果，发表"大学生网上购物的调查报告"，向大家报告大学生在网上购物的现状，分析一下调查问卷中反映的问题，并为如何使商家更好地满足大学生的物质文化需求，提出几点建议。

【步骤】

① 快速阅读"大学生网上购物调查问卷"。

② 逐条分析一下调查的数据结果，分别进行解释说明。

③ 准备调查报告。报告内容应包括：参加本次调查的学生的基本情况（人数、性别）、网购的情况、问卷反映的问题、为完善网络购物给网络商家的建议等。

④ 随机选定几组在全班报告。师生讲评。

## 大学生网上购物调查问卷

为了解大学生群体在网上购物的现状和网购的利弊等，2012年6月，我们对630人进行了网上购物的问卷调查，调查结果如下：

| 问题1：您的性别？ | | |
|---|---|---|
| 男 | 50.8% | 320票 |
| 女 | 49.2% | 310票 |

| 问题2：您是否有过网购经验？ | | |
|---|---|---|
| 有 | 70.2% | 442票 |
| 没有 | 29.8% | 188票 |

| 问题3：过去一年，您网购的频率如何？ | | |
|---|---|---|
| 没有购买过 | 40.8% | 257票 |
| 偶尔 | 39.4% | 248票 |
| 经常 | 19.8% | 125票 |

| 问题4：您认为网购有哪些优点？（多选） | | |
|---|---|---|
| 方便、快捷 | 60.3% | 380票 |
| 支付安全，不会出现假钞 | 27.9% | 176票 |
| 价格比实体店（非网上商店）便宜很多 | 28.3% | 178票 |
| 送货上门 | 22.2% | 140票 |
| 网上产品更加丰富 | 15.9% | 100票 |
| 其他 | 7.3% | 46票 |

| 问题5：网上购物，您估计自己的月消费额为多少？ | | |
|---|---|---|
| 100元以下 | 69.5% | 438票 |
| 100-200元 | 15.4% | 97票 |
| 200元以上 | 15.1% | 95票 |

| 问题6：您在网上经常购买的商品类型是：（多选） | | |
|---|---|---|
| 书籍文具 | 45.7% | 288票 |
| 服装鞋袜 | 36.2% | 228票 |
| 美容护肤 | 21.3% | 134票 |
| 饰品（用来装饰和佩戴的物品） | 14.9% | 94票 |

| 数码耗材（如墨盒、打印纸等） | 10.6% | 67票 |
| --- | --- | --- |
| 虚拟物品（如网络游戏中的物品） | 10.2% | 64票 |
| 其他 | 87.3% | 55票 |
| **问题7：网络购物的缺点是：（多选）** | | |
| 商品描述不清楚 | 53.2% | 335票 |
| 货款支付操作复杂 | 20.8% | 131票 |
| 售后服务问题 | 29.2% | 184票 |
| 商品质量问题 | 29.2% | 184票 |
| 物流（指商品的运输、配送等）问题 | 24.3% | 153票 |
| 卖家诚信 | 12.4% | 78票 |
| 其他 | 17.1% | 108票 |

### 调查分析单

问题1：参加调查的男女生几乎各占_____。

问题2：有网购经验的人数占_____%，说明_____
_____。

问题3：过去一年，经常网购的学生人数为：_____%，偶尔
网购的人数为_____%，没有网购的为_____%，
这说明：_____。

问题4：大家认为网购的优点依次为：_____
_____

这说明网购在_____等方面很有优势。

问题5：网购的月消费额_____%在100元以内，说明_____。

问题6：大学生经常网购的物品类型依次为：_____
_____。

问题7：大家认为网购的缺点依次为：_____
_____

这说明网购在_____等方面还有待改善，因
此，向网络商家建议：

① _____;

② _____;

③ _____。

**调查报告**

从"大学生网上购物调查问卷"中，我们了解到，参加本次调查的共有_____名学生，因此，这个调查能够代表大学生群体的情况。

从调查数据中，我们发现：

1._____
2._____
3._____

我们认为：_____
_____

为完善网上购物，更好地满足大学生的购物需求，我们向网络商家提出如下建议：

第一，_____
第二，_____
第三，_____

总之，_____

## 3 语言聚焦

**1** 判断下列说法是否正确，如不正确请改正。

① 杭州的西湖龙井茶是中国最好的红茶，回国时应该买一些。（　）

② 我很喜欢吃烤鸭，"郭林"是中国最有名的烤鸭店，是百年老字号。（　）

③ 贵州茅台酒是中国最有名的白酒之一。（　）

④ 杭州的丝绸很有名，丝巾、真丝领带、蚕丝被等都可以作为很好的礼物。（　）

⑤ 江西景德镇的瓷器世界闻名，"白如玉，明如镜，薄如纸，声如磬（qìng，古代一种打击乐器）"是它的特点。（　）

❻ "欢迎光临"这句话可以用在商店里、饭店里等服务场所,表示欢迎客人前来。
(    )

❼ "一分钱一分货"和"一手交钱一手交货"的意思相同。    (    )

❽ "薄利多销(bó lì duō xiāo,指商家低价低利扩大销售数量的策略)"对商家和顾客都是有好处的。    (    )

## 2 根据情境,完成对话。

[学生A和学生B在讨论购物问题。]

A:你看,我昨天新买的运动服,是名牌。俗话说"一分钱一分货",真有道理!

B:_____不能说没有道理,但是_____!

A:我一开始也是这样想的,不过我觉得质量好的商品价格一定不便宜。

B:不见得吧?_____。

A:是不贵,但清仓大甩卖_____。

B:那也未必,其实想买到便宜的东西也不难,货比三家呗!

A:_____。

B:你要是怕浪费时间,可以尝试一下网络购物,在网店里比较各种商品的质量和价格就容易得多了。

A:网上买东西质量能保证吗?想要售后服务时又能找谁去呢?我认为网络购物一点儿也不安全。

B:怎么能说_____?如果是这样,那为什么还有那么多人愿意在网上买东西呢?

# 3 视听说

■ 课前预习

选择合适的词语完成下面的对话。

> 买单、一片心意、老气、实惠（shíhuì，指物美价廉）、折腾（zhēteng，这里指到处去买）、大方

A：上星期你和你男朋友去秀水街买衣服，谁_____呀？
B：那还用问吗？当然是他买单。
A：他是真愿意掏钱？
B：嗐，他可_____了，800多块，眼睛都没眨（zhǎ）一下。
A：那他可是真爱你呀！
B：是啊，那件衣服60多岁的老太太穿上准好看！
A：那你穿上不是太_____了吗？
B：他说呀，让我作为礼物送给他妈妈，表达我这个未来的儿媳妇对老人的_____。
A：哦，原来是给他妈妈买衣服啊，我说呢！那他给你买什么了？
B：给我？他说呀，别_____了，你的衣服够多了，我请你吃糖葫芦吧，那多_____！
A：啊？他就这么对付你呀？
B：啊，也挺好的呀！知道孝敬父母的男人一定错不了！

## 1 情境配音

1. 看电视剧《我的青春谁做主》第8集片段（约00:23-00:26）两遍。
2. 就所看内容进行问答。
3. 分角色朗读情景对白并做配音表演。

### 对白节选

[在大街上]

陈　秀：霹雳，今天阿姨想买件衣服送给你，你自己看吧，喜欢的我买单。

霹　雳：不用了吧。

李博怀：这是阿姨一片心意，你就挑吧。

霹　雳：你真大方，那我就不客气了。

[在服装店里]

霹　雳：这件不错！

李博怀：挺好的。

陈　秀：这个颜色老气了点儿吧？

霹　雳：我喜欢这个。爸。我穿上好看吗？

李博怀：好看，好看。

陈　秀：一千八也太贵了吧！这要是在秀水街，也就三百。

李博怀：那能一样吗？

陈　秀：怎么不一样？没准儿这也是从那儿批发出来的呢！商场东西就是贵，一点儿都不实惠（shíhuì）。哎，现在小姑娘不都讲究淘货（táo huò）吗？其实啊，秀水那个地方不错。真的！要不咱去秀水看看？

李博怀：别折腾（zhēteng）了，就这儿吧。

## 2 语言聚焦

**1** 用不同语气说出下面的句子。

❶ 这件不错。

　　a.——我都挑花眼了，哎，那件怎么样？
　　　——那件好像有点儿瘦，你不觉得？我觉得这件不错，适合你。（提醒）
　　b.——这件挺好吧？
　　　——这件不错！哈，这样式，你穿上人家肯定以为你刚18岁！（嘲讽）

c.——这件不错吧?
——这件不错?那颜色、那尺码,你穿得了?(怀疑)

❷ 好看,好看。
a.——这件衣服怎么样?
——好看,好看!(赞赏)
b.——哎,你再帮我看看这件衣服怎么样?
——好看,好看。你穿什么都好看!(不耐烦地应付对方)
c.——哎,你觉得我穿这件衣服怎么样?
——好看,好看。穿上就是电影明星!(说反话)

**2** 根据人物的意思,用合适的语气语调完成下面的对话。

米兰娜:哎,丽丽,我想买那件大衣,你觉得怎么样?
丽　丽:_____是_____,可是_____。(委婉地反对)
米兰娜:嗯,你说的有道理。你觉得我穿什么颜色的好呢?
丽　丽:_____。(提出建议)
米兰娜:可我不太喜欢_____色的。
丽　丽:那就买_____色的吧,我觉得你穿_____色的一定很漂亮。
米兰娜:你看,那边那件不错吧?穿上会显得很时尚,也很高雅。
丽　丽:_____。(赞成并夸奖)
米兰娜:哎,你看看多少钱?!
丽　丽:啊?_____!(吃惊)
米兰娜:唉,还是算了吧!
丽　丽:_____。(安慰,提出新建议)
米兰娜:_____。(愉快地接受建议)

**3** 学说绕口令

买还是卖

是卖还是买,是买还是卖?
卖卖买买,买买卖卖,
东西少了就买,东西多了就卖。

# 4 记录与评价

根据本单元你的学习情况，填写"我的备忘录"和"评价表"。

| 我的备忘录　（　　年　月　日） | |
|---|---|
| 本单元学过的最有用的语句 | 容易错的语音语调和语句 |
| 1 | |
| 2 | |
| 3 | |
| 4 | |
| 5 | |
| 6 | |

| 评价表　　　　　　　　　　　　　　　　　　　　　　年　月　日 | | | | | |
|---|---|---|---|---|---|
| 口头交际任务　　　　　　完成质量 | 5分 很好 | 4分 好 | 3分 一般 | 2分 较差 | 1分 很差 |
| 1. 能说出与购物相关的语句，讲述自己的购物经历。 | | | | | |
| 2. 能顺利圆满地完成购物及退换货任务。 | | | | | |
| 3. 能就购物相关问题发表自己的观点。 | | | | | |
| 4. 能据调查数据、图表，进行解释、分析。 | | | | | |
| 5. 能流利、准确、完整地复述小故事。 | | | | | |
| 6. 能根据情境，自然、准确、流利地为人物配音。 | | | | | |
| 7. 积极主动地参与课堂活动，具有与小组同学互助、合作的团队精神。 | | | | | |
| 8. 自己在小组讨论中的职责是：_____，自己的职责完成得怎么样？ | | | | | |
| 9. 我认为我们小组的表现： | | | | | |
| 10. 自己需要注意的问题（如态度、语言方面等）是： | | | | | |
| 11. 我们小组需要改进的问题是： | | | | | |

# 5 相关链接

## 北京秀水街

2001年，北京秀水街成为除了万里长城、故宫外，被国际旅游界选中推荐给国外游客的北京的第三个景点。外国人把秀水市场称为"OK"街，北京的"小香港"，北京的"小巴黎"。"游故宫、登长城、吃烤鸭、逛秀水"这句话标注在很多国家的中国旅行地图上。

秀水街被称为"中国改革开放的窗口"，每天客流量达几万人。不仅住在附近使馆和外交公寓的外国人经常光顾，许多国家政要也曾以普通顾客身份前来参观购物。在秀水街，有个好玩儿的现象，第一次来的外国人就知道砍价。因为给他们介绍秀水街的朋友都会告诉他们"讨价还价"是秀水街的购物方式。常来光顾的"老外"都成了砍价高手，通常一件衣服能和商贩砍下几十元甚至上百元。他们一边用各种腔调的中文讨价还价，一边用手比画；比画不清楚的索性就用计算器直接交流，那副"想蒙我没门儿"的表情，将欢笑写在了每一个人的脸上。"我先转转，待会再回来"成了法味的、英味的、俄味的、阿拉伯味的等等世界各地的味道，一次次听到这熟悉又陌生的话语，真是令人忍俊不禁（忍不住笑）。

新秀水街的英文就是丝绸街，所以在这里丝绸生意格外被看好，无论是家居用品还是丝绸睡衣、龙袍，都很有中国民族特色。而且，除了购物还能欣赏到天津泥人、浙江剪纸、北京面人、广州手掌画、江西章刻、北京鼻烟壶内画等现场制作绝活。目前，秀水街已经建成了涉外的中国最大的裁缝店和珠宝市场，瑞蚨祥等18家中华老字号也已经入住。

新秀水的方向是：以中国风土人情文化立市，以时尚兴市。到秀水街来走一趟，您得到的视觉享受将不仅仅有街两旁色彩绚丽、款式独特的服装、服饰，更有令人目不暇接的各国顾客，他们把秀水变成了一个炫目多彩的万花筒。

从20多年前靠三轮车起家的街边小贩，10多年前外国人越来越多的马路市场，到现在崭新明亮的大厦，秀水见证了中国的变迁。物是人非，时光荏苒（rěnrǎn，指时间渐渐过去），不变的唯有这个带有诗意的名字——秀水。

# 6 语言工具箱

 购物

| | | | |
|---|---|---|---|
| 1. | 羽绒大衣 | yǔróng dàyī | down coat |
| 2. | 电风扇 | diànfēngshàn | electric fan |
| 3. | 羊绒 | yángróng | cashmere |
| 4. | 麻 | má | general name for hemp, flax, jute, etc. |
| 5. | 涤纶（化纤） | dílún (huàxiān) | polyester fibre (chemical fibre) |
| 6. | 款式 | kuǎnshì | style |
| 7. | 新颖 | xīnyǐng | new and original |
| 8. | 品种 | pǐnzhǒng | assortment |
| 9. | 繁多 | fánduō | various |
| 10. | 种类 | zhǒnglèi | category |
| 11. | 齐全 | qíquán | complete |
| 12. | 中高档 | zhōnggāodàng | middle-to-high-end |
| 13. | 畅销 | chàngxiāo | to sell well, to be popular |
| 14. | 信誉 | xìnyù | prestige, credit |
| 15. | 售后服务 | shòuhòu fúwù | after-sale service |
| 16. | 零售价 | língshòu jià | retail price |
| 17. | 批发价 | pīfā jià | wholesale price |
| 18. | 砍价 | kǎn jià | to bargain |
| 19. | 讨价还价 | tǎo jià huán jià | to bargain |
| 20. | 交款 | jiāo kuǎn | to pay (a sum of money) |
| 21. | 信用卡 | xìnyòngkǎ | credit card |
| 22. | 刷卡 | shuā kǎ | to swipe a card |
| 23. | 支付 | zhīfù | to pay |
| 24. | 发票 | fāpiào | invoice |
| 25. | 促销 | cùxiāo | to promote sales |
| 26. | 打折 | dǎ zhé | to sell at a discount |
| 27. | 清仓大甩卖 | qīngcāng dà shuǎimài | clearance sale |
| 28. | 赔钱 | péi qián | to sustain losses in business |

173

| 29. | 让利 | ránglì | to discount |
|---|---|---|---|
| 30. | 特价商品 | tèjià shāngpǐn | goods on special offer |
| 31. | 买一送一 | mǎi yī sòng yī | to buy one and get one for free |
| 32. | 送货上门 | sòng huò shàng mén | home delivery service |
| 33. | 货比三家 | huò bǐ sān jiā | to shop around |
| 34. | 一分钱一分货 | yì fēn qián yì fēn huò | The higher the price, the better the quality. |
| 35. | 物美价廉 | wù měi jià lián | low price and fine quality |
| 36. | 挤脚 | jǐ jiǎo | (of the shoes) to pinch one's feet |
| 37. | 鞋底 | xiédǐ | the bottom part of a shoe |
| 38. | 开裂 | kāiliè | to crack |
| 39. | 开胶 | kāi jiāo | to come unglued |
| 40. | 硬 | yìng | hard |
| 41. | 保修期 | bǎoxiūqī | defects liability period |

## 2 货比三家

| 42. | 品牌 | pǐnpái | brand |
|---|---|---|---|
| 43. | 标志 | biāozhì | mark |
| 44. | 辨识 | biànshí | to identify |
| 45. | 商标 | shāngbiāo | trademark |
| 46. | 频率 | pínlǜ | frequency |
| 47. | 偶尔 | ǒu'ěr | occasionally |
| 48. | 快捷 | kuàijié | quick and convenient |
| 49. | 假钞 | jiǎchāo | counterfeit bank note |
| 50. | 结算 | jiésuàn | to settle an account |
| 51. | 物流 | wùliú | logistics |
| 52. | 诚信 | chéngxìn | honesty |
| 53. | 饰品 | shìpǐn | ornaments |
| 54. | 数码耗材 | shùmǎ hàocái | digital supplies |
| 55. | 虚拟物品 | xūnǐ wùpǐn | fictitious goods |

## 3 视听说

| 56. | 大方 | dàfang | generous |
| 57. | 买单 | mǎi dān | to pay the bill |
| 58. | 一片心意 | yí piàn xīnyì | one's kindness |
| 59. | 实惠 | shíhuì | real benefit |
| 60. | 淘货 | táo huò | to bag bargains |

# 第七单元　留学中国

## 单元目标

在这一单元里，你将：

1. 能流利地说出与银行、邮局、手机卡相关的语句，顺利地完成生活中的相关任务。
2. 遇到危急情况，能够流利、清楚地请求救援。
3. 能与他人交流、解决留学生活中的各种难题。

# 1 生活点滴

## 课前预习

画线连接词语和它们的意思。

❶ 账户　　　　　　　　　　a. 在银行把钱寄出去。
❷ 销户　　　　　　　　　　b. 一个国家的货币换另一个国家的货币时的比例、比率。
❸ 开户　　　　　　　　　　c. 一般指客户在银行设立的存折、银行卡等。
❹ 兑换　　　　　　　　　　d. 在银行开设资金账户的行为。
❺ 汇款　　　　　　　　　　e. 在银行取消资金账户的行为。
❻ 汇率　　　　　　　　　　f. 指有关部门开具的收、付款凭证。
❼ 充值　　　　　　　　　　g. 在银行用一种货币换取另一种货币。
❽ 收据　　　　　　　　　　h. 给电话卡等补充钱款。

**思考题**

1. 你在中国的某家银行，遇到过什么困难吗？遇到问题的时候是怎么解决的？
2. 你在中国的邮局邮寄东西的时候遇到过什么问题吗？
3. 你知道在中国如何购买适合自己的手机卡吗？

## 1 热身

### 1 在银行

两人一组，说说下面这些业务需要在哪儿办理。在相应的位置上写"+"号。例如，"开户"需要在"银行内"办理，就在"银行内"下的表格中写"+"号。

| 业务＼地点 | 开户 | 销户 | 存/取款 | 转帐 | 交费 | 汇款 | 办银行卡 | 贷款 | 开通网上银行 | 兑换外币 |
|---|---|---|---|---|---|---|---|---|---|---|
| 银行内 | + | | | | | | | | | |
| ATM机 | | | | | | | | | | |
| 网上银行 | | | | | | | | | | |

## 2 在邮局

你熟悉在邮局可能用到的语句吗？在图片下写出相关词语，然后两人一起核对一下，并试着说说什么时候可能用到这些词语。

> **提示**
>
> 邮票、邮筒、明信片、航空、水路、信封、陆路、违禁物品、国际快递、贺卡、包裹

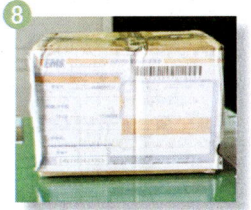

# 2 演练与交际

## 1 在银行

你熟悉与银行有关的事情吗？快速阅读下面的"温馨提示"，然后选词填空，与同伴核对无误后，相互交流一下在中国生活中常需要在银行做的事。

> **词语提示**
>
> 兑换、网上银行、取款、银行卡、流水号、纸币、年费、汇率、销户、密码、提示、借记卡、信用卡、透支

### 温馨提示

❶ 现在越来越多的人喜欢在网上购物，如果我们手里的银行卡开通了_____的功能，就方便多了。

❷ 留学生可以在银行办理_____，这个借记卡与_____差不多，只是不能_____。

❸ 一张银行卡你如果不想再继续使用了，最好及时到银行_____，以免支付每年不必要的_____。

❹ 一天不同的时间段内，人民币对美元的_____也会是不同的。

❺ 通过汇款的_____，我们就可以轻松地查询汇款的情况了。

❻ 你想把人民币换成美元吗？如果你要回国了，可要早点儿换钱啊，不然，就有可能不能把你剩下的很多人民币一次_____完。

❼ 在ATM机上，插入_____后，输入_____，然后按照_____，选择你要进行的操作就可以了。对了，ATM机上一般都有英语说明。但要注意，存款、_____时，只能存入或取出100元面值的_____。

### 模拟角色

两人一组，一人扮演刚来中国不到一个星期的安妮，她在银行遇到了些小麻烦。一人扮演她的好朋友米莱，米莱已经在中国学习生活一年了，她向安妮介绍如何在银行开户、开通网上银行、在ATM机上取钱等问题。先完成安妮和米莱的对话，然后全班一起讨论如何解决在银行遇到的各种难题。

银行里有各种各样的表，可我不知道怎么填写。还有，我想在银行开户、开通网上银行。再比如，我想兑换外币，想查……。

这些都不难，你可以在银行取号、排队，然后到柜台告诉职员你想要干什么，请他帮你办。

如果我只取款,就可以在ATM机上取吧?我汉语还不行,很紧张。

哦,别担心!在ATM机上,你先插入……,然后按照……,选择……就行了。但要注意,……。

我都知道了,不过我还有个疑问……。

## 2 在邮局

🎧 7-1 你知道怎么在邮局邮寄包裹吗?边听录音边记要点,最后,回忆一下邮寄包裹的一般流程。

❶ 这位留学生去邮局做什么?
_____

❷ 她选择了什么邮寄方式?为什么?
_____

❸ 怎么填写邮寄单?需要写清楚什么?
_____

❹ 她需要交多少钱?根据什么来交钱?
_____

❺ 邮寄包裹的收据有什么用?
_____

❻ 邮寄包裹的一般流程是:

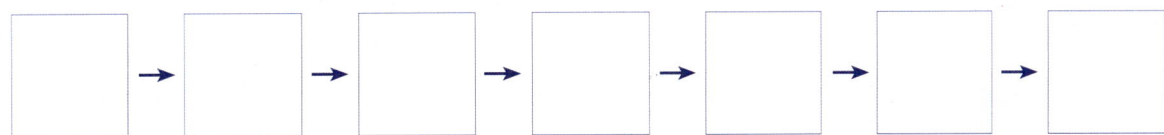

> **提示**
> 选择合适的包装、称重、填单、检查、付费、选择邮寄方式、领取收据

## 模拟角色

两人一组,一人扮演刚刚来到中国需要邮寄物品的新同学,一人扮演已经在中国留学一年多的老同学。

【具体要求】

邮寄物品的新同学要根据自己邮寄的物品类别,邮寄的要求等进行询问。

提供帮助的老同学要认真倾听、详细介绍邮寄等的方式和特点等问题。

我想把……邮寄到……,我希望……,我最好选择什么邮寄方式呢?

这个不难!要我说呀,你最好选择……,这种邮寄方式……。

那得需要……钱?多长……能寄到呢?

收取邮费是按照……。一般情况下,需要……周收件人就能收到了。

到了邮局我要怎么做?如果……丢失,又该怎么办呢?

你到邮局后,先选择……方式,然后再选择合适的……,装好东西后,邮局工作人员要检查、称重,最后你要……,领取……。对了,填邮寄单时,要写清楚……!如果写得不清楚,……。寄完了东西要保存好……,因为万一对方没收到,可以用它来查询。

## 3 购买手机卡

你知道如何选购适合自己的手机卡吗?边听下面的对话录音边记录下列问题的要点。

❶ 麦克想买一个什么样的手机卡?

他要买_____稳定,_____质量好,收费_____的手机卡。

❷ "动感地带"有什么优点?

它有_____套餐,打电话、发短信都_____。另外,还可以使用_____软件,可以_____给其他中国移动手机卡发短信。

❸ 如果经常出差,买哪种手机卡比较好?

_____。

❹ 要想降低手机长途话费,可以用一个什么办法?

只要在拨打的电话号码前加拨_____就可以降低费用。

❺ 在哪儿能买到充值卡?

_____。

❻ 选购手机卡你最看重的是什么?

_____。

选购手机卡时,有人看重的是拨打电话的价格,有人看重的是手机信号和通话质量。对你来说,首先要考虑的是什么呢?两人一组,先举例具体说明自己的观点和理由,然后总结概括一下你和同伴的观点。

> 选购手机卡时,我最看重的是……。其次是……,因为……。第三,我认为……也不能忽视。总之,想买到一个适合自己的手机卡还是很不容易的。

# 4 故事会——真的还是假的？

两人一组，根据故事主题，分别给对方讲两个发生在中国的故事，一个是真实发生的故事，另一个是自己编出来的故事。每人讲故事时间为3–5分钟。听故事的同学要仔细听，听完后可以通过提问题，来判断哪个故事是真的，哪个是假的。每个故事最多可以问5个问题。

每个小组推荐一个你们认为最好的故事，给全班同学讲一讲，请大家来判断真假。

【故事主题】我第一次在中国_____

（如：去银行/看病/打工/打的/购物/谈恋爱/在餐馆点菜/……/坐火车）

我来给你们讲讲我第一次在中国打的的经历。那是在……的时候，我……。再讲一个……的故事。……前，我……，……。我的故事讲完了。你来猜猜吧。

为什么……？在哪儿……？……还是……？……，对不对？什么时候……？哦，我猜你讲的第……故事是假的，对吧？

# 3 语言聚焦

**1** 这是一位留学生在讲述自己在中国的银行办理业务的经历，选用下列词语将这位留学生的讲述补充完整。

> 汇率、存款、汇款、取款、兑换、填单、柜台、缩写、销户、银行卡

　　这是我第二次来中国了，由于上一次回国前我把以前使用的银行卡_____了，所以这次只能再去银行办一张新的_____。记得我第一次在中国时，我的父母给我_____，我去银行取款时需要将汇来的欧元_____成人民币，可我根本不知道怎么查_____，怎么_____，也不知道签名时应该写全名还是_____。不过，现在这些事儿对我来说都已经不难了。

　　在中国，银行里总是有很多人，所以我一般不去_____办理业务，一般的_____、_____就在ATM机上自助完成，不需要取号排队。和第一次来中国时相比，现在我已经完全不用担心自己去银行办事儿了。

**2** 这是一位留学生在讲述自己在中国的邮局邮寄物品的经历，选用下列词语将这位留学生的讲述补充完整。

> 查询、称重、邮费、邮寄、违禁、平邮、快递、包裹、收据

　　在中国留学时，我常常会给在国内的父母和家人_____包裹，比如茶叶呀、衣服呀什么的。因为我对邮寄的速度没有要求，所以一般我都会选择_____，而不是_____。邮寄前邮局的工作人员会先检查一下_____内有没有_____物品，然后再装箱_____，根据重量和邮寄里程来计算_____。最后还会给我一张邮寄_____，告诉我，可以根据它来_____包裹的情况。

**3** 这是一位留学生在讲述自己在中国购买手机卡的经历，选用下列词语将这位留学生的讲述补充完整。

> 手机卡、充值卡、通话质量、信号、便宜、合理

　　今天我来给你们讲一讲我在中国购买_____的经历。其实，我对手机卡的要求不算高，只要_____稳定、_____好、拨打市话和长途电话收费_____、发短信价格_____就行。以前我常常去营业厅或者报刊亭买_____，后来我发现在网上也可以充值，这可真是省事多了。

185

# 2 生活求助

■ **课前预习**

画线连接词语和它们的意思。

1. 挂失　　　　a. 在遇到困难或危险的时候，请求别人的帮助。
2. 求援　　　　b. 表现为心中烦闷不安、急躁易怒等。
3. 晕倒　　　　c. 用具有药理作用的食物治疗疾病的方法。
4. 郁闷　　　　d. 东西丢失后，到有关部门说明丢失的物品作废，不再使用。
5. 食疗　　　　e. 心情不舒畅，烦心，但又感到无可奈何、不知如何是好的状态。
6. 烦躁　　　　f. 多位医生共同解决疑难病症，也指多人共同来解决某些难题。
7. 会诊　　　　g. 因头晕而站立不稳倒在地上。

**思考题**

1. 你知道如何详细地描述一件生活用品吗？
2. 你知道在中国遇到各种紧急情况该拨打哪些求助电话吗？
3. 在中国留学遇到一些令人烦恼的问题你怎么解决呢？找过心理医生吗？

## 1 热身

 快速说出下列物品的名称。

A. 生活用品：插座、拖把、洗衣粉、充电器、扫帚和簸箕、鞋刷、洗洁精、灯泡、灯管

186

B. 学习用具：曲别针、裁纸刀、橡皮、卷笔刀、鼠标和鼠标垫、胶带、订书机和订书钉、即时贴

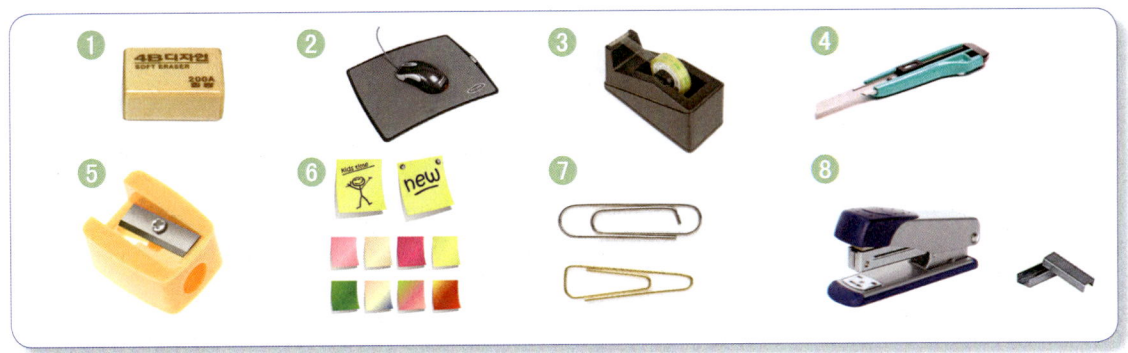

## 2 演练与交际

### 1 借东西

你想跟朋友借用上面的生活用品、学习用品各一件，可是忘了那件物品的中文名字，请详细描述这个东西（如用途、外形等），直到让朋友明白你想要借什么。对方也可以主动提问。

我想跟你借两样东西，可我忘了中文名字，嗯，一个是可以把洗干净的衣服弄平整了，哦，里面要加水、要用电……；还有一个是……，哎呀，真不好意思，你明白我说的都是什么了吗？

哦，你是要用……和……吧？没问题，我马上去拿来，你等会儿！

随机找几位学生在全班面前描述某个东西，全班一起来猜一猜他们说的是什么用品。

沟通——任务型中级汉语口语·上

## 2 在中国紧急求助

 两人一组，一人为求助者，一人为援助者。求助者根据情景1-3的内容，向对方求助。

【具体要求】

求助者要根据图中的情景，想象一下事件发生当时的情况，然后进行紧急求助。参照所给的方式，把事情发生的经过以及相关信息向援助者详细说明。

援助者要认真倾听、仔细询问，并向求助者重述要点，表明认真援助的态度，并安慰求助者。

注意谈话如何礼貌开头和结束。

情景1　一位外国留学生向警察报案，他的电动自行车不见了。

昨晚，我把电动自行车停在小区2号楼前，早晨就发现……。车的颜色是……，挺新的，刚骑了一个月。您能帮我……？

你说今天早晨发现你的电动自行车不见了，车的特点是……，对吗？……吗？你放心，……。

情景2　一位外国留学生在街上突然晕倒，他的朋友立刻打急救中心电话求救。

喂，120急救中心吗？我的朋友突然晕倒了，可能是因为……。我们现在在……，啊，我的电话是……，你们什么时候能到？我现在怎么办？

他现在能……？你们在……？别着急！你现在最好……，我们马上安排救护车到你那儿。

情景3　一位外国留学生丢失了银行卡，她到银行挂失。

我的银行卡怎么找也找不到了，我很着急，要是别人用它……，怎么办啊？

别急！你的卡是……？卡里有……？哦，你可以挂失，先填写一下挂失单，七天之后……你放心，挂失以后即使银行卡被偷也无法使用了。

188

## 3 心理咨询

两人一组,A是咨询者——留学生,B是心理医生。A最近遇到了一些问题,很郁闷,吃不好,睡不好。今天,他来找B进行心理咨询。

【具体要求】

咨询者A参考提示详细地向心理医生B讲述自己最近遇到的事情以及现在的一些苦恼。

心理医生B要针对咨询者A的问题进行劝说、开导,让A的心情好起来。

找出每位心理医生解决不好的问题,全班同学一起扮演心理医生会诊解决。

### 提示(给A)

(1)租房遇到了问题。

(2)想家,想国内的朋友。

(3)总想上网,不想学习。

(4)交友出现了问题,或和同屋的关系出现问题。

(5)近期考试成绩不好。

(6)最近常失眠,没有办法。

(7)总想发火,控制不住自己。

(8)其他问题。

### 提示(给B)

(1)询问租房遇到了什么问题,表示关心,给出建议。

(2)谈谈家人,如何报答亲人、结交新朋友等,用自己的经历来开导对方。

(3)讨论上网太多带来的危害,提出解决建议。

(4)分析原因,讨论什么是朋友;建议换位思考,学会理解、宽容他人等。

(5)了解对方学习情况,分析成绩不好原因,给出建议。

(6)寻找失眠原因,给出一些医疗、食疗及心理方面的解决建议。

(7)了解对方最近遇到的麻烦事,找出爱发火的原因,开导对方,给出建议。

(8)倾听对方讲述,分析问题原因,鼓励勇敢面对,提出解决建议。

大夫,要考试了,大家都在紧张地复习,我也想考好,可是自己总是心情紧张、烦躁,郁闷,吃不好,睡不着,这样下去会影响考试的。如果考试不能通过,没法向父母交代,也不能给自己一个交代。怎么办啊?

哦,是这样。别着急!你都考什么啊?
你最喜欢哪门课?你学得最好的是……?
你觉得最难的是……?
那你是不是可以先……,然后再……呢?
你还可以……。
我相信……!

| | 需要会诊的问题 | 解决方案 |
|---|---|---|
| 1 | | |
| 2 | | |
| 3 | | |
| 4 | | |
| 5 | | |

## 3 语言聚焦

你知道在中国紧急求援时应该拨打什么电话号码吗?

A. 将电话号码和对应的求助内容连接起来。

电话号码: 110　　119　　120　　999　　122　　12315　　12121　　114

求助内容:消费者投诉　医疗急救　火警　天气预报　匪(fěi)警　查号　交通报警

B. 选择恰当的电话号码填空。

① 金大成打算骑摩托车去一个朋友家玩儿，在一个十字路口等红灯时，他被一个闯红灯的小汽车撞倒了。虽然金大成没有受伤，但是他的摩托车被摔坏了。不过他还是拿起电话拨通了_____。

② 麦克明天要和同学们一起去爬香山，但是他们不知道明天的天气怎么样，所以他们想给_____打一个电话，查询一下明天香山地区的天气情况。

③ 杰克在中国留学已经两年多了，他从来没遇到过小偷，也没遇上过火灾，所以他从来没有拨打过_____和_____这两个报警电话。

④ 安妮和丽莎一起逛街的时候，丽莎突然晕倒了，这个时候安妮最先想到的是拨打_____或_____医疗急救电话请求帮助。

⑤ 约翰在商场买东西总是担心商品是假货，卖家告诉约翰不用担心，他从来不卖假货，他的商品都是货真价实，如果真的发现问题可以拨打_____进行投诉。

⑥ 田中刚刚发现_____是一个很有用的电话号码，虽然要收取一定的市话费，但只要拨打这个号码就可以很轻松地查询到哪儿有饭馆、哪儿有娱乐场所这些生活信息。

# 3 视听说

## ■ 课前预习

画线连接词语和它们的意思。

1. 传播　　　　　　　　　　a. 卖出商品的方式、方法。
2. 翘首期/以待　　　　　　 b. 指追求的教育理想。
3. 巡回展览　　　　　　　　c. 按照一定的线路到各处展览。
4. 教育理念　　　　　　　　d. 享受、得到很多很多的好处。
5. 推广普及　　　　　　　　e. 把两个不同的东西放到一起卖。
6. 销售模式　　　　　　　　f. 指广泛地传送信息让更多的人知道。
7. 捆绑销售　　　　　　　　g. 扩大宣传范围，使大家普遍地了解或使用。
8. 受用无穷　　　　　　　　h. 抬起头来看、等待，形容非常急切地盼望。

## 1 情境配音

1. 看电视剧《我的青春谁做主》第8集片段（约00:04-00:07）两遍。
2. 就所看内容进行问答。
3. 分角色朗读情景对白并做配音表演。

### 对白节选

杨　尔：怎么样啊？申请上没有啊？
霹　雳：当然有。
杨　尔：通知书举上来给妈看看。
霹　雳：还没收到呢。
杨　尔：一定给妈带回家啊，孩子。
霹　雳：还要带回去呀。
杨　尔：那可不！多少人翘首（qiáoshǒu）期待着呢！
霹　雳：谁期待呀？您不会还要拿着它巡回展览（xúnhuí zhǎnlǎn）吧？

杨　尔：怎么不可以呀？我闺女替我实现了剑桥梦，我的教育理念再一次得到了证明，我要把它推广普及。

姥　姥：你不卖内衣吗？怎么又卖开理念了？

杨　尔：开创一个新的销售模式，把内衣和理念捆绑销售（kǔnbǎng xiāoshòu）。内衣卖到哪儿，教育理念就传播到哪儿，让全中国全世界的父母受用无穷。

霹　雳：我的天啊，世界末日！

青　楚：二姨，二姨，先让我们说两句。霹雳！

小　样：祝贺你！

青　楚：祝贺你考上剑桥！

霹　雳：祝贺我妈吧。

姥　姥：你什么时候回国呀？

霹　雳：我不打算回去了。

姥　姥：那哪成啊？冲着姥姥，你也得回来呀，我们都盼着你呢！

杨　尔：霹雳，你是妈的骄傲！

小　样：二姨！

## 2 语言聚焦

**1** 用不同语气说出下面的句子。

① 谁期待呀？

a.——多少人都期待着你考上名牌大学呢！
——谁期待呀？我怎么不知道。（询问）

b.——你不是期待着快点儿见到他吗？
——见他？谁期待呀？我躲还躲不过来呢。（反问）

❷ 我的天啊，世界末日！
　　a.——听说那什么地方又有大地震了！
　　　——我的天啊，这可真是世界末日！（感叹）
　　b.——听说那什么地方又有大地震了！
　　　——啊，我的天啊，难道真像人家说的世界末日来了？（怀疑）
❸ 祝贺你考上剑桥！
　　a.——啊？你也知道我考上了。
　　　——这么大的喜事我能不知道？祝贺你考上剑桥！（真诚）
　　b.　我做了个剑桥大学的背景，然后在网上视频跟我妈说我考上了剑桥，她就相信了。
　　　——哈，祝贺你考上"剑桥"！（嘲讽）

## 2 根据人物的意思，用合适的语气语调完成下面的对话。

❶——祝贺你考上了清华大学！
　——_____（先感谢，后谦虚）
　——你太谦虚了，上清华是多少人的梦想啊！考上真不容易！
❷——太感谢你了，要不是你的帮助，我真不知道该怎么办。
　——_____（表示谦虚，并感谢对方）
　——嗐，你可不该谢我，那实在微不足道。

## 3 学说绕口令 7-3

❶　摘（zhāi）柿子（shìzi）

四个小孩儿摘柿子。
老大摘了四个十，
老二摘了十个四。
老三摘了四十个，
老四摘了十四又四十。

❷

打枣儿（zǎor）

出东门，过大桥，大桥前面一树枣，拿着竿子去打枣。
一个枣，两个枣，三个枣，四个枣，五个枣，
六个枣，七个枣，八个枣，九个枣，十个枣；
十个枣，九个枣，八个枣，七个枣，六个枣，
五个枣，四个枣，三个枣，两个枣，一个枣。
这是一个绕口令，一口气说完才算好。

# 4 记录与评价

根据本单元你的学习情况，填写"我的备忘录"和"评价表"。

| 我的备忘录 （　年　月　日） ||
|---|---|
| 本单元学过的最有用的语句 | 容易错的语音语调和语句 |
| 1 | |
| 2 | |
| 3 | |
| 4 | |
| 5 | |
| 6 | |

| 评价表　　　　　　　　　　　　　　　　年　月　日 | | | | | |
|---|---|---|---|---|---|
| 口头交际任务　　　　　完成质量 | 5分 很好 | 4分 好 | 3分 一般 | 2分 较差 | 1分 很差 |
| 1. 能流利地说出与银行、邮局、手机卡相关的语句，顺利地完成生活中的相关任务。 | | | | | |
| 2. 遇到危急情况，能够流利、清楚地请求救援。 | | | | | |
| 3. 能与他人交流、解决留学生活中的各种难题。 | | | | | |
| 4. 能根据情境，自然、准确、流利地为人物配音。 | | | | | |
| 5. 积极主动地参与课堂活动，具有与小组同学互助、合作的团队精神。 | | | | | |
| 6. 自己在小组讨论中的职责是：＿＿＿＿＿＿，自己的职责完成得怎么样？ | | | | | |
| 7. 我认为我们小组的表现： | | | | | |
| 8. 自己需要注意的问题（如态度、语言方面等）是： | | | | | |
| 9. 我们小组需要改进的问题是： | | | | | |

# 5 相关链接

## 1 中国大陆地区常用求助电话

| 电话 | 求助内容 |
|---|---|
| 110<br>匪警电话 | 遇到盗窃、抢劫、打架等事情,拨打110,讲清楚自己发生了什么事情,准确报明出事的地点,请求警察帮忙。免费服务。 |
| 119<br>火警电话 | 遇到着火的情况,首先要拨打119,如实讲明火灾发生情况如何,地点在哪里,请消防队提供帮助。免费服务。<br>注意:火警电话和匪警电话都不能乱拨,否则要承担法律责任。 |
| 120或999<br>医疗急救电话 | 遇到突然发病,需要紧急送医院的情况,可以拨打120或999,讲明病人发病的症状、所在位置等。如果知道病人得的是什么病,也要跟医院讲明,医院的急救车会以最快的速度前来提供帮助。付费服务。 |
| 122<br>交通报警电话 | 遇到交通事故拨打122,讲明出事地点,交警会赶到出事地点处理问题。免费服务。 |
| 12315<br>消费者投诉电话 | 在您购买商品或接受服务时,合法权益受到侵害,需要解决与经营者的纠纷,您可以向12315申诉。付费服务。 |
| 12121<br>天气预报 | 可查询所在地区的天气预报,拨通后可根据语音提示,查询未来几天天气。付费服务。 |
| 114<br>查号台 | 无论您身在何处,只要拨打114就可以查询餐饮、娱乐、家政等各类生活信息。同时114还提供酒店预订、机票预订等服务。收取一般市话费 |

## 2 邮政基本资费表

| 平邮式国际配送方式 | | 到件时效 | 重量规定 |
|---|---|---|---|
| 航空包裹AIR | 利用航空运输工具优先发运，时限快于空运水陆路和水陆路包裹 | 7~15天（以到美国为例） | 包裹重量不得超过2公斤 |
| 空运水陆路包裹SAL | 利用国际航班剩余运力运输，在原寄国和寄达国国内按水陆路处理 | 15~30天（以到美国为例） | 包裹重量不得超过30公斤 |
| 水陆路包裹SURFACE | 采用汽车、火车或轮船方式，运输时限上慢于上述两种函件，邮费比较便宜 | 30~60天（以到美国为例） | 包裹重量不得超过30公斤 |

# 6 语言工具箱

7-4

 生活点滴

| | | | |
|---|---|---|---|
| 1. | 存款 | cún kuǎn | to deposit money |
| 2. | 取款 | qǔ kuǎn | to withdraw money (from a bank, etc.) |
| 3. | 账户 | zhànghù | account |
| 4. | 开户 | kāi hù | to open an account |
| 5. | 销户 | xiāo hù | to close an account |
| 6. | 兑换 | duìhuàn | to exchange |
| 7. | 汇率 | huìlǜ | exchange rate |
| 8. | 汇款 | huì kuǎn | to remit money |
| 9. | 贷款 | dàikuǎn | to loan; loan |
| 10. | 转账 | zhuǎn zhàng | to transfer accounts |
| 11. | 收据 | shōujù | receipt |
| 12. | 充值 | chōng zhí | top-up |
| 13. | 网上银行 | wǎngshàng yínháng | E-bank |
| 14. | 信封 | xìnfēng | envelope |
| 15. | 邮票 | yóupiào | stamp |
| 16. | 邮编 | yóubiān | zip code |
| 17. | 邮筒 | yóutǒng | postbox |
| 18. | 明信片 | míngxìnpiàn | postcard |
| 19. | 贺卡 | hèkǎ | congratulating card or greeting card |
| 20. | 航空 | hángkōng | by air |
| 21. | 水路 | shuǐlù | water route |
| 22. | 陆路 | lùlù | land route |
| 23. | 违禁 | wéijìn | to violate a ban |
| 24. | 包裹 | bāoguǒ | package |
| 25. | 流水号 | liúshuǐhào | serial number |
| 26. | 纸币 | zhǐbì | paper money |
| 27. | 借记卡 | jièjìkǎ | debit card |
| 28. | 透支 | tòuzhī | to overdraw |
| 29. | 填单 | tián dān | to fill in a form |
| 30. | 年费 | niánfèi | annual fee |

199

| 31. | 称重 | chēng zhòng | to weigh |
|---|---|---|---|
| 32. | 平邮 | píngyóu | surface mail |
| 33. | 快递 | kuàidì | express delivery |
| 34. | 查询 | cháxún | to inquire |
| 35. | 手机卡 | shǒujīkǎ | SIM card |
| 36. | 套餐 | tàocān | (of product or service) package |
| 37. | 市话 | shìhuà | local call(s) |
| 38. | 长途 | chángtú | long-distance |
| 39. | 信号 | xìnhào | signal |
| 40. | 稳定 | wěndìng | stable |
| 41. | 通话质量 | tōnghuà zhìliàng | call quality |
| 42. | 柜台 | guìtái | counter |
| 43. | 营业厅 | yíngyètīng | business hall |

## 2 生活求助

| 44. | 挂失 | guà shī | to report the loss of (identity papers, checks, etc.) |
|---|---|---|---|
| 45. | 求援 | qiúyuán | to ask for help |
| 46. | 晕倒 | yūndǎo | to fall in a faint |
| 47. | 郁闷 | yùmèn | gloomy, melancholy |
| 48. | 食疗 | shíliáo | dietetic therapy |
| 49. | 烦躁 | fánzào | to be fidgety |
| 50. | 会诊 | huìzhěn | consultation of doctors |
| 51. | 插座 | chāzuò | socket |
| 52. | 充电器 | chōngdiànqì | charger |
| 53. | 拖把 | tuōbǎ | mop |
| 54. | 洗衣粉 | xǐyīfěn | washing powder |
| 55. | 灯泡 | dēngpào | lamp bulb |
| 56. | 灯管 | dēngguǎn | (fluorescent) tube |
| 57. | 鞋刷 | xiéshuā | shoe brush |
| 58. | 洗洁精 | xǐjiéjīng | cleanser essence |
| 59. | 衣挂 | yīguà | clothes rack |
| 60. | 曲别针 | qūbiézhēn | paper clip |
| 61. | 裁纸刀 | cáizhǐdāo | paper cutter |
| 62. | 卷笔刀 | juǎnbǐdāo | pencil sharpener |
| 63. | 鼠标垫 | shǔbiāodiàn | mouse pad |
| 64. | 胶带 | jiāodài | adhesive tape |
| 65. | 订书机 | dìngshūjī | book sewer |

| 66. | 订书钉 | dìngshūdīng | staple |
|---|---|---|---|
| 67. | 即时贴 | jíshítiē | sticky note |
| 68. | 援助 | yuánzhù | to help, to aid |
| 69. | 急救中心 | jíjiù zhōngxīn | urgent care centre |
| 70. | 救护车 | jiùhùchē | ambulance |

## 3 视听说

| 71. | 传播 | chuánbō | to spread |
|---|---|---|---|
| 72. | 翘首期待 | qiáoshǒu qīdài | to eagerly anticipate |
| 73. | 巡回展览 | xúnhuí zhǎnlǎn | exhibition tour |
| 74. | 教育理念 | jiàoyù lǐniàn | education idea |
| 75. | 推广普及 | tuīguǎng pǔjí | to popularize and extensively spread |
| 76. | 销售模式 | xiāoshòu móshì | model of selling |
| 77. | 捆绑销售 | kǔnbǎng xiāoshòu | bundling sale |
| 78. | 受用无穷 | shòuyòng wúqióng | to benefit from sth. all one's life |
| 79. | 冲着 | chòngzhe | on the strength of |
| 80. | 盼着 | pànzhe | to look forward to |

### 专有名词

| 81. | 剑桥 | Jiànqiáo | Cambridge (University) |
|---|---|---|---|

# 第八单元　入乡随俗

## ■ 单元目标

在这一单元里，你将：

1. 了解并流利地介绍一些中国民俗。
2. 能介绍本国的风俗，并能与中国的进行比较。
3. 能与他人交流跨文化交往中的一些礼俗。
4. 完成"应不应该抽烟喝酒"的小组讨论。

# 1 风俗习惯

■ **课前预习**

你了解中国的传统节日吗？能否把下面几个节日、节日的时间和特色食品连接起来？

| | | |
|---|---|---|
| 端午节 | 阴历八月十五 | 粽子 |
| 中秋节 | 阴历正月初一 | 元宵 |
| 元宵节 | 阴历五月初五 | 饺子、年糕 |
| 春节 | 阴历正月十五 | 月饼 |

**思考题**

1. 你了解中国人过春节的习俗吗？课前上网查一查，中国人过春节时为什么要贴春联、贴福字、贴年画、吃年糕、吃饺子、放鞭炮？其中有哪些讲究？
2. 你来中国后，发现了哪些中国与你们国家不同的文化习俗？（提示：如婚俗、礼俗、与人交往的方式、色彩和数字的偏爱与忌讳等）

## 1 热身

3人一组，讨论一下，下面的图片和中国的哪个节日或纪念日有关系。

各组轮流说出图片与词语的关系，最先全部答对组获胜。

**提示**

中秋节、端午节、春节、元宵节、生日
饺子、面条、粽子、月饼、元宵、春联、窗花、看花灯、赏月、赛龙舟

## 2 演练与交际

### 1 节日风俗

 8-1 听录音《中国春节的习俗》，边听边填空。

中国春节的习俗

① 春节是中国民间最重视的传统节日，也叫"阴历年"，人们常说"_____"。

② 春节期间，有各种准备工作和庆祝活动，如清扫_____、购买年货、贴"福"字、贴春联、放_____等。

③ 贴"福"字、春联都要用_____，意味着一年红红火火。

④ "福"字常常倒着贴，意思是_____。

⑤ 春联包括_____、_____和横批，上下联的字句要工整、对偶，也就是说，要字对字，词对词，当然写的都是一些吉祥话，表达人们新的一年的美好_____。

❻ 放鞭炮有驱邪的意思，把前一年的邪气赶走，来年_____。
❼ 在饮食方面，南方人要吃年糕，北方人要吃_____。

3人一组（最好是不同国家的同学），大家相互介绍一下自己国家的传统节日与习俗。

请不同国家的3-4个同学在班上介绍一个自己国家的传统节日与习俗。

开斋节　狂欢节　泼水节
复活节　圣诞节……

开斋节是伊斯兰教节日。在这一天，人们要去……，天一亮，就要……，此外，要……，还要……。
中国的……与……有些相同的……。
总之，……。

世界上不少国家都有狂欢节。这个节日起源于欧洲的……。在过节这天，人们要举行化装舞会、要……，还要……；此外，……。
我最喜欢中国的……，因为它与……有些共同之处……，……。
总之……。

## 2 了解中国

听录音《数字与颜色在中国文化中的象征意义》，思考下列问题。

❶ 中国人喜欢的数字是哪几个？为什么？

❷ 人们选电话号码或车牌号码时，为什么不愿意选择"4"？

❸ 中国人偏爱什么颜色？这些颜色有什么象征意义？

红红火火过大年！　　绿色出行。　　我的车牌号是"京N·BJ518"。

3人一组，相互介绍自己国家在数字和颜色上的偏爱与忌讳。

请不同国家的同学介绍自己国家在数字和颜色上的偏爱与忌讳。

在我们国家送花要送单数，但不能送13枝，因为人们最忌讳13这个数字，如果"13"又碰上"星期五"就……。

在蒙古，大家最喜欢的颜色是红色、蓝色、白色和黄色。红色是幸福、胜利和亲热的象征；蓝色是永恒和忠诚的象征；黄色被看作最严肃和最令人尊重的颜色；人们最厌恶的是黑色，认为黑色代表罪恶、不幸和灾难。

在我们泰国，人们喜欢的颜色是红色和黄色，忌讳的是褐色，因为……。

### 3 故事会

 两人（A、B）一组，分别看中国的节俗A、B。

 与另一组同学组成一个大组（A1、B1 + A2、B2），以4-3-2的方式互相给对方讲述你看到的节俗。每人共讲三遍。
① A1-A2、B1-B2，每人给对方讲4分钟。
② A1-B1、A2-B2，每人给对方讲3分钟。
③ A1-B2、A2-B1，每人给对方讲2分钟。

集体同期录音，抽查并集体讲评。

---

**节俗："除夕"守岁**

在中国，春节是人们最重视的传统节日，春节的前一天，能回家的人一定要赶回家，与家人团聚。这天的夜晚叫"除夕"（chúxī）。你知道为什么叫"除夕"吗？

传说古时候有个吃人的动物叫"夕"，一到年底就跑出来伤人。有一年的年底，"夕"又来了，大家见了都特别害怕。这时，一个聪明、勇敢的男孩儿站了出来，他叫大家不要慌。男孩儿用竹子（zhúzi）点起火把（huǒbǎ），竹子烧了一会儿，就发出了噼里啪啦（pīlipālā）的响声，"夕"听见了，吓得藏了起来。这时，男孩儿拿出了事先准备好的红绸子（chóuzi），"夕"一看见红绸子发出的亮光就跑了。

从此人们知道，"夕"害怕三样东西：红颜色、火光、响声。于是一到年底，人们就在家门前挂起红灯，烧起火堆，而且一夜不睡，敲敲打打，用这种方法赶走"夕"。

慢慢的，人们就有了年底贴对联、点花灯、放鞭炮、守岁等习俗，并把一年的最后这一天的夜晚叫作"除夕"。

猜你： 正月十五闹元宵（yuánxiāo）

农历的正月十五日是一年中第一个月（月亮）圆的日子，也是中国的传统节日——元宵节。

元宵节的晚上，人们打扮出门赏（shàng）月，还要看花灯、猜灯谜（dēngmí）、吃元宵。

元宵节又叫灯节。元宵节赏花灯的风俗始于汉代（shēng），每年街道上都挂满各种颜色的花灯，而且要连续赏灯好几天。猜灯谜是把写着谜语（míyǔ）的纸条贴在花灯上让大家猜，因为谜语很有意思，又让人动脑子，所以非常受欢迎。

过元宵节时人们还有吃元宵的习俗。元宵是用糯米粉做成的丸子，里面有各种好吃的馅儿（xiàn儿）。元宵是圆的，寓意着新的一年团团圆圆、幸福快乐。人们吃元宵，象征着全家人生活的美满幸福。

## 3 语言聚焦

根据本课所学的内容，完整地说出下面的句子。

① 过春节时人们常常要_____年货、_____"福"字、_____春联、_____鞭炮等。

② 春联写的都是一些吉祥话，_____人们新的一年的美好愿望。

③ 放鞭炮有驱邪的意思，把前一年的邪气_____走。

④ 元宵节的晚上，人们不仅要出门_____月，还要_____花灯、_____烟花、_____灯谜、_____元宵。

⑤ 人们把写着谜语的纸条_____在花灯上让大家_____。因为谜语很有意思，所以很_____人们的欢迎。

⑥ 吃元宵，_____着全家人团团圆圆，幸福快乐。

# 2 入乡随俗

### 课前预习

A. 你知道下面的图片分别属于哪种行礼方式吗？猜猜看！

| 拱手（gǒngshǒu）礼 | 鞠躬（jūgōng）礼 | 合十（héshí）礼 | 拥抱礼 |
| 跪拜（guìbài）礼 | 少先队队礼 | 握手礼 | 军礼 |

❶ _____

❷ _____

❸ _____

❹ _____

❺ _____

❻ _____

❼ _____

❽ _____

B. 画线连接词语和它们的意思。

❶ 失礼　　shīlǐ　　　　　　a. 受人尊敬的席位。
❷ 上座　　shàngzuò　　　　b. 设宴为即将远行的人送行。
❸ 饯行　　jiànxíng　　　　 c. 设宴欢迎远道而来的人。
❹ 接风洗尘　jiēfēng xǐchén　d. 违反礼节，没有礼貌。

> **提示**
> 可参考本单元的"语言工具箱"。

**思考题**
1. 你来中国后在生活方式、生活习惯上有什么变化吗？
2. 你觉得年轻人应不应该学会抽烟喝酒呢？

入乡随俗 第八单元

## 1 热身

两人一组，讨论一下，在中国，哪些物品不适合送礼，为什么？哪些物品适合送礼？适合哪种场合？

座钟　　　伞　　　婴儿装　　　酒　　　鲜花　　　刀

寿桃　　　红包　　　保健品　　　水果　　　音乐CD　　　梨

## 2 演练与交际

角色表演——送礼

两人一组，参考提示互相说一说送礼时送礼人和收礼人都应该说什么。

请两个小组的同学选择送礼的场合及合适的礼物，表演送礼。

### 送礼用语提示

送你们……，表示一下我的心意！
给你们买了……，一点儿小意思。
我给你们带来了……，礼物很小，不成敬意。
没什么特别的礼物送你们，给你们……。

### 收礼用语提示

你的礼物太珍贵了，谢谢你！
让您破费了，真不好意思。
这个……真……，我很喜欢。
谢谢你总是惦记着我。

### 祝福语、慰藉语提示

祝你们新婚幸福！　　祝您早日恢复健康！　　祝您健康长寿！/生日快乐！
祝您节日快乐！　　祝贺你取得了博士学位！　　多保重！请您节哀！（慰藉语）

## 2 文化交流——礼俗介绍

🎧 听录音《中国的礼俗》，参考提示的词语边听边填空。

• 词语提示 •

拱手礼、握手礼、主人、坐席、东侧、晚辈、接风、饯行、放低一些、鞠躬礼、上座

1. 中国传统的见面行礼方式是行_____和作揖礼。在现代社会，表示对别人的恭敬时最常用的是_____；而平时人们相见，更习惯用西方社会传入的_____。
2. 一般在聚餐的时候，_____都有主人、客人的区别。按传统的排座方式，面向东为上座，也就是西侧；主人一般坐_____；年龄大一些的人可安排在北侧；_____一般在南侧。在现代，一般说来，面对着门是_____。
3. 设宴迎接宾客叫"_____"或洗尘，请即将远行的亲友吃饭叫"_____"。
4. 宴席上饮酒有许多礼节，一般是_____先举杯敬酒，并说一些客气话，请客人用餐。碰杯时，常常会把自己的酒杯_____，以表示对对方的尊敬。

👥 3-4人一组，相互介绍一下自己国家的礼俗。

👥 请不同国家的同学介绍自己国家的礼俗。

我们和长辈一起吃饭时，一般是……。请客人吃饭，主人要说……。送别客人时，一定要……。注意，……是不礼貌的。

和朋友在一起，如果我想抽烟，一定要……。见到老师或者长辈，我必须……

### 礼俗提示

（1）跟长辈一起吃饭和跟同辈一起吃饭在座位和敬酒方式上有什么不同？吃饭时要注意什么？

（2）请客人吃饭或去亲友那儿赴宴都有哪些习惯？怎样说客气话？见面或分手时会说些什么？

（3）给客人敬烟敬酒有什么讲究？

（4）在什么场合对穿着有要求？什么样的穿着是不礼貌的？

（5）有什么特别的手势语和体态语？在做一些手势语和体态语时要注意什么？

**3** 小组讨论——应不应该学会抽烟喝酒？

 两人一组，先分角色读一读下面的对话。然后说说你的感想。

#### 在饭店约会

张先生：请问，您是李经理吗？

李经理：我是李一龙。您就是张先生？

张先生：我是张亚朋。

李经理：您好！早就想认识您，一直没有机会。

张先生：我也听小王说起过您，您很能干。

李经理：您过奖了。嗯，您抽烟吗？

张先生：噢，对不起！我不抽烟。

李经理：那我们就上菜吧！菜我已经点好了，我们边吃边聊。

张先生：让您破费了。

李经理：哪里哪里，应该的。您喝什么酒？来瓶五粮液怎么样？

张先生：不好意思，我不会喝酒。

李经理：那就喝点儿饮料。

张先生：饮料可能都含糖，我不能喝。

李经理：那就要一壶龙井茶。

张先生：晚上喝茶恐怕睡不好觉，就喝点儿白水吧。

李经理：好，好，您随意！您随意！

① 全班随机分成正、反、中立三大组（每组6-7人，分别编号），就"我们应不应该学会抽烟喝酒"的问题展开讨论。组内角色分工：主持人、提问者、鼓励者、总结者。一起讨论，尽可能多地找出支持本组观点的论据、理由，并努力记住。

② 正、反、中立方同号的同学重新组成小组，发表己方观点，并至少说出三个理由，按照"小组讨论报告单"准备小组讨论报告。注意使用表态功能句（赞成、反对、不完全赞成）。

每人报告小组讨论情况，并说明自己的真实观点。全班同期录音。集体讲评。

- 提示 -

正方（肯定）：我们应该学会抽烟喝酒

　　会抽烟喝酒可以拉近与别人的关系，放松……，减轻……。

反方（否定）：我们不应该学会抽烟喝酒

　　不会抽烟喝酒不一定和……搞不好关系，抽烟喝酒伤害身体，得……病，……。

中立方：学不学抽烟喝酒都可以

　　每个人有自由选择的权利。有人觉得抽烟喝酒有很多好处，如……；有人觉得……有很多坏处，如……。所以，……都有道理。

| 表态功能句提示 ||
|---|---|
| 赞成 | 1. 我很赞成这种观点，_____，比如_____。<br>2. 我与你有同感，_____，比如_____。 |
| 不完全赞成 | 3. 你的话有道理，但是_____，比如_____。<br>4. 你的话不能说没有道理，可是_____，比如_____。 |
| 反对 | 5. 我看未必，_____，比如_____。<br>6. 不见得吧?_____，比如_____。 |

## 小组讨论报告单

大家好！关于_____的问题，我们小组有以下三种观点：

第一种观点认为_____。

理由一是：_____，比如：_____；二是_____；三是_____。

第二种观点相反，认为_____。

理由有_____个：1._____ 2._____ 3._____。

第三种观点认为_____。

理由是：_____。

我支持第_____种观点，因为_____。

总之，对_____的问题，我们小组每个人都有自己的看法，也都有自己的道理。

我的报告完了，谢谢大家！

**4 拓展训练——你在中国生活习惯吗？**

- 两人一组，互相介绍自己或朋友来中国后的生活情况，特别是一些生活习惯上的变化。
- 抽选两位同学在班上做介绍。

### 内容提示

可以介绍自己，也可以介绍身边的朋友、同学跟外国朋友在一起时，下列某些方面的变化。

（1）饮食习惯、饮食方式的改变。

（2）待客习惯的改变（如敬烟、敬酒、劝吃等）。

（3）生活起居的改变。

（4）消费方式的改变（如聚餐抢着付钱、AA制……）。

（5）体态语的改变。

## 沟通——任务型中级汉语口语·上

```
                    句型提示
（1）来中国以后我改变了……习惯。
（2）以前我常常……，现在我习惯……。
（3）我们国家的人……的时候习惯……，来这儿以后我变
      了，……。
（4）我以前习惯……，有一次……。从那以后，我……。
```

# 3 语言聚焦

1. 用合适的语句填空并完成对话。

```
A. 一点儿小意思。              B. 好的，我一定转交给他并转达你
   表示一下我的心意。              的问候。
   送给你尝尝。                 这个……真……，我很喜欢。
   没有什么特别的礼物送你。      谢谢你总是惦记着我。
   向他表示问候。               你的礼物太珍贵了，谢谢你！
   请他节哀。                   太好了，我特别喜欢……。
```

❶ 王　兰：我在新疆买了两斤大枣，＿＿＿＿＿＿。
　 安　娜：＿＿＿＿＿＿＿＿＿＿＿＿＿＿＿＿。

❷ 王　月：你结婚时我没能参加你的婚礼，今天送你一套茶具，＿＿＿＿＿＿。
　 阿　里：＿＿＿＿＿＿＿＿＿＿＿＿＿＿＿＿。

❸ 百　灵：你今天过生日，我给你买了一个钱包，＿＿＿＿＿＿。
　 大　卫：＿＿＿＿＿＿＿＿＿＿＿＿＿＿＿＿。

❹ 英　美：听说你要回国了，我＿＿＿＿＿＿＿＿＿＿＿，给你画了一幅画儿，留作纪念吧。
　 帕　沙：＿＿＿＿＿＿＿＿＿＿＿＿＿＿＿＿！

❺ 张　成：听说小王的父亲病逝了，这500块钱请你转交给他，代我＿＿＿＿＿，并＿＿＿＿＿。
　 黎　明：＿＿＿＿＿＿＿＿＿＿＿＿＿＿＿＿。

## 2 用委婉的语句拒绝对方。

老　张：来，抽根烟吧。

杰　夫：_____

老　张：那就喝点儿酒吧。您喜欢喝什么酒？

杰　夫：_____

老　张：啊，那喝点儿饮料怎么样？

杰　夫：_____

老　张：茶对身体好，我们要一壶龙井茶吧。

杰　夫：_____

老　张：哦，好，好，您随意！您随意！

# 3 视听说

■ 课前预习

画线连接词语和它们的意思。

① 添乱　　　tiān luàn　　　　a. 中医的一种治疗方法。
② 刮痧　　　guā shā　　　　 b. 不管好与坏。
③ 好赖　　　hǎolài　　　　　c. 表示不管怎样，无论如何。
④ 怎么着　　　　　　　　　　d. 增加麻烦。

思考题

1. 为什么父亲说帮不上孩子的忙，还净添乱？
2. 父亲为什么一定要回北京？

## 1 情境配音

1. 看电影《刮痧》片段（约01:05–01:08）两遍。
2. 就所看内容进行问答。
3. 分角色朗读情景对白并做配音表演。

### 对白节选

[在墓地]

父　亲：老霍呀，我想我怎么着都得来跟你聊聊不成。我想了好几天了，我还是决定回去了。我在这儿我帮不上孩子的忙，我还净给人家添乱。你就说刮痧这个事儿，在中国几千年了，这怎么到了美国就说不清楚了？

[在去机场的路上]

父　亲：大同啊，你不用劝我，我已经拿定主意了。我回去好赖还有个事儿做，你说在这儿……

许大同：爸，你说什么呀？妈死得早，回北京就你一个人，我放心不下。

父　亲：有什么放心不下的，那儿的人都说中国话。我回去跟那些老朋友们在一起，会挺高兴的。

## 2 语言聚焦

**1** 用合适的语气说出下面的句子。

❶ 你说什么呀？

　a.——你是大老板了，还能参加我们的聚会！
　　——<u>你说什么呀？我怎么能不去呢？</u>（不满）

　b.——宽宽的河，肥肥的鹅，鹅要过河，河要渡鹅。不知是鹅过河，还是河渡鹅。
　　——<u>你说的是什么呀？请慢点儿说，好吗？</u>（询问）

❷ 有什么放心不下的？

　a. 儿子：妈。我知道了，您别放心不下。
　　 母亲：<u>有什么放心不下的？你都是大小伙子了！</u>（反问）

　b. 儿子：<u>妈，您说的我都记住了！您还有什么放心不下的？</u>（询问）
　　 母亲：该说的都说了，嗯，想着多给我打电话！

**2** 根据人物的意思，用合适的语气语调完成下面的对话。

马　丁：今天我请你吃饭。

阿　娜：_____。（客气）

马　丁：你别客气，我请你是应该的。

阿　娜：_____。（建议AA制）

马　丁：_____。（反对）

阿　娜：那好吧，恭敬不如从命，下次找机会我再请你。

3 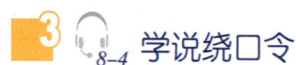 学说绕口令

### 吃素

初一吃素！初二吃素！
初三吃素！初四吃素！
初五吃素！初六吃素！
初七吃素！初八吃素！
初九吃素！初十吃素！

请你用最快的速度准确念出来！如果5秒内你能说完，不出错，你让我干什么都行！

# 4 记录与评价

根据本单元你的学习情况，填写"我的备忘录"和"评价表"。

| 我的备忘录　（　年　月　日） ||
|---|---|
| 本单元学过的最有用的语句 | 容易错的语音语调和语句 |
| 1 | |
| 2 | |
| 3 | |
| 4 | |
| 5 | |
| 6 | |

| 评价表 | | | 年　月　日 | | | |
|---|---|---|---|---|---|---|
| 口头交际任务 | 完成质量 | 5分<br>很好 | 4分<br>好 | 3分<br>一般 | 2分<br>较差 | 1分<br>很差 |
| 1. 了解并能流利地介绍一些中国民俗。 | | | | | | |
| 2. 能介绍本国的风俗，并能与中国的进行比较。 | | | | | | |
| 3. 能与他人交流跨文化交往中的一些礼俗。 | | | | | | |
| 4. 能够完成"应不应该抽烟喝酒"的小组讨论。 | | | | | | |
| 5. 能根据情境，自然、准确、流利地为人物配音。 | | | | | | |
| 6. 积极主动地参与课堂活动，具有与小组同学互助、合作的团队精神。 | | | | | | |
| 7. 自己在小组讨论中的职责是：_____，自己的职责完成得怎么样？ | | | | | | |
| 8. 我认为我们小组的表现： | | | | | | |

9. 自己需要注意的问题（如态度、语言方面等）是：


10. 我们小组需要改进的问题是：

# 5 相关链接

## 1 中国人常用的手势语

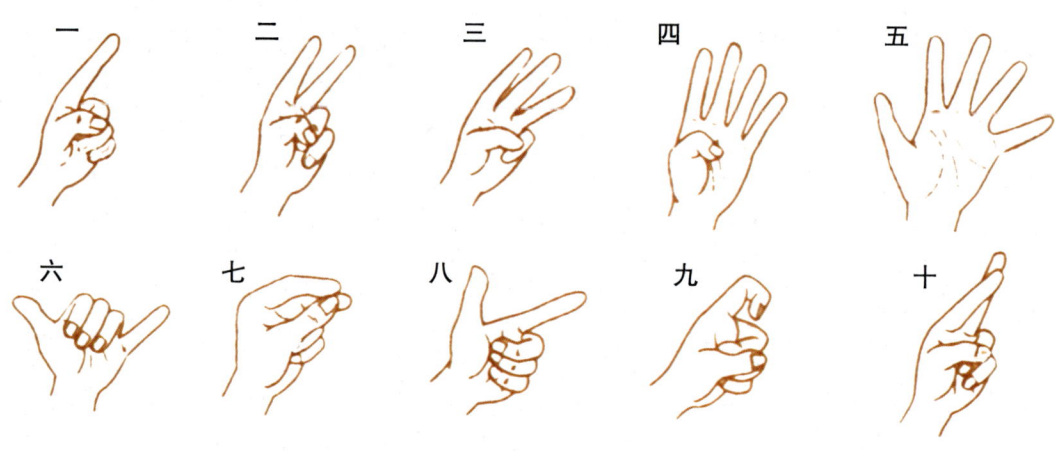

## 2 中国的传统节日

### 1 春节

春节,传统名称为新年、大年、新岁,也说阴历年或过年。指的是中国及其他汉字文化圈地区的农历一月初一,是东亚许多国家和地区的主要节日。

在民间,传统意义上的春节是指从腊八到正月十五这段时间,有些地方的春节庆祝活动甚至持续到正月底,其中以除夕和正月初一为高潮。在春节期间,中国的汉族和很多少数民族都要举行各种庆祝活动,这些活动以祭祀神佛、祭奠祖先、除旧布新、迎禧接福、祈求丰年为主要内容。活动丰富多彩,带有浓郁的民族特色。

春节与清明节、端午节、中秋节并称为中国汉族的四大传统节日。

### 2 元宵节

元宵节在农历正月十五,又称"上元节"。正月是农历的元月,古人称其为"宵",而十五日又是一年中第一个月圆之日,所以称正月十五为元宵节,是春节之后的第一个重要节日。

中国的元宵节有赏灯、猜灯谜、舞龙、舞狮、踩高跷、扭秧歌、划旱船等习俗。饮食习俗是吃元宵,南方一些地区吃汤圆(或叫汤团)。元宵节吃元宵

或汤圆的习俗已经有近千年的历史了，元宵或汤圆的制作也日见精致，面皮有江米面、黏高粱面、黄米面等，馅料的内容更是甜咸荤素，应有尽有，如桂花、山楂、豆沙、芝麻、花生、什锦等。

元宵和汤圆的制作方法是不同的，这体现了中国南北方的差异。北方的元宵多用箩滚手摇的方法，南方的汤圆则多用手心揉团。元宵一般都大似核桃，汤圆要小一些。不论元宵还是汤圆，都同样美味可口。现在，元宵和汤圆已经成了一年四季都能吃到的点心小吃，只要想吃，随时都可以来一碗尝尝。

### 3 清明节

清明是农历二十四节气之一，在春分之后。中国传统的清明节大约始于周代，距今已有2500多年的历史。清明一到，气温升高，是春耕春种的大好时节，所以有"清明前后，种瓜种豆"的说法。

但是清明作为节日，与纯粹的节气又有所不同。节气是物候变化、时令顺序的标志，而节日则包含着一定的风俗活动和某种纪念意义。

清明节是中国传统节日，也是最重要的祭祀节日，是祭祖和扫墓的日子。按照旧的习俗，扫墓时，人们要携带酒食果品、纸钱等到墓地，先把食物供祭在亲人墓前，再焚烧纸钱，为坟墓培上新土，折几枝嫩绿的新枝插在坟上，然后叩头行礼祭拜。直到今天，清明节祭拜祖先，悼念已逝的亲人的习俗仍很盛行。

清明节，又叫踏青节，按阳历来说，它是在每年的4月4日至4月6日之间，正是春光明媚、草木吐绿的时节，也正是人们春游（古代叫踏青）的好时候，所以历来有清明踏青并开展一系列体育活动的习俗。

### 4 端午节

端午节为每年农历五月初五。关于端午节的来历，众说纷纭，归纳起来，有六七种说法，其中一种说法是与纪念屈原有关。

据说，屈原于五月初五投汨罗江自尽，死后为蛟龙所困，所以每年的五月五日，人们都要往水中投五色丝绑的粽子，以驱赶蛟龙。还有一种说法是，屈原投汨罗江后，当地百姓闻讯马上划船捞救，一直行至洞庭湖，也没有找到屈原。那时，正好下着雨，湖面上的小船都汇集在岸边的亭子旁。

当很多人得知是打捞屈原时，便冒雨出动，争相划进茫茫的洞庭湖。此后，一到端午节，人们为了寄托哀思，便荡舟江河之上，逐渐发展为龙舟竞赛。由此说来，端午节吃粽子、赛龙舟都与纪念屈原相关。

## 5 七夕节

农历七月初七是中国汉族的传统节日七夕节。传统的七夕节活动的主要参与者是少女，活动的内容是以乞巧（请求织女星帮助提高刺绣缝纫的技巧）为主，因此人们也称这天为"乞巧节"、"少女节"或"女儿节"。七夕节是中国传统节日中最有浪漫色彩的节日，传说在七夕的夜晚，抬头可以看到牛郎织女在银河相会，在瓜果架下还可以偷听到两个人在天上相会时说的情话。

七夕节也是姑娘们最重视的节日。按传统的风俗，女孩儿们要在这个充满浪漫气息的晚上，在院子里摆上瓜果，对着天上的明月祭拜，乞求天上的仙女能赋予她们聪慧的心灵和灵巧的双手，让自己的针织女工技法娴熟，更乞求爱情婚姻的姻缘巧配。由于婚姻对于人们来说是决定一生幸福的终身大事，所以，世间无数的有情男女都会在这个晚上，夜深人静的时候，对着星空祈祷自己的姻缘美满。

现在，七夕节也被大家看作是中国的"情人节"。

## 6 中秋节

农历八月十五是中国的传统节日中秋节。中秋节的月亮又圆又亮，这天夜晚，人们仰望天空明月，期盼家人团聚，远在他乡的亲人，也会借此寄托自己对故乡和家人的思念之情，所以，中秋节又称"团圆节"。

中秋节，人们最主要的活动是赏月和吃月饼。中国传统的做法是，每到中秋夜要举行迎寒和祭月，也就是在院子里设一个大香案，摆上月饼、西瓜、苹果、红枣、李子、葡萄等祭品，其中月饼和西瓜是绝对不能少的，西瓜还要切成莲花状。在月下，将月亮神像放在月亮的那个方向，全家人依次拜祭月亮，然后由当家主妇切开团圆月饼。切的人预先算好全家共有多少人，在家的，在外地的，都要算在一起，不能切多也不能切少，大小要一样。人们把中秋祭月与品尝月饼结合在一起，寓意是家人团圆。

在中国各地，中秋节的习俗很多，形式也各不相同，但都寄托着人们对美好生活的热爱和向往。

## 7 重阳节

农历九月初九，是中国传统的重阳节。在中国的一本古书《易经》中，"六"是阴数，"九"是阳数，九月初九，两个阳数相重，所以叫重阳，也叫重九，古人认为这是个值得庆贺的吉利日子。

庆祝重阳节的活动多彩浪漫，一般包括出游赏景、登高远眺、观赏菊花、吃重阳糕、饮菊花酒等活动。九九重阳，因为与"久久"同音，九在数字中又是最大数，有长久长寿的含意，而且秋季也是一年收获的黄金季节，因此人们对这个节日历来有着特殊的感情，唐诗宋词中有不少贺重阳，咏菊花的诗词佳作。

现在的重阳节，被赋予了新的含义。1989年起，中国把每年的九月初九定为老人节，传统与现代巧妙地结合，这一天成为尊老、敬老、爱老、助老的老年人的节日。在这一天，不少家庭的晚辈会搀扶着年老的长辈到郊外活动或为老人准备一些可口的饮食。全国各机关、团体、街道，往往也都在这一天组织从工作岗位上退下来的老人登山秋游，开阔视野，交流感情，锻炼身体，让身心沐浴在大自然的怀抱里。

# 6 语言工具箱

 中国习俗

| 1. | 习俗 | xísú | custom |
|---|---|---|---|
| 2. | 粽子 | zòngzi | *zongzi*, glutinou rice dumpling |
| 3. | 元宵 | yuánxiāo | sweet dumpling made of glutinous rice flour |
| 4. | 年糕 | niángāo | Spring Festival cake |
| 5. | 春联 | chūnlián | Spring Festival couplets |
| 6. | 窗花 | chuānghuā | paper-cut for window decoration |
| 7. | 赏月 | shǎng yuè | to enjoy the glorious full moon |
| 8. | 赛龙舟 | sài lóngzhōu | Dragon Boat race |
| 9. | 横批 | héngpī | horizontal scroll bearing an inscription |
| 10. | 对偶 | duì'ǒu | antithesis |
| 11. | 吉祥话 | jíxiánghuà | auspicious remarks |
| 12. | 驱邪 | qūxié | to drive away evil spirits |
| 13. | 邪气 | xiéqì | evil influence |
| 14. | 魅力 | mèilì | glamour, charm |
| 15. | 起源 | qǐyuán | origin |
| 16. | 偏爱 | piān'ài | to have a preference to |
| 17. | 忌讳 | jìhuì | taboo |
| 18. | 涉及 | shèjí | to involve, to relate to |
| 19. | 尊贵 | zūnguì | honourable, respected |
| 20. | 门钉 | méndīng | doornail, round-headed decoration on the gate (of a palace etc.) |
| 21. | 横 | héng | horizontal |
| 22. | 竖 | shù | vertical |
| 23. | 绝交 | juéjiāo | to break off relations |
| 24. | 纯洁 | chúnjié | innocent, pure |
| 25. | 君王 | jūnwáng | monarch |
| 26. | 权力 | quánlì | power, authority |
| 27. | 除夕 | chúxī | New Year's Eve |
| 28. | 竹子 | zhúzi | bamboo |
| 29. | 火把 | huǒbǎ | torch |
| 30. | 绸子 | chóuzi | silk |

| 31. | 烟花 | yānhuā | fireworks |
| 32. | 灯谜 | dēngmí | lantern riddles |
| 33. | 盛 | shèng | to be in vogue |
| 34. | 谜语 | míyǔ | riddle |

## 专有名词

| 35. | 开斋节 | Kāizhāi Jié | Lesser Bairam |
| 36. | 狂欢节 | Kuánghuān Jié | Carnival |

## 2 入乡随俗

| 37. | 作揖 | zuō yī | to cover one's right fist with one's left hand and then to reach out and shake up and down slightly several times |
| 38. | 跪拜 | guìbài | to worship on bent knees |
| 39. | 合十 | héshí | to put the palms together |
| 40. | 上座 | shàngzuò | seat of honour |
| 41. | 饯行 | jiànxíng | to give a farewell dinner |
| 42. | 接风 | jiēfēng | to give a dinner for a visitor from afar |
| 43. | 洗尘 | xǐchén | to give a dinner for a visitor from afar |
| 44. | 抱拳 | bào quán | to cup one's fist in the other hand before the chest |
| 45. | 握手 | wò shǒu | to shake hands |
| 46. | 婴儿 | yīng'ér | baby, infant |
| 47. | 慰藉 | wèijiè | to comfort |
| 48. | 节哀 | jié'āi | to restrain one's grief |
| 49. | 破费 | pòfèi | to spend money |
| 50. | 五粮液 | wǔliángyè | Wuliangye, a traditional Chinese distilled liquor |
| 51. | 调节 | tiáojié | to adjust |
| 52. | 气氛 | qìfēn | atmosphere |

## 3 视听说

| 53. | 添乱 | tiān luàn | to add to the trouble |
| 54. | 刮痧 | guā shā | a popular treatment for sunstroke by scraping the patient's neck, chest or back |
| 55. | 好赖 | hǎolài | good and evil |
| 56. | 恭敬不如从命 | gōngjìng bùrú cóngmìng | It is better to obey somebody than to decline respectfully. |

## 第九单元　视听说
## ——电影《刮痧》

■ 单元目标

在这一单元里，你将：

1. 能讲述电影《刮痧》的故事梗概。
2. 能具体描述电影中的某个人物。
3. 能就影片内容流利地发表评论。
4. 能就跨文化的某些问题发表个人看法。

# 1 视听说——电影《刮痧》

## 1 热身

你知道"刮痧"是什么意思吗?
为什么要"刮痧"?
它有什么好处?
请看右边的图片,与同伴一起猜一猜。

## 2 演练与交际

### 人物描述

回忆电影片段,看图进行人物描述。

❶ 分别介绍一下许家的四个人。

　　许大同　　　　　简宁　　　　　丹尼斯　　　　　爷爷

❷ 分别描述一下图中的人物。

　　老板昆兰　　　　法官

**提示**
从年龄、职业、相貌、服饰、性格、思想、经历等方面进行描述、介绍。

视听说——电影《刮痧》 第九单元

## 2 看图讲故事

3-4人一组。根据图片线索，尽可能完整地复述电影的主要故事情节。

①

②

③

④

⑤
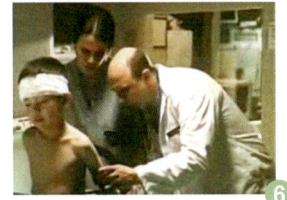
⑥

⑦

⑧

⑨

⑩

⑪

⑫

⑬

⑭

⑮

⑯

⑰

⑱

> **提示**
>
> 可以分工合作，以接力的方式把故事讲完。

## 3 见仁见智

 ① 全班分成3大组，组内进行职责分工：主持人、提问者、鼓励者、记录者、报告者。每组讨论一个主题。

② 整理讨论要点，准备把讨论结果向全班报告。

 各组报告。师生提问及讲评。

【讨论主题】

1. 你赞成"打是亲，骂是爱，不打不骂不成材"这样的观点吗？举例说明。
   提示：可从正反两方面来举例。
2. 举例说明在不同国家文化碰撞的例子，谈谈应怎样对待不同的文化。
   提示：举例如"刮痧在中国几千年了，怎么在美国就说不清楚了呢？"
3. 根据现实生活，举例说明"留得青山在，不怕没柴烧"。
   提示：当遇到灾难、失败时，人们应该采取的态度。

## 3 情境配音

 1. 看两遍电影片段（约01:07—01:12），注意人物的情感变化、语气情感的表达、语句停顿、重音、语速等。
2. 两人练习，尽可能模仿剧中人物的语气、语调。
3. 再看一遍电影片段后，模拟配音表演。

### 对白节选

[在机场]

许大同：爸，这儿不让抽烟！
父　亲：啊，我知道，没想抽烟。
许大同：你把机票给我看看！
父　亲：哦。
许大同：看，你就太着急了，离飞机起飞还有两个多小时。

父　亲：唉，这种事啊，赶早不赶晚。

许大同：我去给你买点儿吃的，飞机上的东西不好消化。

父　亲：哎，你……你……，来，来，你坐这儿！再让爸爸好好看看你！我……我这把年纪了，我不想忘了你长什么样……那丹丹呀，我……我是爱他呀！（哽咽）

许大同：我知道。

父　亲：我想他了，我……我有照片，我……我看照片。你看，我真是……（擦泪）

许大同：爸，你在这等我啊！

父　亲：你干吗去？

许大同：你哪儿也别去，我很快就回来，啊！

父　亲：哎。

父　亲：你真有出息啊！你想逃跑吗？你想放弃这场官司啊！还装作什么事情都没有发生过？你这么回去，你还是一个在美国虐待（nüèdài 能造成身体上的伤害和心理上的恐惧的行为）了孩子的逃犯！生活啊，就是这样，什么事情都可能发生的，你想躲是躲不开的！你来美国之前，不是准备好了要面对困难的吗？大同啊，你把丹丹带回去，就按你说的，把他培养成一个正直的人，一个有出息的人！

# 4 语言聚焦

## 1 选词填空

> 无可争议、荒唐可笑、天真无邪、异国他乡、澄清事实、
> 一窍不通、火冒三丈、悲喜交加、种族主义、日复一日，年复一年、本末倒置

1. 作为这个小镇的邮递员，他_____地为大家送信送报，从来没有间断过。
2. 在《皇帝的新装》这个故事里，只有_____的小孩子才敢说出"皇帝没有穿衣服"这样的大实话。
3. 这件事情我们就不要再讨论下去了，事实已经很清楚了，结果也是_____的。
4. 为了世界的和平，不同民族、种族的人们要和睦相处，不能搞_____。
5. 你是一名建筑设计师，设计房屋时怎么能先考虑外墙刷什么颜色而不先考虑房屋内部的结构呢？这种做法真是_____！
6. 地震过后，从废墟中被救出来的亲人们相拥而泣，_____。
7. 在_____和各国朋友们在一起的日子，是永远难忘的。
8. 你说出这样的话，真是对我们的文化_____啊！
9. 我们跟您说明情况，就是为了_____，请您主持公道。
10. 别为了一点儿小事就_____，那无助于解决问题。
11. 你们怎么怀疑我呢？我像小偷吗？真是_____！

## 2 用给出的词语，改说下列句子。

1. 她这个人总是一点儿小事也放在心上，什么事都想来想去的。（小心眼儿）

2. 坐火车、坐飞机可千万不能晚了，宁可早点儿去等着。（赶早不赶晚）

3. 孩子第一次单独出远门，妈妈很担心。（放心不下）

❹ 她想了半天,最后决定还是买那件最贵的衣服。(拿定主意)

❺ 这两件事可是一点儿关系都没有啊!(风马牛不相及)

❻ 你放心,买机票的任务我一定完成。(这事包在我身上)

❼ 只要能表达思想情感,怎么说怎么写都行。(不必拘泥于形式)

❽ 你说了这么多,可我们需要的是证据呀!(用证据说话)

❾ 我都70多了,还有什么看不明白的呢?(我这把年纪了)

❿ 事情明摆着,谁都能看出是怎么回事。(能看出一二三来)

⓫ 她是我们这个城市的名人,经常在电视里露面。(在……中小有名气)

⓬ 我现在烦着呢,你去干你的事吧!(离我远点儿)

⓭ 他们总是认为坏事都是我干的,从来如此!(带有成见)

# 2 记录与评价

根据本单元你的学习情况,填写"我的备忘录"和"评价表"。

| 我的备忘录 ( 年 月 日) ||
|---|---|
| | 本单元学过的最有用的语句 | 容易错的语音语调和语句 |
| 1 | | |
| 2 | | |
| 3 | | |
| 4 | | |
| 5 | | |
| 6 | | |

评价表　　　　　　　　　　　　年 月 日

| 口头交际任务 / 完成质量 | 5分 很好 | 4分 好 | 3分 一般 | 2分 较差 | 1分 很差 |
|---|---|---|---|---|---|
| 1. 能讲述电影《刮痧》的故事梗概。 | | | | | |
| 2. 能具体描述电影中的某个人物。 | | | | | |
| 3. 能就影片内容流利地发表评论。 | | | | | |
| 4. 能就跨文化的某些问题发表个人看法。 | | | | | |
| 5. 能根据情境,自然、准确、流利地为人物配音。 | | | | | |
| 6. 积极主动地参与课堂活动,具有与小组同学互助、合作的团队精神。 | | | | | |
| 7. 自己在小组讨论中的职责是:_____,自己的职责完成得怎么样? | | | | | |
| 8. 我认为我们小组的表现: | | | | | |

9. 自己需要注意的问题(如态度、语言方面等)是:

10. 我们小组需要改进的问题是:

# 3 相关链接

## 1 当面教子，背后教妻

中国古代《三字经》中说"子不教，父之过"，意思是说，父亲在教育子女方面有很大的责任。在传统观念主导的社会里，儿子在外面惹了事回家，被人家找上门来，都要当着人家的面打一顿，这既教育了儿子，也给对方出了气。但丈夫不能当着众人面去教训妻子，因为那样是失礼的，所以一般是回到家里再去教训。

## 2 影片中出现的词句

小心眼儿、无可争议、透彻、荒唐可笑、荒唐之极、天真无邪、记仇、阁下、异国他乡、蓄意、虐待、监管、胡说八道、泼脏水、本末倒置、澄清事实、滑稽戏、火冒三丈、野蛮、不可理喻、醋坛子、不好消化、面对、一生坎坷、团圆、悲喜交加、针灸、按摩、疗效、错怪、绑架、一窍不通、种族主义、臭狗屎、狗娘养的、贱货、王八蛋、通缉、包围、转弯、烟囱、现行犯、倒大霉、撤销、小大人似的、有出息、惹麻烦、添乱、靠边行驶、赶早不赶晚、把我甩了、放心不下、吸二手烟、拿定主意、风马牛不相及、这事包在我身上、不必拘泥于形式、用证据说话、这把年纪了、能看出一二三来、在……中小有名气、搞砸了、日复一日，年复一年、离我远点儿、带有成见

## 3 与法庭、法律相关的词语

法律、遵守、违反、法官、律师、法庭、听证会、传讯、证人、证言、副本、出庭、作证

原告、被告、控方、指控、起诉、上诉、旁听席、法官席、原告席、被告席、请离席

地方法院、中级法院、最高法院、宣判、判决、判决书

## 4 孙悟空和《西游记》

长篇小说《西游记》是明代吴承恩的作品。其中主要人物是：唐僧、孙悟空、猪八戒、沙和尚。

主要故事情节：唐僧带着他的三个徒弟到西天去取经。一路上，以孙悟空为核心的三徒弟战胜了妖魔，克服了九九八十一难，最后终于到达西天取回了真经。

影片中主要说到的是《西游记》的前七回，即介绍神通广大的孙悟空大闹天宫的故事。孙悟空具有强烈的反抗精神，有着非同寻常的本领，集勇敢和毅力于一身。

## 5 观后感

影片的故事发生在美国密苏里州的圣路易斯，在电脑游戏软件设计领域有所成就的中国移民许大同把远在北京的老父亲接来美国住，并正设法给父亲办绿卡。一天，大同的儿子丹尼斯因为发烧留在家中休息，许父不认识药瓶上的英文，只能给孩子用中医方法刮痧治病。说来凑巧，许父偶遇老友老霍，晚上跟着老霍去赌船上玩儿，不料在回家途中老霍发病猝（cù）死，许父只能留在警察局等儿子来接。心急如焚（fén）的大同把生病的丹尼斯一个人留在家，直奔警察局接老父，等回到家开门之时，丹尼斯奔跑着应门，不小心在黑暗中摔倒，额头撞在桌角流血不止，大同赶紧把他送往医院救治。在救治过程中，医务人员发现孩子背部有刮痕，认为是受家庭暴力虐待所致，不让许大同夫妇接孩子出院，把孩子暂且交给儿童福利院照顾。而后，福利院拿出孩子受虐待的"铁证"，把许家告上了法庭。为了保护父亲，许大同向法院声称是他给儿子刮痧的，自己一人承担责任，并与妻子一起向父亲隐瞒了真相……

纵观全片，几乎找不出多余的笔墨，情节紧凑，节奏明快。影片开始，许大同设计的电脑游戏软件获得大奖，在颁奖会现场大门口，围着许多抗议者，高呼口号"救救孩子"，指责现在的电脑游戏过于血腥，宣扬暴力，其实这是编导埋下的第一个伏笔，虽然只是一笔带过。在颁奖后的庆功会上，大同的儿子丹尼斯与大同上司约翰·昆兰的儿子在打游戏时发生了摩擦，大同要丹尼斯向对方道歉，丹尼斯不肯，于是大同当着昆兰的面打了丹尼斯一巴掌……其实这又是一个伏笔。类似的伏笔还有很多，这些伏笔后来在听证会上都成了对许大同不利的证据，在这里就不一一列举了。

影片不乏打动人心催人泪下的场面，尤其值得一提的是追车一段。本片的追车"展现了父爱"。父亲得知了真相后，认为自己到美国来不但没有给儿子帮上忙，反而尽给别人添乱。为了不影响大同，早日把孩子夺回，他毅然决定回国。在机场，大同再次竭力挽留，还是没能留住老人，这时离飞机起飞还有两小时，大同心中顿生一念，瞒着父亲赶到儿童福利院把儿子悄悄接出，带到机场，想与老人一起回国。因为在他看来，家已经破碎，自己也没能真正成功融入美国社会，万念俱灰。可老人斥责他没出息，并指出他这么做完全像一个逃犯，鼓励他尽全力打赢官司，夺回孩子。于是大同只得含泪送别老父亲，准备把孩子送回福利院，可福利院发现孩子失踪后已经迅速报警，警方已在各大电视台播出了绑架嫌疑人许大同的图像。在出机场时，许大同的车被警车盯上，儿子发现有警车盯梢，觉得像电影里看到的追车场面，想玩儿着过瘾。为了不让孩子失望，出于对孩子的爱，也出于对美国警察的嘲弄，大同别出心裁地和警察玩儿起了追车，一辆，两辆……七辆……尾随的警车越来越多，场面空前壮观，大同出人意料地故意放慢车速，使得众警摸不着头脑，此时响起了轻松的音乐，追车变成了"护送"。到达目的地时，车中的丹尼斯已经安静地睡着了……这场戏不落俗套，构思独特，可谓影片中的一个亮点。

另外，大同和简宁借酒浇愁，大骂自己这场演员即兴发挥的戏，以及影片结尾大同思子心切，为了兑现对儿子的承诺，化装成圣诞老人冒死爬上9楼给儿子送圣诞礼物这场高潮戏，都给观众留下了前所未有的心灵震撼，令人潸（shān）然泪下。

# 附录1：录音文本及部分练习参考答案

## 开 篇 用中学

**演练与交际2　故事会　参考答案**

故事A

在他的国家表示"2"的手势在中国代表"8"的意思。所以，不同国家或不同文化中的手势语的含义很可能不一样，在进行跨文化交际时一定要注意，否则容易被别人误解。

故事B

老人的意思是：你姓魏，那你叫什么名字？他是想知道魏爱华的名字，不是问"为什么姓魏"。所以，应该回答："爱华"或"魏爱华"。在生活中的一般场合，可以用"姓+什么"来问别人的名字，如"告诉我，他叫李什么？"

故事C

发音声调很重要！"问问"不是"吻吻"，他把四声说成了三声，所以女售货员误解了他。"被子"不是"杯子"，他把四声说成了一声，所以，那个售货员给他拿出了"杯子"，而不是他要买的"被子"。

**演练与交际3　录音文本（0-1）**

① 我总是找一切机会跟中国人说话，在课上小组讨论时，也积极发言。不怕说错，不懂就问。

② 自己的课前预习、课后复习很重要。先预习一下课上要用的生词、句子，上课学习的效果就会好很多，课后及时复习也会学得更扎实。

③ 我的发音有问题，所以我经常看中文电影和电视，有些还录下来，反复听反复练，模仿中国人的发音和语调，现在发音好多了，说话也更流利了。

④ 我喜欢把新学的词语记在本子上，经常看看，努力记住。每天都要想一个题目跟自己或跟朋友连续说3分钟，这样我就能说得越来越多了。

⑤ 我们都喜欢小组活动，它是提高口语水平的好方法。每个人都有说话的机会，一点儿也不紧张，大家互相帮助，进步很大。

⑥ 她说得太有意思了！

⑦ 她刚才用的成语很好，我记住了！

⑧ 没想到他们国家会用这样的方法解决问题……

⑨ 我们都喜欢表演汉语节目。

⑩ 呀，该我了，坏了，我该说什么……？

## 第一单元　寒暄问候

### 1　初次见面

■ **课前预习　参考答案**

A. 画线连接词语和它们的意思。

　❶ b　❷ c　❸ d　❹ f　❺ a　❻ e　❼ g　❽ h

B. 选用合适的词语完整地说出下面一段话。

　　玛丽，我到北京一个星期了，给你讲讲有意思的事情吧！

　　刚开学，来自世界各地的留学生朋友就聚在了一起，相互寒暄着，使用着各自不同的体态语，很快，大家就熟悉了，不再陌生了。

　　住在我隔壁的是一位日本同学，他一见面就给我鞠躬，并说认识我很荣幸，还说请多关照！弄得我很不好意思。我也学着中国朋友的样子，赶紧鞠躬还礼，礼貌地说："不敢当，让我们互相关照！"我的样子一定很可笑。

■ **演练与交际1　录音文本（1-1）**

❶ 男$_1$：我们都是志愿者了，来来来，我们认识一下，我叫刘大海，是清华大学大二的学生。你呢？

　女：啊，我叫麦琪，来自墨西哥，是北京语言大学的学生。哎，你叫什么名字？

　男$_2$：我叫杰夫，是人民大学的留学生，我是从英国来的。

❷ 女：各位好！我代表中青旅欢迎大家来到北京！首先，请允许我来自我介绍一下，我叫李兰，木子李，兰花的兰。以后大家叫我小李或李导都可以。下面，我给大家介绍一下今天的日程安排。

❸ 女：先生您好！请问，您贵姓？

　男：免贵，姓张。你是？

　女：哦，您就是张教授，久仰久仰。我姓郭，叫郭力，在北师大工作。

❹ 男：大家好！下面我们给大家表演汉语节目。我先来自我介绍一下，我叫加里姆，来自苏丹；这位是哈萨克斯坦同学高哈尔；她是韩国同学金珍珠；这位是来自德国的任大伟；这位是伊朗同学萨莉；这位，我想不用介绍大家也都认识，他就是来自加拿大的大明星大龙啊！

■ **演练与交际3　参考答案**

❶ A：打扰您一下，请问这儿有人（坐）吗？

　B：啊，没人，您坐吧。

❷ A: 大夫，您好！
   B: 您好！您哪儿不舒服？
❸ A: 您好！您要办理什么业务？
   B: 您好！我想取点儿钱。
❹ A: 你好！请问中国银行在哪儿？
   B: 啊，您好！您往前走，到路口红绿灯那儿向右一拐就看见了。
❺ A: 师傅，您好！我去王府井。
   B: 哦，好，请上车吧！
❻ A: 您好！您要的橙汁！
   B: 谢谢！

| | 初次见面怎么开始谈话 | |
|---|---|---|
| | 交际任务（场景示例） | 例句 |
| 询问式 | 在街上：问路 | 您好！请问去北医三院该怎么走？ |
| | 在机场接人：问身份 | 您好！您就是王经理吧？ |
| | 在餐馆指着空座：问情况 | 请问这儿有人（坐）吗？ |
| 请求式 | 客气或比较客气地临时向身边的陌生人借笔 | 1. 您好！不知道能不能借您的笔用一下？ |
| | | 2. 先生，您的笔借我用一下行吗？ |
| | | 3. 您能借我用一下笔吗？ |
| | | 4. 请/麻烦您借我用一下笔！ |
| | | 5. 请把您的笔借我用一下！ |
| 介绍式 | 导游自我介绍 | 大家好！我是中华旅行社的小王，…… |
| | 主动向邻居自我介绍 | 你好！我是你的邻居金顺子，…… |
| 提供式 | 在飞机上给旅客送水 | 请喝水！ |
| | 在公交车上主动为老人让座 | 老奶奶，请您坐这儿吧！ |
| 闲聊式 | 火车上、飞机上 | 哟，这孩子真可爱！ |
| | 排队等候时 | 人这么多啊！这得排两个小时吧？ |
| 外交式 | 正式场合 | 1. 张教授您好！见到您很荣幸！欢迎欢迎！ |
| | | 2. 您好！欢迎来北京！ |

沟通——任务型中级汉语口语·上

- **演练与交际4　故事会　参考答案**

    启示：出国一定要学习一些必要的生活用语。

    　　　人与人交往，常常会相互影响，不是你影响他，就是他影响你。

    反思：你常受别人的影响吗？那种影响对你是有益的吗？

- **语言聚焦　参考答案**

    1. 归纳总结在不同场合，应该如何介绍自己、介绍他人：

| | 正式场合 | 非正式场合 |
|---|---|---|
| 询问别人姓名 | 请问，您贵姓？<br>请问该怎么称呼您？／<br>能告诉我您的姓名吗？ | 我叫……，你呢？<br>你叫什么名字？ |
| 介绍自己 | 请允许我自我介绍一下，……<br>请允许我先做一下自我介绍，…… | 我来自我介绍一下，……<br>我先介绍一下我自己，…… |
| 介绍他人 | 请允许我向大家介绍一下，……<br>我们今天很荣幸地请到了…… | 我来给你们介绍一下，这位是……<br>来，认识一下，…… |

　　2. 初次见面如何寒暄？画线连接相关语句。

　　　①b　②g　③c　④f　⑤d　⑥a　⑦e

## 2　打招呼

- **课前预习　参考答案**

    A. 画线连接词语和它们的意思。

    　　①d　②e　③f　④g　⑤b　⑥h　⑦a　⑧c

    B. 选用合适的词语填空。

    　　① 拱手相迎。

    　　② 孩子冒犯了您，请原谅。

    　　③ 我们到了中国，应该入乡随俗。

    　　④ 她擅长唱中国民歌。

    　　⑤ 没想到能在这儿见到你，真是太巧了！

    　　⑥ 能在北京见到您，真是很荣幸。

244

❼ 多年不见，您还是那么漂亮！
❽ 来自世界各地的同学在跨文化交流。

■ **演练与交际1　录音文本（1-2）**

你知道在非正式场合中国人见面时怎样打招呼吗？除了"您好！"或"你好！"外，他们常常是根据时间、地点、对方的行为随口发问，也就是说，可以根据对方正在做什么事、要做什么事或估计对方刚刚做完什么事来打招呼。如"洗衣服呢？""买东西呀？""上班去？""出去了？""回来了？"等，回答时，可以简单地肯定或否定。如"买东西呀？""——啊，买东西。""出去了？""——嗯，出去了。""吃饭了吗？""——还没呢。"等。

有时，匆忙间一句简单的称呼配上微笑点头，如"张总！""噢（ō），小李！"也就可以了。一般问候的时候句调上扬，回答时句调下降。

■ **语言聚焦　参考答案**

1. 听录音，将一位留学生的自述补充完整。录音文本（1-3）

我来中国已经一个多月了，我在这里学到的第一句话就是"你好"。早上在操场上跑步遇到朋友，我说"你好"；中午在食堂见到卖饭菜的师傅，我说"你好"；下午在校园里看到老师，我也说"你好"。时间长了，我慢慢发现这里的人还有很多别的打招呼的方法。比如，在操场上见面时会说"锻炼呢？"，在公共汽车站见面了会说"等车？"，看见你要出门，朋友会问"出去啊？"，看见你从超市回来，朋友会说"买东西了？"等等。现在我已经习惯了这种打招呼的方法，要入乡随俗嘛。

2. 快速完成各种情景中的"打招呼"。

❶ A: 起来了？
　 B: 起来了。

❷ A: 早啊！
　 B: 早。

❸ A: 出去啊？
　 B: 随便走走。

❹ A: 锻炼呢？
　 B: 嗯，锻炼。

❺ A: 吃饭了吗？
　 B: 吃了，你呢？

❻ A: 忙什么呢?
   B: 没忙什么，找本书。
❼ A: 等人呢?
   B: 嗯，等人。
❽ A: 今天真冷啊!
   B: 可不，都零下了，衣服穿少了。

## 3　视听说

🟨 **课前预习　参考答案**

❶ 哎哟，大王，你怎么把这事忘了呢，啊? 你真是不把我放在心上!

❷ 哎呀，真对不起，我不是故意的!

❸ 哼，还不是故意的呢! 别以为我不知道你心里是怎么想的!

❹ 哎，你怎么能那么说人家呢? 大王，多老实的人啊，他怎么能是故意的呢!

🟨 **语言聚焦　参考答案**

2. 选用合适的叹词，完成下面的对话。

❶ 小　李：小张没说你的坏话!
   黄　平：他没说? 哼，别以为我不知道!

❷ 大　夫：小朋友，我给你上点儿药就好了，别怕!
   小孩儿：哎哟，疼死我了，您轻点儿啊!

❸ 安　娜：她什么时候说过真话!
   阿　里：哎呀，你怎么能那么说她呀!

❹ 老　张：我说他去比赛不合适是因为他最近感冒了，不是他没能力。
   老　李：哦，我明白你的意思了。

❺ 卡　亚：明天我去机场，你去火车站。
   山　田：嗯，就这么办吧!

❻ 李　天：哟，你已经来了! 我还以为你得半小时后到呢。
   志　雄：今天运气好，路上没堵车。

❼ 阿　姆：哎，老板，这苹果多少钱一斤?
   小　贩：三块五。你要多少?

❽ 丽　莎：啊，这儿真美啊!
   小　龙：可不是! 我都不想回去了!

❾ 大　卫：咳，我怎么把这件事忘了！
　　百　灵：没关系，现在打电话也不晚。
❿ 玛　丽：哼，你不是很有钱吗？拿出来呀！
　　阿　姆：哎呦，我跟你开玩笑呢，你还当真了。
⓫ 丽　莎：啊？你说什么？我一点儿也听不清楚，大点儿声啊！
　　阿　里：我是说明天去不了啦！有大雨！
⓬ 妮　娅：杰夫来看你了吗？
　　奥　佳：嗐，别提他啦！他太让我伤心了。
⓭ 百　灵：这次你考得怎么样？
　　阿　里：唉，这次的成绩太让我失望了！

## 第二单元　煎炸炖炒

### 1 煎炸蒸煮炒炖

**课前预习 参考答案**

A. 画线连接词语和它们的意思，并与同伴核对一下。

❶ e　❷ b　❸ a　❹ h　❺ f　❻ g　❼ d　❽ c

**演练与交际1　录音文本（2-1）**

一种食品，可以采用不同的方法制作，做出不同的味道。

就拿饺子来说，我们通常说的饺子，指的是水饺，也就是煮熟的饺子。

其实饺子还可以蒸着吃或煎着吃，蒸着吃的饺子叫蒸饺，煎着吃的饺子叫锅贴儿。

**演练与交际2　录音文本（2-2）**

西红柿炒鸡蛋

西红柿炒鸡蛋需要的主料有：鸡蛋3个，西红柿150克。配料是：大葱、姜、植物油、香油、酱油、鸡精、淀粉、盐、糖。

制作的过程：

1. 把西红柿洗净后切成滚刀块；把葱、姜切成葱花、姜末。
2. 把鸡蛋打入碗中，放入少量盐，用筷子搅打均匀。然后把炒锅烧热，放适量的油，把蛋液倒进锅里炒熟后盛出。
3. 把水烧开，把西红柿放到水里焯3秒钟后捞出。

4. 碗内放入适量的糖、盐、鸡精、香油、水淀粉和酱油，调成汁。

5. 锅中放少量植物油，烧热后放入葱花、姜末，爆出香味后放入西红柿和炒熟的鸡蛋，翻炒几下，放入调好的汁，再翻炒几下就可以出锅了。

这道菜的特点是红黄相间、鲜香酸甜。需要注意的是，炒制这个菜时，要旺火速成。

■ **演练与交际4　故事会　参考答案**

故事A 启示：

一个人如果只顾眼前的利益，得到的只能是短暂的欢乐。

人不能只想自己、只想现在，也要为别人考虑、为将来考虑。

故事B 启示：

团结就是力量。

相互信任，齐心协力才能取得最后的胜利。

■ **语言聚焦　参考答案**

1. 读一读，然后填空。

　　来中国以前就听说中国菜的种类非常丰富，今天我终于了解到这是由于有不同的烹饪方法。比如，同样是用油来进行烹饪，炸比煎用的油更多；烤虽然不用油，但是需要把食物直接放在火上。另外，说到用水来进行烹饪，我发现炖比煮用的水少。其实，蒸也要用水，但是和炖、煮不同的是，蒸的时候食物并不直接接触水。说实话，中国美食里我最喜欢吃的要数涮羊肉了。有一次，我在家里邀请几位中国朋友吃涮羊肉，我们吃得都很开心，可是我的中国朋友却说，我把涮羊肉做成煮羊肉了。后来我才知道，原来是因为我把羊肉放在水里的时间太长了。看来我还得好好学习各种不同的烹饪方法啊！

2. 根据图片，参考以下各组词语说一段话，注意使用"把"字句。

① 把土豆切成片，用水洗一下，备用。

② 把白菜切成丝，放盘子里备用。

③ 把黄瓜切成丁，放盘子里备用。

④ 把胡萝卜切成滚刀块，放盘子里备用。

⑤ 把肉洗干净，切成片备用。

⑥ 把鸡蛋打到碗里，搅打均匀，备用。

⑦ 把葱花放到7分热的油里，爆出香味。

⑧ 把面条放到开水里，煮5分钟后捞出。

## 2 谈论饮食

### 课前预习　参考答案

理解下面的词语和句子，并选择合适的词语或句子填空。

　　来中国以后我发现中国人吃早餐的习惯和我们差别很大，我们早上常常是吃面包、<u>果酱</u>、<u>奶酪</u>，喝牛奶，还有一些水果，中国人吃包子、<u>馅儿饼</u>、<u>馄饨</u>、油条，喝<u>豆浆</u>，但无论哪种吃法，都富含<u>蛋白质和维生素</u>。有人早上不习惯吃早饭，我认为这样是不太好的，俗话说，<u>一日之计在于晨</u>，早饭很重要。中国人还常说"人是铁，<u>饭是钢</u>"，听说不吃早饭容易造成<u>低血糖</u>，还容易得<u>胆结石</u>、胃病等。为了自己的健康，千万别<u>忽视</u>了早餐。

### 热身　参考答案

① 油条　② 豆包　③ 荷包蛋　④ 包子　⑤ 饺子　⑥ 烧饼　⑦ 牛肉面　⑧ 盖饭
⑨ 红烧带鱼　⑩ 腰果虾仁　⑪ 鱼香肉丝　⑫ 炒饭　⑬ 馄饨　⑭ 丸子汤　⑮ 豆浆
⑯ 豆腐脑　⑰ 绿豆粥　⑱ 酸辣汤

### 演练与交际3　参考答案

① 水果（猕猴桃、橙子、香蕉、苹果、木瓜、梨）　② 油条　③ 沙拉　④ 汉堡包
⑤ 果酱　⑥ 豆浆　⑦ 馄饨　⑧ 果汁　⑨ 咖啡　⑩ 酸奶　⑪ 面包　⑫ 鸡蛋　⑬ 三明治
⑭ 包子　⑮ 牛奶　⑯ 米粥　⑰ 煎饼　⑱ 馅儿饼　⑲ 烧饼　⑳ 奶酪　㉑ 麦片

### 演练与交际4　录音文本（2-3）

七成中国人不会吃早餐

　　对很多人来说，舒舒服服地吃一顿早餐，是一件很难做到的事情。"早饭马虎，中午对付，晚上大吃大喝"早已成为他们的习惯。他们可能还不清楚，这样的生活习惯，会使身体出现问题。有调查显示，现在中国人20%不吃早餐，70%不会吃早餐，很多人不知道早餐的重要性。

　　我们在调查中发现，人们忽视早餐的理由各种各样，比如，有的认为不吃早餐能减肥；有的是没时间，有的是习惯了不吃，吃了反而感觉难受。不管是哪种情况，忽视早餐都是不对的。

有专家指出，长期不吃早餐会使人没有精神，甚至引发各种疾病。此外，在午饭时也会出现明显的饥饿感，不知不觉吃下很多食物，结果不仅达不到减肥的目的，反而更胖。

有些人不吃早餐，最常用的理由就是"忙"。其实这只是一个借口，因为想吃到一份营养、健康的早餐并不难。比如说：前一天晚上把面包、牛奶、果酱、香蕉准备好，早上起床后，把牛奶用微波炉转1分钟，就能马上把早餐吃到嘴里。只要晚上早睡10分钟，早上早起10分钟，就能解决吃早餐的问题。

有专家告诉我们，早餐最好包括三种类型的食品：一是淀粉类食物，如面包、粥、面条、包子等；二是富含优质蛋白质的食物，比如牛奶、豆浆、鸡蛋之类；最后是富含维生素的食物，例如水果、蔬菜等。此外最好再吃一小把坚果，坚果是一种高能量高营养的食物，可以提高早餐的质量。

### 语言聚焦　参考答案

按照括号中说话人的意思完成对话。

[午餐时间到了，学生A和学生B在教室里讨论去哪儿吃午餐的问题。]

A：终于下课了，我都饿了。咱们去哪儿吃午饭？

B：哪有时间吃午饭呀！<u>中午就休息一个小时，学校食堂的人还那么多。</u>（陈述理由）

A：你说得也对。如果不去食堂吃，我们就去学校周边找个快餐店吧。

B：吃快餐速度快倒是快，<u>可是总吃快餐也不健康呀。</u>（反驳建议）

A：那怎么办？总不能饿着呀，下午还有四节课呢。早知道这样，我就提前打电话叫个外卖，预订盒饭了。

B：<u>可是我不喜欢吃盒饭。</u>（反驳建议）

A：说实话，我也不太喜欢吃盒饭，但是我们的午休时间有限。

B：嗯，看来今天只能叫外卖了。不过我听说在学校附近有一家慢餐店，我们周末有空儿可以去那儿吃。

A：慢餐店？听起来很有意思，<u>不过多浪费时间呀！</u>（反驳建议）

B：不浪费时间！<u>这种店就是专门让人们享受吃饭过程中的乐趣的。</u>（陈述理由，劝说对方）

A：我也知道最近附近新开了一家"黑店"，周末我们去那儿吧！

B：黑店？

A：就是吃饭时是没有灯的，人们可以边吃边充分享受饭菜的味道。

B：没灯怎么吃！<u>饭菜做得好不好我都不知道，怎么能吃得下去呢？</u>（反驳建议）

A：[看表]哟，咱们都聊了十多分钟了，还是快点儿打电话叫外卖吧。我可不想下午饿着肚子上课。

B：好吧！等等，我忘了带外卖的电话了！

### 3 视听说

■ **课前预习　参考答案**

画线连接词语和它们的意思，并与同伴核对一下。

❶ e　❷ c　❸ f　❹ b　❺ d　❻ a

■ **语言聚焦　参考答案**

2. 根据括号中的要求，完成下面的对话。

[在家里请客人吃饭。]

王　涛：饭做好了，我们吃饭吧。来，大家随便坐。

阿　里：做了这么多饭菜，您辛苦了。（客气）

王　涛：也没做什么好吃的，都是些家常便饭，就别客气了，大家随意。（客套）

阿　里：您的饭菜做得很香！

王　涛：真的吗？

阿　里：您不觉得您的饭菜做得很好吃吗？（反问）

王　涛：能得到你的称赞我很高兴。

阿　里：以后找时间去我那儿，我也给你们露一手，保证让你们满意。（邀请，承诺）

## 第三单元　住房家居

### 1 谈论住房

■ **热身　词语提示**

交　　通：便利、坐公交车、打车、线路

住房条件：两居室、面积、朝向、楼层、设备、装修、家具、家电

费　　用：租金、物业费、水费、电费、燃气费、电话费、上网费、年付、月付

地　　点：远近、位置、环境

购　　物：方便、超市、商店

餐　　馆：快餐店、小饭馆

同学朋友：邻居、楼上住户

### 演练与交际2　录音文本（3-1）

在哪儿买房好

人们买房遇到的第一个问题就是买哪儿的房子。房子的地点从大的方面说，分城区和郊区，那么，住哪儿好呢？我们来看看下面的观点。

小梅是一个公司的白领，她的公司在市中心，她认为还是住在城里好，理由是：

1. 城里繁华，而且就人们的心理习惯来说，住城里有一种"城里人"的优越感。
2. 生活方便，无论是看病、购物还是娱乐都比郊区方便很多，而且城里的学校也好，有利于孩子的学习。
3. 交通费用低，住城里，每天10分钟或20分钟就能到单位上班，身体放松，精神上轻松，没有每天长时间坐车的辛苦和劳累，还节省时间。
4. 买城里的房子无论出租还是出售都相对容易，而且升值潜力大。

刘红是城里一个企业的职工，她主张在郊外买房，她认为在郊外买房的好处是：

1. 郊区房价低，相同价钱可以在郊区买一套比城区好得多的房子。
2. 郊区草地、绿树多，自然环境比城里好，住在郊区让人感觉舒适。
3. 生活成本低，郊区的物价相对较低，每月的生活费用要少一些。而城里无论物业费、停车费还是取暖费都比郊区高，甚至在城里吃饭都比郊区贵。
4. 城区的房子通常都是高层塔楼，在建筑风格上比较单调，而郊外的房子多是低密度住宅，建筑形式也多种多样，可尽情选择。

小梅和刘红是同龄人，但在买房的问题上两个人的观点却完全不同。到底在哪儿买房好？看来这是一个仁者见仁、智者见智的事情。

### 语言聚焦　参考答案

1. 根据本课学习的内容填空。
   ① 世纪新村在学校对面，步行去学校只需要5分钟。
   ② 万景园的房子朝向好，南北通透。
   ③ 世纪新村的房子是顶层，而且没有电梯。
   ④ 世纪新村的房子太贵了，一个月的租金要4500元。
   ⑤ 万景园离学校太远，坐6站地铁才能到学校。
   ⑥ 世纪新村门口有6条公交线路通往市区。
   ⑦ 世纪新村环境一般，紧靠马路，购物也不太方便。

❽ 万景园旁边有个大型购物中心，买东西很方便。

2. 参考所给的词语完成句子。
❶ 向　汇报　调查结果——下面我们向大家汇报一下我们的调查结果。
❷ 租房时　看重——租房时大家最看重的是租金。
❸ 方面　意见　不一致——有三个方面大家的意见不一致。
❹ 根据　向　提出　建议——根据调查结果，我们向在华留学生提出如下建议。

## 2　租房

### 课前预习　参考答案

A. 理解下面的词语，并把左、中、右三列词语按类别连接起来。

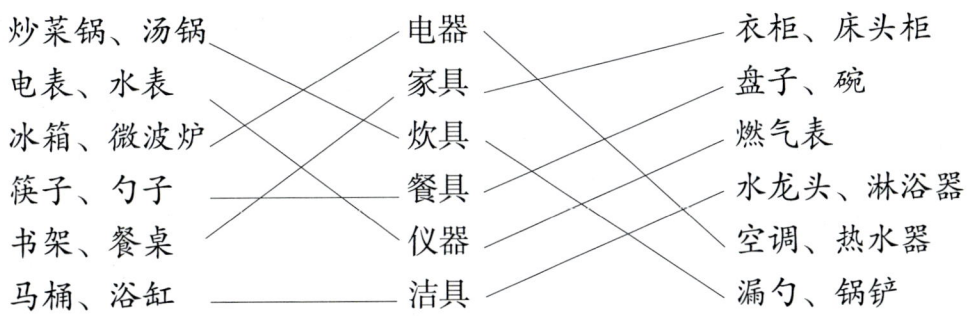

B. 理解下面的词语，并把这些词语填到下面的对话中。

A：我最近租了一套两居室的房子。

B：两居室是什么意思？

A：就是一套房子里除了厅、厨房、卫生间以外，有两个可睡觉或看书的房间。

B：哦，我明白了，两居室就是有两个房子。

A：你说错了，是有两个房间，或者说有两个屋子。

B：不可以说两个房子吗？

A：不行。房子一般指的是从外面看到的建筑，如果指某个人们居住或办公的空间，我们常说"房间"或者"屋子"。

B：我们说"租房子"，租的不是建筑里面的房间吗？

A：我们通常说的"租房子"是说租一个居住的地方，没说是几个房间，可能是一间，也可能是成套的住房。

B：如果我有一套两居室，一个用来睡觉，一个专门看书，这两个房间叫什么？

A：卧室和书房。

B：我知道了。谢谢！

## 热身　参考答案

1. 沙发
2. 电视柜、电视机
3. 写字台、椅子
4. 书柜
5. 书架
6. 衣柜
7. 床头柜
8. 餐桌、椅子
9. 冰箱
10. 洗衣机
11. 微波炉
12. 遥控器
13. 电脑桌、椅子
14. 抽屉
15. 窗帘
16. 花瓶
17. 筷子、刀、叉子、勺子
18. 电饭锅
19. 炒菜锅
20. 杯子、碗、盘子
21. 锅铲、汤勺、漏勺
22. 电吹风
23. 电水壶
24. 电熨斗
25. 饮水机
26. 电暖气
27. 燃气灶
28. 水龙头
29. 燃气表
30. 电表
31. 水表
32. 阀门
33. 电热水器
34. 电风扇
35. 淋浴器
36. 空调
37. 浴缸
38. 马桶
39. 衣架/衣挂
40. 晾衣架

## 演练与交际1　录音文本（3-2）

找房

租房人：先生，请问，有两居室的房子出租吗？

中　介：有。您想要哪个小区的？

租房人：这附近就行，哪个小区都可以。

中　介：您对住房有什么要求吗？

租房人：南北通透的。楼层不要太高。

中　介：3层怎么样？

租房人：好啊。在哪儿？租金是多少？

中　介：在芳林园，月租3200块。

租房人：这个小区周围环境怎么样？

中　介：很好。小区内树木很多，小区东边还有个很大的公园。

租房人：交通便利吗？

中　介：走5分钟就有一个汽车站，有好几趟车都经过地铁站。

租房人：买东西方便吗？

中　介：很方便，小区旁边有一个华联超市。

租房人：什么时候能去看房？

中　介：我打电话问问，房东如果有时间，我现在就可以带您去。

演练与交际2　录音文本（3-3）

租房

房　　东：您好！

租房人：您好！

房　　东：请进！请进！

租房人：您这房子还挺大的，有90平米吧？

房　　东：套内面积76平米。

租房人：厨房也挺大的。卫生间在哪儿？

房　　东：在这边。卫生间是3平米。

租房人：洗澡是用燃气热水器吗？

房　　东：对，热水器在厨房外面的小阳台里。

租房人：这房子冬天暖气怎么样？是小区集中供暖吗？

房　　东：对，冬季取暖费每平米18块钱。暖气烧得很好，在家穿个薄毛衣就可以了。

租房人：屋里有几个空调？

房　　东：三个，客厅和两个卧室都有空调。

租房人：自来水怎么样？水龙头的水流大吗？水龙头出水不快，我会很着急。

房　　东：您看看这水流怎么样。

租房人：还可以。有餐具、炊具吗？

房　　东：没有，这些东西得您自己买。

租房人：家电倒是挺全的，就是冰箱小了点儿，家具也简单了一些。

房　　东：不过人少的话也够用了。

租房人：房子我还是挺喜欢的，价格能不能再商量商量？

房　　东：你们几个人住？准备住多长时间呢？

租房人：我们是两个人，打算住一年。

房　　东：只能便宜200块，不能再便宜了。

租房人：押金是多少？租金是半年一付吗？

房　　东：押金是一个月的租金，年付、半年一付都可以。

租房人：那物业费、水电费等其他费用怎么交呢？

房　　东：物业费我来交，水、电、天然气需要您事先买，有专门的卡；上网费、电话费、有线电视的费用也需要您自己交。

租房人：上网费是包月吗？带宽是多少？

房　　东：是包月，每月138元，4兆的宽带。有线电视每月18元。

租房人：好吧，这套房子我租了。我们什么时候签合同？我想尽快住进来。

房　东：明天就可以签。如果您明天就想搬过来的话，签了合同我就带您去派出所登记，然后把钥匙给您就可以了。

租房人：太好了！就照您说的办吧。

■ **演练与交际4　故事会　参考答案**

故事A 启示：生活是自己创造的，不能抹平重建，用你的智慧好好建造吧！

故事B 启示：把封闭的心门敞开，成功的阳光就能驱散失败的阴暗。

■ **语言聚焦　参考答案**

根据租房情境，完成对话。

[留学生A想要租房东B的房子]

A：你好！我是安妮，上周和你约好今天来看房。

B：哦，安妮，你好！快请进。

A：你们这儿怎么没电梯呀？爬楼真累！

B：这座楼只有六层，所以没有电梯，你就当成是免费锻炼身体吧。（解释原因，并劝说对方）

A：嗯，这倒不是什么大问题。对我来说，最需要考虑的问题就是租金，因为我是个学生，没有那么多钱。

B：你说得有道理，但是在我看来，房子的位置和周围的环境更重要，不是吗？（提醒）

A：对了，说到房子的位置，我觉得虽然这儿的交通很方便，但是没有直接去我们学校的公共汽车呀！

B：你可以坐地铁，而且还不用担心会堵车。（提出建议）

A：坐地铁？那多贵呀！我还想多省下些钱尝遍中国的八大菜系呢。

B：吃美食，没问题。这附近就有不少饭馆，你在这里可以吃到各种不同特色的美食。（劝说对方）

A：真的吗？那太好了！

B：这么说，你决定租这套房子了？

A：让我再考虑考虑，过两天我给你打电话。（犹豫不决）

B：好！不过你最好尽快做出决定，还有不少留学生看好我这套房子呢。

## 3 视听说

**课前预习　参考答案**

画线连接词语和它们的意思，并与同伴核对一下。

❶ d　❷ b　❸ a　❹ e　❺ h　❻ g　❼ c　❽ f

**语言聚焦　参考答案**

2. 根据人物的意思，用合适的语气语调完成下面的对话。

[租房]

马　丁：我今天找到了一套特别满意的房子。

阿　娜：<u>真的吗？</u>（怀疑、不相信）

马　丁：我今天去房屋中介公司，正好碰上一个人在登记出租房屋，我一看，他的房屋很适合我们，就和他说要租他的房子，明天去签合同。

阿　娜：<u>太好了！</u>（惊喜）

马　丁：<u>这样，我们下个月就肯定能搬家了。</u>（承诺下个月可以搬家）

阿　娜：房子在哪儿？离学校远吗？周围环境怎么样？

马　丁：<u>在学校北边，离学校只有3公里。周围环境非常好，买东西也方便。</u>（介绍房屋情况）

阿　娜：<u>亲爱的，你太能干了！很多同学刚来北京都不知道该怎么找房子。</u>（称赞男友能干）

马　丁：你说，咱们没和他签合同，他会不会今天把房子租给别人？

阿　娜：<u>那咱们现在就给他打电话，和他签合同。</u>（建议）

马　丁：<u>行，我给他拨个电话。</u>（同意）

## 第四单元　穿衣戴帽

### 1 描述服装

**课前预习　参考答案**

猜猜、查查下列词语的意思，然后试着把它们写在适当的数量词后面。

男士（春秋装、冬装）

用于上半身的：一件<u>衬衫</u>、一件<u>羽绒服</u>、一件<u>大衣</u>、
　　　　　　　一副<u>手套</u>、一顶<u>帽子</u>、一条<u>领带</u>

用于下半身的：一条<u>牛仔裤</u>、一双<u>棉鞋</u>

女士（夏装、休闲装）

用于上半身的：一件T恤

用于下半身的：一条短裙、一双凉鞋、一双长筒袜

用于全身的：一条旗袍、一条连衣裙

用于修饰自己的：一条项链、一条丝巾、一个戒指、
一对耳环、一副耳环、手镯

### 热身　参考答案

① 一件西服/西装　② 一件夹克　③ 一件长袖衬衫　④ 一件短袖衬衫
⑤ 一件唐装　⑥ 一件中山装　⑦ 一套/身运动服　⑧ 一件T恤
⑨ 一件风衣　⑩ 一套婚纱　⑪ 一件泳衣　⑫ 一条连衣裙
⑬ 一条旗袍　⑭ 一件睡衣/浴袍　⑮ 一件大衣　⑯ 一件羽绒服
⑰ 一件毛衣　⑱ 一件休闲外套　⑲ 一个背心　⑳ 一条牛仔裤
㉑ 一条短裤　㉒ 一条皮带/腰带　㉓ 一副手套　㉔ 一条领带
㉕ 一条围巾　㉖ 一条丝巾　㉗ 一个戒指　㉘ 一个手镯
㉙ 一条项链　㉚ 一副/对耳环　㉛ 一顶运动帽　㉜ 一顶礼帽
㉝ 一双长筒袜　㉞ 一双短袜　㉟ 一双布鞋　㊱ 一双拖鞋
㊲ 一双凉鞋　㊳ 一只高跟鞋　㊴ 一双靴子　㊵ 一双运动鞋

### 演练与交际1　录音文本（4-1）

我穿哪件衣服好

蓝　蓝：我明天要去参加一个朋友的婚礼，你说我穿哪件衣服好呢？

小　丽：要我说呀，你穿那条带花边儿的裙子比较好看。

蓝　蓝：配哪件上衣呢？你说这件白上衣怎么样？

小　丽：去参加婚礼，还是穿鲜艳一点儿比较好。

蓝　蓝：那就穿这件粉红色的上衣吧。

小　丽：这件粉红色的上衣好像不太合身，有点儿瘦。试试这件合适不合适。

蓝　蓝：这件花衬衣和裙子不搭配。

小　丽：花衬衣配这条蓝裙子很漂亮。

蓝　蓝：你不觉得穿这条紫裙子更好吗？这条裙子好像更时尚。

小　丽：看上去的确不错，衣服很得体，也适合婚礼的场合。

蓝　蓝：那就这样吧，再穿上这双高跟鞋，你看怎么样？

小　丽：好看是好看，可是这么高的跟，你走路能舒服吗？

蓝　蓝：没关系啦，打车去，打车回，怕什么？

**演练与交际4　故事会　录音文本（4-2）**

皇帝的新装（选自安徒生童话）

A：从前有一位皇帝，非常喜欢穿漂亮的衣服。有一天，两个骗子来到了皇宫，说他们能织出世界上最美丽的布，做出一种很特别的衣服，任何不称职的官员和特别笨的人，都看不见这种衣服。

　　皇帝想那真是太好了！他马上命令这两个人为他织布。于是，两个骗子开始日夜不停地忙起来。

　　几天后，皇帝派了一个诚实的老臣去看布织得怎么样了。老臣到那儿一看，什么也没有啊，他心想：坏了！我什么都没看见，要是别人知道了，该说我又笨又不称职了。于是，他回去对皇帝说："那两个人织的布漂亮极了！"不久后，皇帝又派了几位大臣去看，这些人也什么都没看见，但他们也都跟那位老臣一样，向皇帝报告说布很漂亮。

　　又过了一段时间，皇帝亲自去看，可他也什么都没看见。两个骗子说："陛下，您看多么美丽的布啊！"皇帝心想：难道我笨吗？不！于是，皇帝马上说："太漂亮了！我非常满意，尽快给我做好，我要穿着它去参加游行大典。"

B：快要举行游行大典了，两个骗子送来了衣服，他们对皇帝说："尊敬的陛下，请看！这是裤子，这是袍子，这些衣服十分轻柔，穿在身上跟没有似的"。皇帝脱下了自己所有的衣服，两个骗子装模作样地给皇帝穿上了新装。就这样，皇帝"穿着"根本没有的美丽新装去参加游行大典了。

　　街上挤满了来看皇帝新装的老百姓。有人喊："啊！陛下的新衣服真是太漂亮了！"这时路旁突然有一个孩子说："可他什么衣服也没有穿啊！"人群一阵轰动，人们也开始低声说："他真是什么也没穿啊！"

　　皇帝听到了百姓们的议论，似乎觉得他们的话是真的，但他又想：我是皇帝，谁能有我聪明呢？于是，他高傲地抬起头，旁若无人地继续向前走，他的大臣们紧紧跟随着他，手中托着根本没有的长长的后裙。

**叶圣陶为《皇帝的新装》续写的结尾：**

　　那个光着身子的皇帝在游行大典时受到了嘲笑，这之后他恼羞成怒，当场宣布："谁再说坏话，立即处决！"结果四五十人被就地处死。从此，皇帝再不穿别的衣服。有一次，他的爱妃陪他喝酒，无意间说了一句："啊呀，把前胸弄脏了！"就被打入了冷宫。另一次，一位大臣辞职后说："再不用看不穿衣服的皇帝了。"结果，也因犯了皇帝的禁令而被杀。有一次，皇帝巡行京城，因为经过的街道多，嘲笑他的老百姓也很多，皇帝竟杀了一千多老百姓。有一个善良的老臣为了改变这种状况，想了一个办法，对皇帝说："您向来喜欢新衣服，还是另做一套新的换上吧！"可是皇帝硬说这套神奇的衣服永远不会旧，说完，就把老臣也关进了监狱。

人们请求皇帝给予"言论自由，嬉笑自由"，皇帝一律拒绝。以后大家都对皇帝采取了回避的态度。但皇帝仍然疑心。他命令士兵，凡是有笑声的家里，都要把人抓出来杀掉。结果这激起了人们的反抗，大家一起拥到皇帝跟前，撕他的肉，并大声喊："撕掉你虚无的衣裳！"最后，连士兵也站在了人民一边。皇帝就像被从天上掉下的一块大石头砸在头顶上，身体一软就瘫在了地上。

于是大家就推举那个天真无邪的孩子当上了皇帝，造福于民！

■ **语言聚焦　参考答案**

你知道买衣服、穿衣服应该注意些什么吗？我认为买衣服最重要的是要<u>合身</u>。记得有一次我去逛服装店，一进门就被衣服鲜艳的颜色、时尚的式样吸引住了，结果就忘记了要挑选合适的号码，不过好在后来售货员很<u>热情</u>地又帮我换了一件。我弟弟呢，他认为穿衣服最重要的是要<u>得体</u>。他平时喜欢穿休闲服，既<u>随意</u>又<u>舒适</u>；但在正式场合，他选择穿<u>正装</u>，这样显得更加<u>庄重</u>一些。而且，我弟弟还认为男孩子穿正装时更帅气。你同意我弟弟的看法吗？

## 2　谈论服装

■ **课前预习　参考答案**

A. 试着把下面的词语填到合适的句子中。

❶ 买内衣最好选择<u>纯棉</u>的。

❷ 这条领带是<u>真丝</u>的。

❸ 这件衣服做工太<u>粗糙</u>，不能买。

❹ 你看，这件西服做得多<u>精细</u>啊，一看就是件高档服装。

❺ 这种样式属于<u>休闲服装</u>，上班穿不合适。

❻ 你穿衣服真够<u>新潮</u>的，这种式样的衣服我还是第一次见到。

❼ 这种面料的衣服只能低温<u>熨烫</u>。

⑧ 你不胖不瘦，这种均码的衣服你穿没问题。

⑨ 你放心，这种水洗布的衣服是免烫的。

⑩ 这不是化纤的吗？你怎么说是纯棉的？

⑪ 直说吧，你有点儿胖，穿紧身衣服不好看，最好选宽松一点儿衣服穿。

B. 把下面左、中、右三列词语按类别连接起来。

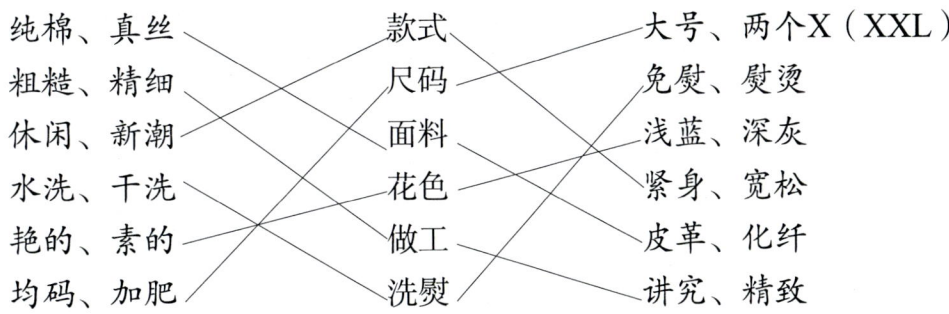

### 热身　参考答案

类别：A. 花色　　B. 样式/款式　　C. 洗熨　　D. 特点　　E. 面料　　F. 做工　　G. 试衣

| | | | | | |
|---|---|---|---|---|---|
| ❶ 纯棉的（棉的）、真丝的 | （E） | ⑪ 中式的、西式的 | （B） |
| ❷ 化纤的、皮的、革的 | （E） | ⑫ 优质的、高档的 | （E） |
| ❸ 讲究、精致 | （F） | ⑬ 花朵图案的、条纹的 | （A） |
| ❹ 新潮的、大众化的 | （B） | ⑭ 淡蓝色、深灰色、浅色 | （A） |
| ❺ 紧身的、宽松的 | （B） | ⑮ 水洗、干洗、熨烫 | （C） |
| ❻ 艳的、素的 | （A） | ⑯ 精细、粗糙 | （F） |
| ❼ 过时的、传统的 | （B） | ⑰ 身高、裤长 | （G） |
| ❽ 腰围、胸围 | （G） | ⑱ 易洗、不掉色 | （D） |
| ❾ 试衣间、中号、均码 | （G） | ⑲ 吸汗透气、保暖 | （D） |
| ❿ 有个性的、休闲的 | （B） | ⑳ 免熨、不变形 | （C） |

### 演练与交际1　录音文本（4-3）

我想买一身西服

售货员：您看上哪件衣服了，可以试试。

顾　客：我想买一身西服。

售货员：您想要什么面料的？

顾　客：不一定是纯毛的，混纺、化纤的都可以，但做工一定要好。
售货员：您想要什么颜色的呢？
顾　客：还是深色的好一些，具体颜色还是穿上看感觉吧。
售货员：您看这几款有没有适合您的？
顾　客：有没有三个扣子，显得略微休闲一点儿的？
售货员：这款藏蓝的您看怎么样？
顾　客：我穿会显得有些老气。这款有没有我能穿的？
售货员：您腰围、胸围是多少？
顾　客：腰围80公分，胸围大概是92公分吧。
售货员：我给您找一件您穿上试一试。我们这里种类、号码都很齐全，您一定能选一件满意的。
顾　客：那就谢谢啦！

### 语言聚焦　参考答案

根据情境，完成对话。

❶ A：你觉得这条裙子的颜色适合我吗？
　 B：颜色适合是适合，不过这条裙子的尺码对你来说有点儿大。

❷ A：你说我穿哪件T恤更好？
　 B：相比之下，这件浅蓝色的比那件深灰色的更好，再说，这件浅蓝色的T恤还是纯棉面料的呢。

❸ A：我想买这条有条纹图案的连衣裙。
　 B：你不觉得这条连衣裙的图案颜色太艳了吗？

❹ A：这件上衣适合在正式场合穿吗？
　 B：要我说呀，最好你还是穿那件做工更精细的吧。

❺ A：你看我穿这件旗袍瘦不瘦？
　 B：瘦倒是不瘦，不过这件旗袍的款式已经过时了。

❻ A：这里没有我喜欢的衣服，而且尺码都是均码号！
　 B：你是不是考虑一下去对面的服装店逛逛呢？

❼ A：我戴这顶帽子不漂亮吗？
　 B：你不觉得这顶帽子你戴太大了吗？

## 3 视听说

### 课前预习　参考答案

A. 画线连接词语和它们的意思。

① g　② d　③ e　④ a　⑤ f　⑥ b　⑦ c

B. 选用合适的词语填空。

① 这是一个规模盛大的招待会。

② 晚上我要去赴宴。

③ 他这个人稳重大方，小丽的母亲非常喜欢他。

④ 喂！你能不能麻利点儿，我在车里等了你20分钟了。

⑤ 我看房间这样布置挺好的，别折腾了。

⑥ 今天我要参加一个双边峰会，明天还要陪总经理和泰达公司的总裁会晤。

### 语言聚焦　参考答案

2. 根据人物身份，用适合的语气语调完成下面的对话。

[准备去参加婚礼]

妻　子：你看我今天穿哪件衣服好呢？

丈　夫：我看你穿这条花裙子就不错。（建议）

妻　子：这条裙子太艳了。（反对）

丈　夫：那就穿那套灰色的西服。（建议）

妻　子：我觉得灰色的不合适今天穿。（反对）

丈　夫：那我就说不好了，你随便吧。

## 第五单元　交通出行

### 1 旅游

### 课前预习　参考答案

A. 画线连接词语和它们的意思。

① b　② e　③ j　④ a　⑤ h　⑥ g　⑦ f　⑧ d　⑨ c　⑩ i

B. 你熟悉下面这些地方吗？画线连接相关景点和地名。

① b　② f　③ e　④ i　⑤ c　⑥ h　⑦ j　⑧ a　⑨ d　⑩ g

## 热身　参考答案

| 类别：A.旅游　B.交通　C.旅行社　D.酒店　E.旅游方式 | | | |
|---|---|---|---|
| ❶ 青年旅馆、星级酒店 | （D） | ⓮ 旅游团、导游、地接导游 | （C） |
| ❷ 标准间、普通间、单人间 | （D） | ⓯ 旅游线路、指定地点、接站 | （C） |
| ❸ 入住、叫醒服务 | （D） | ⓰ 日光浴、海滨 | （A） |
| ❹ 信用卡、现金 | （A） | ⓱ 打折票、往返票、学生票 | （B） |
| ❺ 床位、客满 | （D） | ⓲ 旅游鞋、旅行包、旅行地图 | （A） |
| ❻ 订房、退房、房价、押金 | （D） | ⓳ 航班、经济舱、登机牌、托运 | （B） |
| ❼ 跟团游、自助游、拼团游 | （E） | ⓴ 旅游车、包车、专车、游船 | （B、C） |
| ❽ 淡季、旺季 | （C） | ㉑ 急救包、自救 | （A） |
| ❾ 报价、免费 | （C） | ㉒ 参观、游览 | （A） |
| ❿ 纪念品、特产 | （A） | ㉓ 出团日期、天天发团 | （C） |
| ⓫ 散客、团队 | （C） | ㉔ 时刻表、正点、晚点 | （B） |
| ⓬ 日程安排、行程、回程 | （C） | ㉕ 车次、直达、硬座、软卧 | （B） |
| ⓭ 景点、门票 | （A、C） | ㉖ 双卧、单卧、双飞、单飞 | （B） |

## 演练与交际1　录音文本（5-1）

旅游咨询

职　　员：您好！请坐！我有什么可以帮助您的？

旅游者：我想<u>咨询</u>一下关于旅游的事。

职　　员：您想去哪儿旅游？

旅游者：你们这周有没有去西安的旅游团？

职　　员：有，周五<u>发团</u>，有<u>双飞</u>四日游，也有<u>双卧</u>八日游。

旅游者：我想坐火车去，<u>费用</u>是多少？

职　　员：现在是<u>旺季</u>，每人2280元。

旅游者：都包括哪些费用呢？

职　　员：交通费、住宿费、餐饮费和首道大门的门票。

旅游者：都去哪些景点？

职　　员：我们这里有详细的行程安排，您可以拿去仔细看一下。

旅游者：好的，谢谢！我还想问一问，这个团肯定能成行吗？

职　　员：这个团属于全国散客<u>拼团游</u>，几个人都可以成行。我们旅行社负责买火车票，你们取票后自己坐车过去，下了火车由地接导游<u>接站</u>，安排整个行程。

旅游者：噢，我明白了。还有，所交费用里面有没有保险？

职　员：含旅行社责任险。

旅游者：住什么样的酒店呢？

职　员：都是三星级酒店。你们一共几个人？

旅游者：四个人。

职　员：四个人正好安排两个标准间。

旅游者：好吧，我们考虑一下再和你们联系。

职　员：我们保证到当地后提供优秀的地接导游服务。欢迎您随时报名。

**演练与交际4　录音文本（5-2）**

游吐鲁番

夏天旅游，人们都喜欢到凉快的地方去，可我却偏偏选中了吐鲁番。尽管吐鲁番比长江沿岸的南京、武汉、重庆热得多，我却特别喜欢那儿，因为吐鲁番除了高温暑热，还有它独特的迷人之处。

吐鲁番是中国的"葡萄王国"，那里最美丽的景色是在夏天，山谷间、田野里都是一眼看不到边的葡萄园，远远望去，一片绿色。吐鲁番不只是葡萄王国，其他水果也很多，如又甜又沙的西瓜、又红又大的苹果、名扬天下的哈密瓜等。新疆是中国最大的瓜果产地。

我跟父母来到吐鲁番时，热情好客的吐鲁番人请我们吃了几回"水果宴"，每种水果尝一点儿，我们就吃饱了。有一次，主人还和我们一起唱歌、跳舞，那种欢乐劲儿，真像过节似的。

在独特的自然环境下，这里的人们形成了独特的生活习惯。他们一早一晚在地里干活，中午在树下或者在屋里休息。夏天，屋子里并不太热，温度最高的时候也不过三十度左右。因为他们的房子都在绿树下边，墙又特别厚，屋里冬暖夏凉。人们睡在铺着花毡的土炕上，根本用不着电扇或空调。

吐鲁番白天温度很高，可早晨和晚上却非常凉快。太阳一落山，热气就散去了。哪怕白天是摄氏四十度，夜里也会降到二十五度左右。夜晚凉风一吹，人们睡觉还得盖被子呢！

吐鲁番有著名的"埋沙疗法"。来自全国各地的男女老少在沙丘上躺着或坐着，有的打着伞，有的蒙着头，一个一个都用烫人的热沙敷在身上有病的部位，一待就是三四个小时。经过化验才知道，原来这沙子里含有大量的磁铁矿粉末。

有一首民歌这样唱道："咱们新疆好地方……"吐鲁番不就是这样的好地方吗？要是以后有机会，我还要去吐鲁番。

### 语言聚焦　参考答案

1. 根据每个人的需要，为他们选择适合的旅行方式。
   ❶D　❷A　❸B　❹C

2. 选词填空。

　　来北京已经两年了，每到假期我总喜欢去中国各地旅游。起初，我常到<u>旅行社</u>报名<u>随团旅游</u>。因为那时候汉语说得不好，旅游时总得听导游的安排。另外，<u>旅游线路</u>也是安排好的，有的<u>景点</u>自己不想去也没有办法。不过，即使是这样，我还是很开心，每次旅游都会买很多<u>纪念品</u>带给亲友。后来，我和朋友们开始尝试<u>自助游</u>。我的中国朋友给我<u>推荐</u>了很多有名的景点，比如西安秦始皇陵兵马俑、云南西双版纳。由于我们都是学生，所以可以买到便宜的<u>打折票</u>。这个学期结束后我打算和两个朋友<u>结伴</u>去美丽的<u>海滨</u>城市青岛，好好儿享受享受海边的<u>日光浴</u>。

　　如果大家也想旅游，我建议最好在<u>淡季</u>去。那时候人比较少，<u>门票</u>也相对便宜，到旅馆<u>订房</u>也更容易一些。对了，出门最好带一张信用卡，它比<u>现金</u>花起来更方便。

## 2　交通

### 课前预习　参考答案

画线连接词语和它们的意思。
❶g　❷i　❸f　❹h　❺c　❻l　❼b　❽e　❾d　❿a　⓫j　⓬k

### 热身　词语提示

时　　段：上下班高峰时间、早高峰、晚高峰、周末
道　　路：人行过街天桥、路口、人行横道、自行车道、高速公路、辅路、步行街
交通法规：交通警察、行人、司机、红绿灯、转向灯、限速、超速行驶、违章照相、单行线、禁行、并线、掉头、左转弯、右转弯
车　　辆：有轨电车、无轨电车、公交车、私家车、拼车、轻轨、地铁、自动售票机、上下车刷卡
交通状况：拥堵、畅通、交通事故
其　　他：停车场

## 演练与交际1　录音文本（5-3）

### 北京市内的交通

现在北京的交通越来越便利了。先说北京的地铁。北京除了上个世纪七八十年代修建的地铁一号线、二号线以外，2000年以后地铁的修建又有了突飞猛进的发展，先是将一号线延长，随后建成了开往东郊的八通线、连接北部地区的轻轨十三号线，以及五号线、十号线、八号线等10多条线路。地铁线路全长已经达到300多公里，形成了相互连接的交通网络。

再说北京的公交车。北京地区有10多个大型客运公司，拥有公交线路600多条，可以说公交线路四通八达。特别是2005年以后在前门、朝阳门和安定门分别开设了三条通往五环以外的快速公交线路，缩短了市民上下班乘车的时间。而且公交车实行刷卡上车，4折优惠，给人们出行提供了极大的便利。

北京的出租车也很多，宾馆、医院、车站等都会有出租车等候，在路上可以招手上车。

随着人们生活水平的提高，私家车近几年已经相当普及，这也给社会交通带来很大的压力。北京市实行车辆限行的制度，每个工作日都有约五分之一的车辆不能在五环路内行驶。而且从2011年起，每年的汽车销售量也有所控制，这使拥挤的交通得到了一些缓解。如果司机和市民能进一步加强交通安全意识，共同遵守交通法规，北京的交通一定会越来越好。

## 演练与交际2　录音文本（5-4）

中国网络电视台消息（中国新闻）：今天上午九点五十分，备受关注的陈家酒后驾驶机动车造成两人死亡、一人重伤、一人受伤案件在北京市第二中级人民法院一审宣判。被告人陈家犯以危险方法危害公共安全罪，被判处无期徒刑，剥夺政治权利终身，附带民事赔偿366万2629元。

这起发生在2010年5月9日5点36分许的车祸案，经法院审理查明，是被告人陈家酒后超速驾车，由北向南行驶，违反交通信号管制，从后方直接撞上前方等候交通信号放行的一辆菲亚特牌小型轿车，继而又撞向正常行驶的639路公交车左前侧。之后，陈家弃车逃逸。这次事故造成菲亚特车主陈伟宁及其6岁女儿珠珠死亡，妻子王辉重伤，639路公交车上的一名乘客受伤。

## 演练与交际3　故事会　参考答案

**思考：**

1. 造成交通事故的原因有哪些？

机动车司机：醉酒驾车、疲劳驾驶、无照驾驶、超速行驶、闯红灯、超载、技术、汽车故障、紧急避让……

非机动车司机、行人：不走非机动车车道或不走人行横道、不看红绿灯、逆行、突然横穿马路……

2. 如何避免交通事故的发生？

司机开车前不能喝酒、不能疲劳驾驶、不能无照驾驶、不能超速行驶、不能闯红灯、不能超载、新手要小心驾驶、开车前检查汽车故障……

### 语言聚焦　参考答案

1. 选词填空。

改善城市交通最重要的就是要遵守<u>交通法规</u>。对行人来说，过马路时一定要走<u>人行横道</u>，没有人行横道的地方要走<u>地下通道</u>或者过街天桥。对<u>司机</u>来说，首先，开车时要注意观察红绿灯，即使有急事也不能<u>闯红灯</u>。其次，开车前司机不能喝酒，因为很多交通事故都是由酒后开车造成的。再次，技术再好的司机连续开车四个小时也一定要休息，不能<u>疲劳驾驶</u>。还有，开车要遵守道路的限速规定，不能开得过快，要避免<u>超速行驶</u>。最后，在高峰时段开车要更加小心，遇到车辆拥堵时要耐心等待。只有大家做到了以上这几点，才能保证道路交通的安全与<u>畅通</u>，避免各种交通事故的发生。

2. 看图并参考下面的提示词语填空、解说。

① 掉头时没有<u>避让</u>正常行驶车辆。
② 进入<u>禁行</u>车道。
③ 没按交通警察的<u>指挥</u>通行。
④ 倒车时没有<u>避让</u>正常行驶车辆。
⑤ <u>闯红灯</u>。
⑥ 公交车正常行驶在<u>公交车道</u>上，A车突然闯进。
⑦ 在<u>直行</u>车道左转弯。
⑧ 开车门时没有注意<u>正常行驶车辆</u>。
⑨ <u>逆行</u>。

## 3　视听说

### 课前预习　参考答案

画线连接词语和它们的意思。
① d　② e　③ a　④ f　⑤ b　⑥ c

**语言聚焦　参考答案**

2. 根据人物的意思，用合适的语气语调完成下面的对话。

 ［两个人商量怎么去朋友那儿。］

 维　达：我们今天怎么去大卫那儿？

 大　山：我们打车去吧。（建议打车）

 维　达：打车去，路上堵车怎么办？

 大　山：怕堵车那就坐地铁。（建议坐地铁）

 维　达：坐地铁？那得走多远啊。我可走不了这么远的路。（反对，理由：地铁站远）

 大　山：这样也不行，那样也不行，你说怎么去？（无奈、询问）

 维　达：我们骑车去好不好？骑车去方便，不怕堵车。（建议骑车，理由：方便）

 大　山：20公里呢，骑车要骑一个多小时，太累了！（反对，理由：远、累）

 维　达：上次你去张丽家，不就是骑车去的吗？你怎么不说累呢？

 大　山：看来咱俩是走不到一块了，不行就各走各的吧，你骑车，我坐车。（生气，建议：分头行动）


## 第六单元　生活购物

### 1　购物

**课前预习　参考答案**

从以下词语中选择合适的词语填空。

① l　② g　③ h、m　④ k　⑤ b、i　⑥ e、d　⑦ a　⑧ j　⑨ c、f

**热身　参考答案**

你能说出下面的图片都是什么地方吗？你常去哪儿？为什么去那儿？没去过哪儿？

① 超市　② 24小时便利店　③ 电子商场　④ 购物中心　⑤ 服装专卖店　⑥ 批发市场　⑦ 同仁堂药店　⑧ 张一元茶庄　⑨ 电器商店　⑩ 农贸市场

**演练与交际3　故事会　参考答案**

故事A

　　原来，他的苹果上不仅仍然有字，一袋中的几个苹果还能组成一句甜美的祝词,如"祝您寿比南山"、"祝你们爱情甜美"、"祝您中秋愉快"、"永远想念你"等等,于是人们都一袋一袋地买他的苹果作为礼品送人。

故事B

商人的广告是这样写的:"上星期日傍晚,有人看见某君从教堂拿走雨伞一把,如您不想给自己找麻烦,请尽快把伞送到布罗德街10号为好。"

## 语言聚焦 参考答案

1. 选词填空。

每周我都会去购物。我经常在超市买食品和日用品。如果想买服装了,我就会去服装市场。对了,我还在电器商店买过手机和电视机。有时我也会去信誉好的网上商店购物。

买东西前我喜欢货比三家,去几个不同商店比较一下价格再买,所以我总能买到一些物美价廉的商品。虽然我常在商店清仓大甩卖的时候去购物,但是我还是喜欢讨价还价,因为我觉得不砍价就不算是真正的购物。另外,交款时我常使用信用卡刷卡支付费用,我认为这比带着现金更方便。一般买了电器或服装后,我还会去开发票,这样可以更好地享受售后服务。不过我在中国买到的服装都款式新颖,质量也很好,所以还从来没有过退换货的经历呢。

2. 根据情境,完成对话。

[顾客B不久前买了一部手机,找售货员A退换货。]

A:您好!欢迎光临!

B:您好!上个月我在这里买了一部手机,现在这个手机经常死机,我想退货!

A:您有发票吗?

B:我有发票,给您。对了,我用这部手机打电话时噪音很大,根本听不清楚对方在说什么。

A:您说您打电话时听不清楚,是不是您打电话时所在位置的信号不好呢?

B:怎么会?同样的位置,别人都能轻松地接打电话,只有我的手机不行。肯定是你们手机的通话喇叭出了问题!

A:我们的手机质量很好,通话喇叭绝对没有问题。

B:好吧,就算你们手机的通话喇叭没问题,那手机电池的待机时间也太短了吧,一天就得充一回电,多麻烦!

A:您认为待机时间不长,可能是因为您总在用手机打电话、发短信吧。

B:谁说的?我每天只打一两个电话,短信也就发个十多条。什么也别说了,快点儿帮我退货!

A：实在抱歉，我们商店规定<u>卖出的手机只能换不能退</u>。
B：怎么会有这样的规定呢？要是不能退，就帮我换一部新手机吧。
A：可以，不过我们需要时间和厂家联系，<u>您最早要等到下周才能拿到新手机</u>。
B：要等这么长时间？那我这个星期用什么呀？早知道这样，就不在你们这里买了。
A：您别着急！如果不想换货也行，我们可以为您维修，请您<u>先交50块钱的维修费</u>。
B：什么？还要交费！

## 2 货比三家

### 课前预习 参考答案

画线连接词语和相关的句子。

❶ f　❷ h　❸ g　❹ a　❺ b　❻ d　❼ e　❽ c

### 热身 参考答案

❶ 烤鸭　❷ 绿茶　❸ 饮料　❹ 啤酒　❺ 运动鞋
❻ 白酒　❼ 药品　❽ 化妆品　❾ 皮包　❿ 方便面
⓫ 电脑、手机　⓬ 涮羊肉　⓭ 服装　⓮ 电冰箱　⓯ 手机、电脑

### 语言聚焦 参考答案

1. 判断下列说法是否正确，如不正确请改正。

❶ 杭州的西湖龙井茶是中国最好的红茶，回国时应该买一些。　　　　（错）
"红茶"改为"绿茶"。

❷ 我很喜欢吃烤鸭，"郭林"是中国最有名的烤鸭店，是百年老字号。（错）
"郭林"改为"全聚德"。

❸ 贵州茅台酒是中国最有名的白酒之一。　　　　　　　　　　　　　（对）

❹ 杭州的丝绸很有名，丝巾、真丝领带、蚕丝被等都可以作为很好的礼物。
　　　　　　　　　　　　　　　　　　　　　　　　　　　　　　　（对）

❺ 江西景德镇的瓷器世界闻名，"白如玉，明如镜，薄如纸，声如磬"是它的特点。
　　　　　　　　　　　　　　　　　　　　　　　　　　　　　　　（对）

❻ "欢迎光临"这句话可以用在商店里、饭店里等服务场所，表示欢迎客人前来。
　　　　　　　　　　　　　　　　　　　　　　　　　　　　　　　（对）

❼ "一分钱一分货"和"一手交钱一手交货"的意思相同。　　　　　　（错）
前者指"质量和价格相当"，后者强调"交钱"和"拿货"同时进行。

❽ "薄利多销"对商家和顾客都是有好处的。　　　　　　　　　　　（对）

2. 根据情境，完成对话。

［学生A和学生B在讨论购物问题。］

A：你看，我昨天新买的运动服，是名牌。俗话说"一分钱一分货"，真有道理！

B："一分钱一分货"不能说没有道理，但是谁不想买到物美价廉的东西呀！

A：我一开始也是这样想的，不过我觉得质量好的商品价格一定不便宜。

B：不见得吧？有时商店搞打折促销活动时，商品就不贵。

A：是不贵，但清仓大甩卖卖的都是款式旧的过时商品。

B：那也未必，其实想买到便宜的东西也不难，货比三家呗！

A：货比三家？那得浪费多少时间啊！

B：你要是怕浪费时间，可以尝试一下网络购物，在网店里比较各种商品的质量和价格就容易得多了。

A：网上买东西质量能保证吗？想要售后服务时又能找谁去呢？我认为网络购物一点儿也不安全。

B：怎么能说网络购物一点儿也不安全呢？如果是这样，那为什么还有那么多人愿意在网上买东西呢？

## 3　视听说

### 课前预习　参考答案

选择合适的词语完成下面的对话。

A：上星期你和你男朋友去秀水买衣服，谁买单呀？

B：那还用问吗？当然是他买单。

A：他是真愿意掏钱？

B：嗨，他可大方了，800多块，眼睛都没眨一下。

A：那他可是真爱你呀！

B：是啊，那件衣服60多岁的老太太穿上准好看！

A：那你穿上不是太老气了吗？

B：他说呀，让我作为礼物送给他妈妈，表达我这个未来的儿媳妇对老人的一片心意。

A：哦，原来是给他妈妈买衣服啊，我说呢！那他给你买什么了？

B：给我？他说呀，别折腾了，你的衣服够多了，我请你吃糖葫芦吧，那多实惠！

A：啊？他就这么对付你呀？

B：啊，也挺好的呀！知道孝敬父母的男人一定错不了！

### 语言聚焦　参考答案

2. 根据人物的意思，用适合的语气语调完成下面的对话。

米兰娜：哎，丽丽，我想买那件大衣，你觉得怎么样？

丽　丽：漂亮是漂亮，可是我觉得那颜色不太适合你。（委婉地反对）

米兰娜：嗯，你说的有道理。你觉得我穿什么颜色的好呢？

丽　丽：我觉得蓝色的不错。（提出建议）

米兰娜：可我不太喜欢蓝色的。

丽　丽：那就买黑色的吧，我觉得你穿黑色的一定很漂亮。

米兰娜：你看，那边那件不错吧？穿上会显得很时尚，也很高雅。

丽　丽：嗯，不错。样子好，质地也不错。（赞成并夸奖）

米兰娜：哎，你看看多少钱？！

丽　丽：啊？8000块！（吃惊）

米兰娜：唉，还是算了吧！

丽　丽：别灰心，咱们再看看别的牌子的，肯定能买到满意的。（安慰，提出新建议）

米兰娜：好，听你的。（愉快地接受建议）


## 第七单元　留学中国

### 1 生活点滴

### 课前预习　参考答案

画线连接词语和它们的意思。

① c　② e　③ d　④ g　⑤ a　⑥ b　⑦ h　⑧ f

### 热身2　在银行　参考答案

① 航空　② 水路　③ 陆路　④ 违禁物品　⑤ 邮票　⑥ 邮筒　⑦ 国际快递　⑧ 包裹　⑨ 明信片　⑩ 贺卡　⑪ 信封

### 演练与交际1　在邮局　参考答案

温馨提示

① 现在越来越多的人喜欢在网上购物，如果我们手里的银行卡开通了网上银行的功能，就方便多了。

② 留学生可以在银行办理借记卡，这个借记卡与信用卡差不多，只是不能透支。

❸ 一张银行卡你如果不想再继续使用了,最好及时到银行销户,以免支付每年不必要的年费。

❹ 一天不同的时间段内,人民币对美元的汇率也会是不同的。

❺ 通过汇款的流水号,我们就可以轻松地查询汇款的情况了。

❻ 你想把人民币换成美元吗?如果你要回国了,可要早点儿换钱啊,不然,就有可能不能把你剩下的很多人民币一次兑换完。

❼ 在ATM机上,插入银行卡后,输入密码,然后按照提示,选择你要进行的操作就可以了。对了,ATM机上一般都有英语说明。但要注意,存款、取款时,只能存入或取出100元面值的纸币。

**演练与交际2　在邮局　录音文体(7-1)**

工作人员:您好!您想办什么业务?

安　妮:您好!我有东西想寄到美国去。

工作人员:您想怎么寄?普通平邮、快递,您选哪个?

安　妮:我想少花点儿邮费,速度快慢无所谓。

工作人员:那就用普通平邮吧,不过平邮也有三种,有航空、水路和陆路,邮寄速度不一样,价格也不一样。

安　妮:它们的区别有多大呢?

工作人员:最快的是航空包裹,大概一两周就能寄到,不过也比较贵。水路、陆路倒是便宜,但得等一两个月才能收到。要我说呀,您就选国内陆路、国际间航空吧,价格比较便宜,速度也不算太慢,三四周可以寄到。

安　妮:哦,那就听您的。

工作人员:好,请您先去选择一个合适的包装箱,我们这儿有各种包装箱可以选择。把东西放好后,要让我们检查一下您寄的东西有无违禁物品,然后再封好包装、填写邮寄单。填单时要注意写清楚收件人的地址、邮编、联系电话,以及寄件人,也就是您自己的地址、邮编和联系电话,这很重要!如果您写得不清楚就可能出问题!

安　妮:嗯,我明白了。谢谢!

〔过了一会儿,安妮按照工作人员的话,做好了上面的事情。〕

安　妮:写完了,给您!

工作人员:好,我来称一下重量。嗯,您要交200块![接钱]这是收据,请您收好,万一对方没有收到包裹,您可以拿这张收据来查询。

安　妮:好的,谢谢您!

工作人员：不客气！

- **演练与交际3　购买手机卡　录音文体（7-2）**

  [刚来中国的麦克向他的好朋友刘明询问有关购买手机卡的问题。]

  麦　克：刘明，我想买一个手机卡，你说我选哪种好呢？

  刘　明：选哪种手机卡要看你最看重什么。

  麦　克：我希望手机信号稳定，通话质量好，当然收费最好便宜点儿。

  刘　明：很多中国年轻人都在用"动感地带"，它有一个针对学生的校园套餐，打电话、发短信都比较便宜。另外，这个手机卡还可以使用飞信软件，可以免费给其他中国移动手机卡发短信。至于信号嘛，这要看你在什么地方使用，如果你常去各地旅游或出差，用中国移动的手机卡比较好；如果你不常去郊区或偏远的地方，用哪种手机卡都行。

  麦　克：我主要是在市区用，不过我会经常打长途电话。

  刘　明：其实有些手机卡别看长途话费高，你只要在拨打的电话号码前加拨一个IP号码就可以降低费用，比如17951、17910等等。

  麦　克：哦，那我就买一个"动感地带"吧。

  刘　明：哎，你的手机是3G智能手机吗？不同的3G智能手机需要使用不同的手机卡，你可别买错了。

  麦　克：嗯，我知道了。对了，我还有个问题，怎么为手机卡充值呢？

  刘　明：最简单的办法就是在网上充值，另外，在街边报刊亭或营业厅都能买到充值卡。

  麦　克：哦，我明白了。谢谢你！

- **语言聚焦　参考答案**

1. 这是一位留学生在讲述自己在中国的银行办理业务的经历，选用下列词语将这位留学生的讲述补充完整。

   这是我第二次来中国了，由于上一次回国前我把以前使用的银行卡销户了，所以这次只能再去银行办一张新的银行卡。记得我第一次在中国时，我的父母给我汇款，我去银行取款时需要将汇来的欧元兑换成人民币，可我根本不知道怎么查汇率，怎么填单，也不知道签名时应该写全名还是缩写。不过，现在这些事儿对我来说都已经不难了。

   在中国，银行里总是有很多人，所以我一般不去柜台办理业务，一般的存款、取款就在ATM机上自助完成，不需要取号排队。和第一次来中国时相比，现在我已经完全不用担心自己去银行办事儿了。

2. 这是一位留学生在讲述自己在中国的邮局邮寄物品的经历，选用下列词语将这位留学生的讲述补充完整。

在中国留学时，我常常会给在国内的父母和家人<u>邮寄</u>包裹，比如茶叶呀、衣服呀什么的。因为我对邮寄的速度没有要求，所以一般我都会选择<u>平邮</u>，而不是<u>快递</u>。邮寄前邮局的工作人员会先检查一下<u>包裹</u>内有没有<u>违禁</u>物品，然后再装箱<u>称重</u>，根据重量和邮寄里程来计算<u>邮费</u>。最后还会给我一张邮寄<u>收据</u>，告诉我，可以根据它来<u>查询</u>包裹的情况。

3. 这是一位留学生在讲述自己在中国购买手机卡的经历，选用下列词语将这位留学生的讲述补充完整。

今天我来给你们讲一讲我在中国购买<u>手机卡</u>的经历。其实，我对手机卡的要求不算高，只要信号稳定、<u>通话质量</u>好、拨打市话和长途电话收费合理、发短信价格便宜就行。以前我常常去营业厅或者报刊亭买<u>充值卡</u>，后来我发现在网上也可以<u>充值</u>，这可真是省事多了。

## 2 生活求助

### 课前预习　参考答案

画线连接词语和它们的意思。
❶d　❷a　❸g　❹e　❺c　❻b　❼f

### 热身

A. 生活用品
❶ 充电器　❷ 灯泡　❸ 灯管　❹ 插座　❺ 扫帚和簸箕
❻ 拖把　❼ 洗衣粉　❽ 鞋刷　❾ 洗洁精

B. 学习用品
❶ 橡皮　❷ 鼠标和鼠标垫　❸ 胶带　❹ 裁纸刀　❺ 卷笔刀
❻ 即时贴　❼ 曲别针　❽ 订书机和订书钉

### 语言聚焦　参考答案

A. 将电话号码和对应的求助内容连接起来。

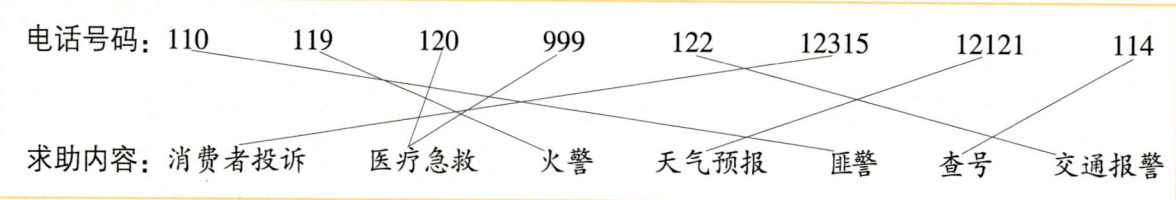

B. 选择恰当的电话号码填空。

❶ 金大成打算骑摩托车去一个朋友家玩儿，在一个十字路口等红灯时，他被一个闯红灯的小汽车撞倒了。虽然金大成没有受伤，但是他的摩托车被摔坏了。不过他还是拿起电话拨通了 122。

❷ 麦克明天要和同学们一起去爬香山，但是他们不知道明天的天气怎么样，所以他们想给 12121 打一个电话，查询一下明天香山地区的天气情况。

❸ 杰克在中国留学已经两年多了，他从来没遇到过小偷，也没遇上过火灾，所以他从来没有拨打过 110 和 119 这两个报警电话。

❹ 安妮和丽莎一起逛街的时候，丽莎突然晕倒了，这个时候安妮最先想到的是拨打 120 或 999 医疗急救电话请求帮助。

❺ 约翰在商场买东西总是担心商品是假货，卖家告诉约翰不用担心，他从来不卖假货，他的商品都是货真价实，如果真的发现问题可以拨打 12315 进行投诉。

❻ 田中刚刚发现 114 是一个很有用的电话号码，虽然要收取一定的市话费，但只要拨打这个号码就可以很轻松地查询到哪儿有饭馆、哪儿有娱乐场所这些生活信息。

## 3 视听说

■ 课前预习　参考答案

画线连接词语和它们的意思。
❶ f　❷ h　❸ c　❹ b　❺ g　❻ a　❼ e　❽ d

■ 语言聚焦　参考答案

2. 根据人物的意思，用合适的语气语调完成下面的对话。

❶ ——祝贺你考上了清华大学！
　　——谢谢！其实，许多同学比我考得好。（先感谢，后谦虚）
　　——你太谦虚了，上清华是多少人的梦想啊！考上真不容易！

❷ ——太感谢你了，要不是你的帮助，我真不知道该怎么办。
　　——哪里哪里，您以前帮我那么多忙，我还不知怎么谢您呢。
　　（表示谦虚，并感谢对方）
　　——嗐，您可不该谢我，那实在微不足道。

## 第八单元　入乡随俗

### 1　风俗习惯

**课前预习　参考答案**

你了解中国的传统节日吗？能否把下面几个节日、节日的时间和特色食品连接起来？

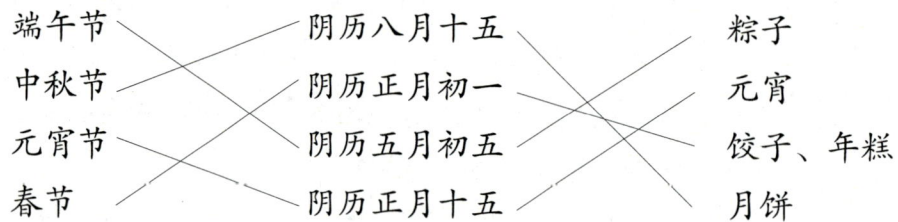

**热身**

① 生日、面条　② 中秋节、月饼　③ 春节、饺子　④ 春节、春联
⑤ 中秋节、赏月　⑥ 春节、窗花　⑦ 端午节、赛龙舟　⑧ 元宵节、元宵
⑨ 端午节、粽子　⑩ 元宵节、看花灯

**演练与交际1　录音文本（8-1）**

中国春节的习俗

　　春节是中国民间最重视的传统节日，也叫"阴历年"，人们常说"过年"。春节期间，人们要穿上漂亮的服装，还要有各种准备工作和庆祝活动，如清扫房间、购买年货、贴"福"字、贴春联、放鞭炮等。贴"福"字、春联都要用红纸，意味着一年红红火火。"福"字常常倒着贴，取"福倒了"的谐音，意思是福到了；春联包括上联、下联和横批，上下联的字句要工整、对偶，也就是说，要字对字，词对词，当然写的都是一些吉祥话，表达人们新的一年的美好愿望。最有特色的是放鞭炮，放鞭炮有驱邪的意思，把前一年的邪气赶走，来年平安幸福。在饮食方面，人们要准备鸡鸭鱼肉等好吃的食品，南方人还要吃年糕，表示年年升高，如：职位升高、福气增加、财富增多；北方人要吃饺子，表示过去的一年和新的一年在子时交替。

　　你有没有和中国人一起过春节的经历？如果没有，那就找机会尝试一下吧，亲身感受中国文化带给你的新奇和魅力，会让你的留学生活更加丰富多彩。

**演练与交际2　录音文本（8-2）**

数字与颜色在中国文化中的象征意义

你知道中国人在数字和颜色上有哪些偏爱和忌讳吗？

从数字上看，人们从古代起就认为双数好。"二"表示成双成对，"四"表示四平八稳，"六"代表六六大顺，"八"的发音在广东话里和"发财"的"发"接近。所以只要与数字有关，人们都愿意选择双数，如送酒要送两瓶，中秋节送月饼，月饼盒里也要装六块或八块，结婚要挑一个"双日子"，送红包要送200、600或800元，把北京奥运会的开幕时间定在2008年8月8日晚上8点，等等。但在现代，因为"四"的发音和"死亡"的"死"接近，所以"四"就被列入不吉利的数字了，很多人选电话号码或车牌号码时，都不愿意选这个数字。

尽管人们不喜欢单数，但也不是说单数就都是不吉祥的数字。古代皇帝为了表示自己的尊贵，把自己跟最大的个位数"九"联系在一起，如故宫里的房屋有九千九百九十九间，城楼上的门钉横着数是九个，竖着数也是九个。天坛、颐和园等皇帝所到之处，建筑也多以"九"为基数。

中国人在颜色上的偏爱与忌讳主要表现在红、白、黑、绿、黄等颜色上。

红色代表喜庆，过节或结婚时穿的衣服、用的东西人们都爱选红色。红色还象征着顺利、成功，如"生意红火"，"唱歌唱红了"；中国的国旗和中国共产党的党旗都是红色的，所以"红"又有着一定的政治色彩，如说"人们唱红歌"、"看红色电影"等。但在中国，用红色也不完全代表好事，给人写信如果用红色就表示绝交。

白色象征纯洁，但人们也常认为它跟黑色一样，和死亡有关。所以，送礼物时最好不要选用白色和黑色的。

绿色代表大自然，代表着生命力，也是环境保护与健康的象征，因此健康无污染的食品被称作绿色食品。但送男人礼物时千万别送绿色的帽子，因为汉语里"戴绿帽子"用来表示男人的妻子跟别的男人有了不正当的关系。

在中国古代，黄色有特别的意义，象征着君王的权力，所以皇帝穿的衣服是黄色的，只有皇帝才可以使用黄色；在现代，含色情、暴力等内容的书刊报纸被称为"黄色书刊"、"黄色报纸"，这是很多语言通用的意义，汉语也不例外。

**语言聚焦　参考答案**

根据本课所学内容，完整地说出下面的句子。

❶ 过春节时人们常常要<u>购买</u>年货、<u>帖</u>"福"字、<u>帖</u>春联、<u>放</u>鞭炮等。
❷ 春联写的都是一些吉祥话，<u>表达</u>人们新的一年的美好愿望。

❸ 放鞭炮有驱邪的意思，把前一年的邪气赶走。
❹ 元宵节的晚上，人们不仅要出门赏月，还要赏花灯、放烟花、猜灯谜、吃元宵。
❺ 人们把写着谜语的纸条帖在花灯上让大家猜。因为谜语很有意思，所以很受人们的欢迎。
❻ 吃元宵，象征着全家人团团圆圆，幸福快乐。

## 2 入乡随俗

### 课前预习　参考答案

A. 你知道下面的图片分别属于哪种礼仪方式吗？猜猜看！
　❶ 握手礼　　❷ 鞠躬礼　　❸ 拥抱礼　　❹ 跪拜礼
　❺ 拱手礼　　❻ 合十礼　　❼ 少先队队礼　❽ 军礼

B. 画线连接词语和它们的意思。
　❶ d　❷ a　❸ b　❹ c

### 演练与交际2　录音文本（8-3）

中国的礼俗

中国是一个讲究礼仪的国家，下面我们就来谈一谈中国人日常生活中的礼仪。

先说见面时的礼。中国传统的见面行礼方式是行拱手礼，也就是左手放在右手的外面，抱拳，举到胸前。还有作揖礼，也是两手握拳，但与拱手礼不同的是，双手要抬起再按下去，同时低头，上身向前弯。这样的行礼方式在现代社会仍有人采用。除此之外，在特殊场合下，也有人向长者或特别尊敬的人行跪拜礼。但表示对别人的恭敬时现在最常用的还是鞠躬礼；而平时人们相见，更习惯用西方社会传入的握手礼。

再说说入座时的礼。一般在聚餐的时候，坐席都有主人、客人的区别。按传统的排座方式，面向东为上座，也就是西侧；主人一般坐东侧；年龄大一些的人可安排在北侧；晚辈一般在南侧。在现代，一般说来，面对着门是上座。如果你不清楚自己该坐哪儿，就一定要听从主人的安排，以免失礼。

最后说一说饮食之礼。设宴迎接宾客叫"接风"或"洗尘"，请即将远行的朋友或客人吃饭叫"饯行"。无论是迎接还是欢送都离不开酒，宴席上饮酒有许多礼节，一般是主人先举杯敬酒，并说一些客气话，请客人用餐。敬酒碰杯时，常常会把自己的酒杯放低一些，以表示对对方的尊敬。

中国的这些传统礼节和你们国家有什么区别吗？你在中国是否已经习惯了中国人的礼节？

### 语言聚焦　参考答案

1. 用合适的语句填空并完成对话。

    ❶ 王　兰：我在新疆买了两斤大枣，<u>送给你尝尝</u>。
    　 安　娜：谢谢你<u>总是惦记着我</u>。
    ❷ 王　月：你结婚时我没能参加你的婚礼，今天送你一套茶具，<u>表示一下我的心意</u>。
    　 阿　里：这个茶具真漂亮，我很喜欢。
    ❸ 百　灵：你今天过生日，我给你买了一个钱包，<u>一点儿小意思</u>。
    　 大　卫：太好了，我特别喜欢这个钱包。
    ❹ 英　美：听说你要回国了，我<u>没有什么特别的礼物送你</u>，给你画了一幅画儿，留作纪念吧。
    　 帕　沙：你的礼物太珍贵了，谢谢你！
    ❺ 张　成：听说小王的父亲病逝了，这500块钱请你转交给他，代我<u>向他表示问候</u>，<u>并请他节哀</u>。
    　 黎　明：好的，我一定转交给他并转达你的问候。

2. 用委婉的语句拒绝对方。

    老　张：来，抽根烟吧。
    杰　夫：对不起，我今天<u>总是咳嗽，不能抽烟</u>。
    老　张：那就喝点儿酒吧。您喜欢喝什么酒？
    杰　夫：<u>您喝吧，您喝吧。酒对嗓子也有刺激，我担心……</u>
    老　张：啊，那喝点儿饮料怎么样？
    杰　夫：<u>真抱歉，我血糖高，不能吃甜东西</u>。
    老　张：茶对身体好，我们要一壶龙井茶吧。
    杰　夫：<u>我最近总失眠，要是晚上再喝茶……，要不，要点儿白开水吧</u>。
    老　张：哦，好，好，您随意！您随意！

## 3　视听说

### 课前预习　参考答案

画线连接词语和它们的意思。

❶ d　❷ a　❸ b　❹ c

### 语言聚焦　参考答案

2. 根据人物的意思，用合适的语气语调完成下面的对话。

马　丁：今天我请你吃饭。

阿　娜：别！别！别！还是我请你吧。（客气）

马　丁：你别客气，我请你是应该的。

阿　娜：不好意思，要不我们AA制吧。（建议AA制）

马　丁：别啊！说好了，我请你。咱们是朋友，你别见外。（反对）

阿　娜：那好吧，恭敬不如从命，下次找机会我再请你。

## 第九单元　视听说——电影《刮痧》

### 语言聚焦　参考答案

1. 选词填空

① 作为这个小镇的邮递员，他<u>日复一日，年复一年</u>地为大家送信送报，从来没有间断过。

② 在《皇帝的新装》这个故事里，只有<u>天真无邪</u>的小孩子才敢说出"皇帝没有穿衣服"这样的大实话。

③ 这件事情我们就不要再讨论下去了，事实已经很清楚了，结果也是<u>无可争议</u>的。

④ 为了世界的和平，不同民族、种族的人们要和睦相处，不能搞<u>种族主义</u>。

⑤ 你是一名建筑设计师，设计房屋时怎么能先考虑外墙刷什么颜色而不先考虑房屋内部的结构呢？这种做法真是<u>本末倒置</u>！

⑥ 地震过后，从废墟中被救出来的亲人们相拥而泣，<u>悲喜交加</u>。

⑦ 在<u>异国他乡</u>和各国朋友们在一起的日子，是永远难忘的。

⑧ 你说出这样的话，真是对我们的文化<u>一窍不通</u>啊！

⑨ 我们跟您说明情况，就是为了<u>澄清事实</u>，请您主持公道。

⑩ 别为了一点儿小事就<u>火冒三丈</u>，那无助于解决问题。

⑪ 你们怎么怀疑我呢？我像小偷吗？真是<u>荒唐可笑</u>！

2. 用给出的词语，改说下列句子。

① 她这个人总是<u>小心眼儿</u>，什么事都想来想去的。

② 坐火车、坐飞机可千万不能晚了，<u>赶早不赶晚</u>。

③ 孩子第一次单独出远门，妈妈很<u>放心不下</u>。

④ 她想了半天，最后<u>拿定主意</u>还是买那件最贵的衣服。

⑤ 这两件事可是风马牛不相及啊!
⑥ 你放心，买机票这事包在我身上。
⑦ 只要能表达思想情感，不必拘泥于形式。
⑧ 你说了这么多，可我们需要用证据说话呀!
⑨ 我这把年纪了，还有什么看不明白的呢?
⑩ 事情明摆着，谁都能看出一二三来。
⑪ 她在我们这个城市中小有名气，经常在电视里露面。
⑫ 我现在烦着呢，你去干你的事吧，离我远点儿!
⑬ 他们总是对我带有成见，认为坏事都是我干的，从来如此!

# 附录2：词语总表

| 词语 | 拼音 | 英文注释 | 单元-部分 |
|---|---|---|---|
| **A** | | | |
| 矮 | ǎi | short | 4-1 |
| 案情 | ànqíng | details of a case | 4-1 |
| **B** | | | |
| 白住 | bái zhù | to live for free | 3-3 |
| 包裹 | bāoguǒ | package | 7-1 |
| 保修期 | bǎoxiūqī | defects liability period | 6-1 |
| 报案 | bào àn | to inform the police of a crime | 4-1 |
| 报价 | bào jià | quoted price | 5-1 |
| 抱拳 | bào quán | to cup one's fist in the other hand before the chest | 8-2 |
| 奔波 | bēnbō | on the run; to rush about | 2-1 |
| 变形 | biànxíng | to change shape | 4-2 |
| 辨识 | biànshí | to identify | 6-2 |
| 陛下 | bìxià | Your Majesty | 4-1 |
| 避让 | bìràng | to dodge | 5-2 |
| 标准间 | biāozhǔnjiān | standard room | 5-1 |
| 标志 | biāozhì | mark | 6-2 |
| 冰淇淋 | bīngqílín | ice-cream | 2-2 |
| 并线 | bìngxiàn | to change lane | 5-2 |
| 簸箕 | bòji | dustpan | 3-2 |
| 捕鱼 | bǔ yú | to catch fish | 2-1 |
| 不敢当 | bù gǎndāng | It's too much of a compliment. | 1-1 |
| 不一 | bùyī | to differ | 1-2 |
| **C** | | | |
| 裁纸刀 | cáizhǐdāo | paper cutter | 7-2 |
| 菜谱 | càipǔ | menu | 2-2 |
| 菜肴 | càiyáo | cooked dish | 2-1 |
| 餐具 | cānjù | dinnerware | 3-2 |
| 操场 | cāochǎng | playground | 1-1 |
| 插座 | chāzuò | socket | 7-2 |
| 查询 | cháxún | to inquire | 7-1 |
| 阐明观点 | chǎnmíng guāndiǎn | to clarify one's view | 4-2 |
| 长途 | chángtú | long-distance | 7-1 |
| 畅通 | chàngtōng | unblocked | 5-2 |
| 畅销 | chàngxiāo | to sell well, to be popular | 6-1 |
| 超速行驶 | chāosù xíngshǐ | overspeed driving | 5-2 |
| 焯 | chāo | to scald (as a way of cooking) | 2-1 |
| 朝向 | cháoxiàng | to face (to) | 3-1 |
| 衬衫 | chènshān | shirt | 4-1 |
| 称职 | chènzhí | up to the requirements of a post | 4-1 |

284

| 词语 | 拼音 | 英文注释 | 单元-部分 |
|---|---|---|---|
| 称重 | chēng zhòng | to weigh | 7-1 |
| 成本 | chéngběn | costs | 3-1 |
| 成行 | chéngxíng | to go on a trip | 5-1 |
| 诚实 | chéngshí | honest | 4-1 |
| 诚信 | chéngxìn | honesty | 6-2 |
| 盛 | chéng | to put in a container | 2-1 |
| 吃个半饱 | chī ge bàn bǎo | to eat to half-fullness | 2-3 |
| 吃着碗里的，想着锅里的 | chīzhe wǎn li de, xiǎngzhe guō li de | to have insatiable greed | 2-3 |
| 充电器 | chōngdiànqì | charger | 7-2 |
| 充值 | chōng zhí | top-up | 7-1 |
| 冲着 | chòngzhe | on the strength of | 7-3 |
| 抽屉 | chōuti | drawer | 3-2 |
| 绸子 | chóuzi | silk | 8-1 |
| 酬谢 | chóuxiè | to reward sb. for his kindness | 4-1 |
| （六十）出头 | (liùshí) chūtóu | a little over (sixty) | 1-3 |
| 除夕 | chúxī | New Year's Eve | 8-1 |
| 穿着 | chuānzhuó | what sb. wears | 4-1 |
| 传播 | chuánbō | to spread | 7-3 |
| 窗花 | chuānghuā | paper-cut for window decoration | 8-1 |
| 闯红灯 | chuǎng hóngdēng | to go through a red light | 5-2 |
| 炊具 | chuījù | cooking utensils | 3-2 |
| 春联 | chūnlián | Spring Festival couplets | 8-1 |
| 纯洁 | chúnjié | innocent, pure | 8-1 |
| 纯棉 | chúnmián | pure cotton | 4-2 |
| 匆忙 | cōngmáng | hastily | 1-1 |
| 粗糙 | cūcāo | rough, coarse | 3-2 |
| 粗制滥造 | cū zhì làn zào | to be crudely made | 3-2 |
| 促销 | cùxiāo | to promote sales | 6-1 |
| 存款 | cún kuǎn | to deposit money | 7-1 |
| **D** | | | |
| 搭配 | dāpèi | to match, to fit | 4-1 |
| 打折 | dǎ zhé | to sell at a discount | 6-1 |
| 大典 | dàdiǎn | grand ceremony | 4-1 |
| 大方 | dàfang | generous | 6-3 |
| 带宽 | dàikuān | bandwidth | 3-2 |
| 贷款 | dàikuǎn | to loan; loan | 7-1 |
| 单飞 | dān fēi | one-way flight | 5-1 |
| 胆结石 | dǎnjiéshí | gallstone | 2-2 |
| 淡季 | dànjì | slack season | 5-1 |
| 蛋白质 | dànbáizhì | protein | 2-2 |

| 词语 | 拼音 | 英文注释 | 单元-部分 |
|---|---|---|---|
| 倒车 | dào chē | to back a car | 5-2 |
| 得体 | détǐ | appropriate | 4-1 |
| 灯管 | dēngguǎn | (fluorescent) tube | 7-2 |
| 灯谜 | dēngmí | lantern riddles | 8-1 |
| 灯泡 | dēngpào | lamp bulb | 7-2 |
| 登机牌 | dēngjīpái | boarding pass | 5-1 |
| 低密度住宅 | dī mìdù zhùzhái | low-density residential building | 3-1 |
| 低血糖 | dīxuètáng | hypoglycemia | 2-2 |
| 涤纶（化纤） | dílún（huàxiān） | polyester fibre (chemical fibre) | 6-1 |
| 地接导游 | dìjiē dǎoyóu | local guide | 5-1 |
| 电风扇 | diànfēngshàn | electric fan | 6-1 |
| 电熨斗 | diànyùndǒu | electric iron | 3-2 |
| 淀粉 | diànfěn | starch | 2-1 |
| 掉头 | diào tóu | to turn round | 5-2 |
| 顶层 | dǐngcéng | top floor | 3-1 |
| 订书钉 | dìngshūdīng | staple | 7-2 |
| 订书机 | dìngshūjī | book sewer | 7-2 |
| 丢脸 | diū liǎn | to lose face, to be humiliated | 1-1 |
| 丢人 | diū rén | to be disgraced | 1-1 |
| 豆腐脑 | dòufunǎo | jellied beancurd | 2-2 |
| 豆浆 | dòujiāng | soya-bean milk | 2-2 |
| 对门儿 | duìménr | the house or room opposite | 1-1 |
| 对偶 | duìʼǒu | antithesis | 8-1 |
| 兑换 | duìhuàn | to exchange | 7-1 |
| 炖 | dùn | to stew | 2-1 |

## F

| 词语 | 拼音 | 英文注释 | 单元-部分 |
|---|---|---|---|
| 发票 | fāpiào | invoice | 6-1 |
| 发团 | fā tuán | (to a tour group) to set out | 5-1 |
| 阀门 | fámén | valve | 3-2 |
| 番茄 | fānqié | tomato | 2-1 |
| 烦躁 | fánzào | to be fidgety | 7-2 |
| 繁多 | fánduō | various | 6-1 |
| 繁华 | fánhuá | prosperous | 3-1 |
| 防盗门 | fángdàomén | anti-theft door | 3-1 |
| 房源 | fángyuán | the source of houses (for rent or sale) | 3-2 |
| 敷 | fū | to put or spread sth. onto a surface | 5-1 |
| 服饰 | fúshì | dress and personal adornment | 4-1 |
| 辅路 | fǔlù | auxiliary road | 5-2 |
| 附带 | fùdài | to attach | 5-2 |
| 富含 | fùhán | to be rich in | 2-2 |

| 词语 | 拼音 | 英文注释 | 单元-部分 |
|---|---|---|---|
| G | | | |
| 咖喱粉 | gālífěn | curry powder | 2-1 |
| 干柴 | gānchái | dry firewood | 2-1 |
| 干洗 | gānxǐ | dry-clean | 4-2 |
| 赶紧 | gǎnjǐn | quickly | 1-3 |
| 高傲 | gāo'ào | arrogant | 4-1 |
| 高峰时段 | gāofēng shíduàn | rush hour | 5-2 |
| 革的 | gé de | leatheroid | 4-2 |
| 隔壁 | gébì | next door | 1-1 |
| 各奔东西 | gè bēn dōng xī | each will go a different way | 2-1 |
| 各抒己见 | gè shū jǐ jiàn | each airs his own views | 4-2 |
| 公寓 | gōngyù | apartment | 1-1 |
| 恭敬不如从命 | gōngjìng bùrú cóngmìng | It is better to obey somebody than to decline respectfully. | 8-3 |
| 拱手 | gǒng shǒu | to cover one's right fist with one's left hand | 1-2 |
| 谷物 | gǔwù | grain | 2-2 |
| 固定 | gùdìng | to fasten, to fix | 5-3 |
| 顾虑 | gùlǜ | misgiving | 3-3 |
| 刮痧 | guā shā | a popular treatment for sunstroke by scraping the patient's neck, chest or back | 8-3 |
| 挂失 | guà shī | to report the loss of (identity papers, checks, etc.) | 7-2 |
| 关节 | guānjié | joint | 4-2 |
| 关注 | guānzhù | to pay close attention to | 5-2 |
| 管制 | guǎnzhì | to regulate | 5-2 |
| 瑰宝 | guībǎo | treasure | 5-1 |
| 柜台 | guìtái | counter | 7-1 |
| 跪拜 | guìbài | to worship on bent knees | 8-2 |
| 滚刀块儿 | gǔndāokuàir | roll cut | 2-1 |
| 锅铲 | guōchǎn | pancake turner | 3-2 |
| 锅贴儿 | guōtiēr | *guotie* (pan-fried meat dumpling) | 2-1 |
| 果酱 | guǒjiàng | jam | 2-2 |
| H | | | |
| 寒暄 | hánxuān | exchange of conventional greetings | 1-1 |
| 航空 | hángkōng | by air | 7-1 |
| 好赖 | hǎolài | good and evil | 8-3 |
| 合身 | héshēn | (of clothes) to fit | 4-1 |
| 合十 | héshí | to put the palms together | 8-2 |
| 荷包蛋 | hébāodàn | poached egg | 2-2 |
| 贺卡 | hèkǎ | congratulating card or greeting card | 7-1 |
| 黑着心 | hēizhe xīn | vicious mind | 3-3 |
| 嗨 | hēi | hi | 1-3 |

| 词语 | 拼音 | 英文注释 | 单元-部分 |
|---|---|---|---|
| 横 | héng | horizontal | 8-1 |
| 横批 | héngpī | horizontal scroll bearing an inscription | 8-1 |
| 轰动 | hōngdòng | to cause a sensation | 4-1 |
| 后裙 | hòuqún | a special long cloth which ties in the back of the ceremonial dress | 4-1 |
| 忽视 | hūshì | to ignore | 2-2 |
| 花毡 | huāzhān | felt with flower patterns | 5-1 |
| 化纤 | huàxiān | chemical fibre | 4-2 |
| 换位思考 | huànwèi sīkǎo | to put oneself in another's shoes | 4-2 |
| 汇款 | huì kuǎn | to remit money | 7-1 |
| 汇率 | huìlǜ | exchange rate | 7-1 |
| 会晤 | huìwù | to meet | 4-3 |
| 会诊 | huìzhěn | consultation of doctors | 7-2 |
| 荤素 | hūnsù | meat dish and vegetable dish | 2-2 |
| 馄饨 | húntun | wonton | 2-2 |
| 混纺 | hùnfǎng | blending (fabric) | 4-2 |
| 活雷锋 | huó Léi Fēng | living Lei Feng—a model service man | 3-3 |
| 火把 | huǒbǎ | torch | 8-1 |
| 货比三家 | huò bǐ sān jiā | to shop around | 6-1 |

## J

| 词语 | 拼音 | 英文注释 | 单元-部分 |
|---|---|---|---|
| 饥饿 | jī'è | hunger | 2-1 |
| 鸡翅 | jīchì | chicken wings | 2-1 |
| 鸡精 | jījīng | chicken essence | 2-1 |
| 吉祥话 | jíxiánghuà | auspicious remarks | 8-1 |
| 即时贴 | jíshítiē | sticky note | 7-2 |
| 急救中心 | jíjiù zhōngxīn | urgent care centre | 7-2 |
| 疾病 | jíbìng | disease | 2-2 |
| 集中供暖 | jízhōng gōngnuǎn | central heating | 3-2 |
| 籍贯 | jíguàn | birthplace | 4-1 |
| 挤脚 | jǐ jiǎo | (of the shoes) to pinch one's feet | 6-1 |
| 忌讳 | jìhuì | taboo | 8-1 |
| 继而 | jì'ér | afterwards | 5-2 |
| 假钞 | jiǎchāo | counterfeit bank note | 6-2 |
| 煎 | jiān | to fry | 2-1 |
| 简装修 | jiǎn zhuāngxiū | simple decorated | 3-1 |
| 饯行 | jiànxíng | to give a farewell dinner | 8-2 |
| 键盘 | jiànpán | keyboard | 3-2 |
| 交款 | jiāo kuǎn | to pay (a sum of money) | 6-1 |
| 交通标志 | jiāotōng biāozhì | traffic sign | 5-2 |
| 交通网络 | jiāotōng wǎngluò | traffic network | 5-2 |
| 郊区 | jiāoqū | suburbs | 3-1 |

| 词语 | 拼音 | 英文注释 | 单元-部分 |
|---|---|---|---|
| 胶带 | jiāodài | adhesive tape | 7-2 |
| 搅打 | jiǎodǎ | to stir, to mix | 2-1 |
| 教育理念 | jiàoyù lǐniàn | education idea | 7-3 |
| 接风 | jiēfēng | to give a dinner for a visitor from afar | 8-2 |
| 节哀 | jié'āi | to restrain one's grief | 8-2 |
| 结算 | jiésuàn | to settle an account | 6-2 |
| 戒指 | jièzhi | (finger) ring | 4-1 |
| 芥末 | jièmo | mustard | 2-1 |
| 借记卡 | jièjìkǎ | debit card | 7-1 |
| 借口 | jièkǒu | excuse | 2-2 |
| 禁行 | jìnxíng | the forbidden (line) | 5-2 |
| 惊讶 | jīngyà | surprised | 3-2 |
| 精装修 | jīng zhuāngxiū | fine decorated | 3-1 |
| 景观 | jǐngguān | landscape | 3-1 |
| 境界 | jìngjiè | extent reached, realm | 2-3 |
| 就餐者 | jiùcānzhě | person who is having dinner | 2-2 |
| 救护车 | jiùhùchē | ambulance | 7-2 |
| 拘留 | jūliú | to detain | 5-2 |
| 鞠躬 | jū gōng | to bow | 1-1 |
| 卷笔刀 | juǎnbǐdāo | pencil sharpener | 7-2 |
| 绝交 | juéjiāo | to break off relations | 8-1 |
| 均码 | jūnmǎ | one-size-fits-all | 4-2 |
| 均匀 | jūnyún | even, well-distributed | 2-1 |
| 君王 | jūnwáng | monarch | 8-1 |
| **K** | | | |
| 开户 | kāi hù | to open an account | 7-1 |
| 开胶 | kāi jiāo | to come unglued | 6-1 |
| 开裂 | kāiliè | to crack | 6-1 |
| 砍价 | kǎn jià | to bargain | 6-1 |
| 康复中心 | kāngfù zhōngxīn | rehabilitation centre | 3-3 |
| 科 | kē | administrative section | 3-3 |
| 可视对讲机 | kěshì duìjiǎngjī | visual telephone | 3-1 |
| 恳请 | kěnqǐng | to earnestly request | 4-1 |
| 控制 | kòngzhì | to control | 5-2 |
| 口味 | kǒuwèi | (one's) taste | 1-2 |
| 酷 | kù | cool | 4-2 |
| 快递 | kuàidì | express delivery | 7-1 |
| 快捷 | kuàijié | quick and convenient | 6-2 |
| 宽带 | kuāndài | broadband | 3-2 |
| 宽松 | kuānsōng | (of clothes) loose | 4-2 |
| 款式 | kuǎnshì | style | 6-1 |

| 词语 | 拼音 | 英文注释 | 单元-部分 |
|---|---|---|---|
| 捆绑销售 | kǔnbǎng xiāoshòu | bundling sale | 7-3 |
| **L** | | | |
| 来自 | láizì | to come from | 1-1 |
| 捞 | lāo | to scoop up from a liquid | 2-1 |
| 老臣 | lǎochén | old minister (of a monarchy) | 4-1 |
| 老气 | lǎoqì | dark and old-fashioned | 4-3 |
| 愣 | lèng | to be dumbfounded | 1-1 |
| 淋浴器 | línyùqì | shower | 3-2 |
| 零售价 | língshòu jià | retail price | 6-1 |
| 流水号 | liúshuǐhào | serial number | 7-1 |
| 楼层 | lóucéng | storey | 3-2 |
| 篓 | lǒu | basket | 2-1 |
| 漏勺 | lòusháo | strainer, colander | 3-2 |
| 炉灶 | lúzào | kitchen range | 3-2 |
| 陆路 | lùlù | land route | 7-1 |
| 轮流 | lúnliú | to take turns | 5-3 |
| **M** | | | |
| 麻 | má | general name for hemp, flax, jute, etc. | 6-1 |
| 麻利 | máli | nimble | 4-3 |
| 麻木 | mámù | numb | 4-2 |
| 马桶 | mǎtǒng | nightstool | 3-2 |
| 买单 | mǎi dān | to pay the bill | 6-3 |
| 买一送一 | mǎi yī sòng yī | to buy one and get one for free | 6-1 |
| 忙碌 | mánglù | busy | 3-2 |
| 冒犯 | màofàn | to offend | 1-2 |
| 没得挑 | méi de tiāo | to be faultless | 3-3 |
| 魅力 | mèilì | glamour, charm | 8-1 |
| 门钉 | méndīng | doornail, round-headed decoration on the gate (of a palace etc.) | 8-1 |
| 猕猴桃 | míhóutáo | kiwi fruit | 2-2 |
| 谜语 | míyǔ | riddle | 8-1 |
| 密闭 | mìbì | airtight | 3-2 |
| 面料 | miànliào | fabric, material | 4-2 |
| 免熨 | miǎnyùn | (of clothes) to be easy-care | 4-2 |
| 明信片 | míngxìnpiàn | postcard | 7-1 |
| 蘑菇 | mógu | mushroom | 2-3 |
| 陌生 | mòshēng | strange | 1-1 |
| 木匠 | mùjiang | carpenter | 3-2 |
| 目瞪口呆 | mù dèng kǒu dāi | to gape goggle-eyed and dumbstruck—to be flabbergasted | 3-2 |
| **N** | | | |
| 奶酪 | nǎilào | cheese | 2-2 |

| 词语 | 拼音 | 英文注释 | 单元-部分 |
|---|---|---|---|
| 耐寒 | nàihán | cold-resistant | 4-2 |
| 南北通透 | nán běi tōngtòu | fresh air can go through from south to north (of an apartment) | 3-2 |
| 嗯 | ǹg | yes | 1-3 |
| 逆行 | nìxíng | (of vehicles) to go in a direction not allowed by traffic regulations | 5-2 |
| 年费 | niánfèi | annual fee | 7-1 |
| 年糕 | niángāo | Spring Festival cake | 8-1 |
| 您贵姓? | Nín guìxìng? | May I have your surname? | 1-1 |
| 您怎么称呼? | Nín zěnme chēnghu? | How would you like to be addressed? | 1-1 |
| 浓眉 | nóngméi | bushy eyebrows | 4-1 |
| **O** | | | |
| 噢 | ō | oh (*indicating awareness or surprise*) | 1-3 |
| 偶尔 | ǒu'ěr | occasionally | 6-2 |
| **P** | | | |
| 派出所 | pàichūsuǒ | local police station | 3-2 |
| 盼着 | pànzhe | to look forward to | 7-3 |
| 旁若无人 | páng ruò wú rén | to act as if no one else was nearby—to be self-important and unmindful of others | 4-1 |
| 袍子 | páozi | robe | 4-1 |
| 赔偿 | péicháng | to compensate (for) | 5-2 |
| 赔钱 | péi qián | to sustain losses in business | 6-1 |
| 配料 | pèiliào | ingredient | 2-1 |
| 烹饪 | pēngrèn | to cook (food) | 2-1 |
| 烹调 | pēngtiáo | to cook | 2-2 |
| 批发价 | pīfā jià | wholesale price | 6-1 |
| 皮的 | pí de | leathern | 4-2 |
| 偏爱 | piān'ài | to have a preference to | 8-1 |
| 偏好 | piānhào | to have a special fondness for sth. | 1-2 |
| 拼团游 | pīntuányóu | to travel with a temporary group | 5-1 |
| 频率 | pínlǜ | frequency | 6-2 |
| 品尝 | pǐncháng | to taste | 2-3 |
| 品牌 | pǐnpái | brand | 6-2 |
| 品种 | pǐnzhǒng | assortment | 6-1 |
| 平邮 | píngyóu | surface mail | 7-1 |
| 破费 | pòfèi | to spend money | 8-2 |
| 朴实 | pǔshí | plain | 1-3 |
| 普及 | pǔjí | to popularize | 5-2 |
| **Q** | | | |
| 齐全 | qíquán | complete | 6-1 |
| 旗袍 | qípáo | cheongsam | 4-1 |
| 起源 | qǐyuán | origin | 8-1 |

| 词语 | 拼音 | 英文注释 | 单元-部分 |
|---|---|---|---|
| 气氛 | qìfēn | atmosphere | 8-2 |
| 气色 | qìsè | complexion | 1-3 |
| 弃车逃逸 | qì chē táoyì | to abandon the car and then escape from a traffic accident | 5-2 |
| 潜力 | qiánlì | potential | 3-1 |
| 翘首期待 | qiáoshǒu qīdài | to eagerly anticipate | 7-3 |
| 切 | qiē | to slice, to cut | 2-1 |
| 清仓大甩卖 | qīngcāng dà shuǎimài | clearance sale | 6-1 |
| 清淡 | qīngdàn | (of food) light | 2-2 |
| 轻柔 | qīngróu | light and soft | 4-1 |
| 请多关照 | qǐng duō guānzhào | Nice to meet you. | 1-1 |
| 请多指教 | Qǐng duō zhǐjiào! | Your advice and comments are highly appreciated. | 1-1 |
| 请允许我来…… | Qǐng yǔnxǔ wǒ lá…… | Please allow me to… | 1-1 |
| 求援 | qiúyuán | to ask for help | 7-2 |
| 曲别针 | qūbiézhēn | paper clip | 7-2 |
| 驱邪 | qūxié | to drive away evil spirits | 8-1 |
| 取款 | qǔ kuǎn | to withdraw money (from a bank, etc.) | 7-1 |
| 权力 | quánlì | power, authority | 8-1 |
| **R** | | | |
| 燃气表 | ránqìbiǎo | gas meter | 3-2 |
| 让利 | ràng lì | to discount | 6-1 |
| 人靠衣裳马靠鞍 | rén kào yīshang mǎ kào ān | clothes make the man | 4-2 |
| 人是铁，饭是钢 | rén shì tiě, fàn shì gāng | Man should eat to live and can't do without eating. | 2-2 |
| 仁者见仁，智者见智 | rénzhě jiàn rén, zhìzhě jiàn zhì | The benevolent see benevolence, and the wise see wisdom. | 3-1 |
| 忍饥挨饿 | rěn jī ái è | to endure the torments of hunger | 2-1 |
| 日光浴 | rìguāngyù | sunbath | 5-1 |
| 荣幸 | róngxìng | to be honoured | 1-2 |
| 入乡随俗 | rù xiāng suí sú | to confirm to local customs | 1-2 |
| **S** | | | |
| 赛龙舟 | sài lóngzhōu | Dragon Boat race | 8-1 |
| 三气齐全 | sān qì qíquán | gas, electricity, heating are all provided | 3-3 |
| 散客 | sǎnkè | individual tourist | 5-1 |
| 扫帚 | sàozhou | broom | 3-2 |
| 沙漠 | shāmò | desert | 5-1 |
| 沙丘 | shāqiū | sand dune | 5-1 |
| 擅长 | shàncháng | to be good at | 1-2 |
| 商标 | shāngbiāo | trademark | 6-2 |
| 赏月 | shǎng yuè | to enjoy the glorious full moon | 8-1 |
| 上座 | shàngzuò | seat of honour | 8-2 |
| 涉及 | shèjí | to involve, to relate to | 8-1 |
| 神殿 | shéndiàn | holy temple | 5-1 |

| 词语 | 拼音 | 英文注释 | 单元-部分 |
|---|---|---|---|
| 升值 | shēngzhí | to increase in value over a period of time | 3-1 |
| 圣地 | shèngdì | the Holy Land | 5-1 |
| 盛 | shèng | to be in vogue | 8-1 |
| 盛大 | shèngdà | grand | 4-3 |
| 失踪者 | shīzōngzhě | missing person | 4-1 |
| 师傅 | shīfu | master | 1-1 |
| 时尚 | shíshàng | fashion | 4-1 |
| 实惠 | shíhuì | real benefit | 6-3 |
| 食疗 | shíliáo | dietetic therapy | 7-2 |
| 食谱 | shípǔ | recipe | 2-2 |
| 市话 | shìhuà | local call(s) | 7-1 |
| 饰品 | shìpǐn | ornaments | 6-2 |
| 收据 | shōujù | receipt | 7-1 |
| 手机卡 | shǒujīkǎ | SIM card | 7-1 |
| 手镯 | shǒuzhuó | bracelet | 4-1 |
| 受用无穷 | shòuyòng wúqióng | to benefit from sth. all one's life | 7-3 |
| 售后服务 | shòuhòu fúwù | after-sale service | 6-1 |
| 蔬菜 | shūcài | vegetable | 2-2 |
| 鼠标垫 | shǔbiāodiàn | mouse pad | 7-2 |
| 竖 | shù | vertical | 8-1 |
| 数码耗材 | shùmǎ hàocái | digital supplies | 6-2 |
| 刷卡 | shuā kǎ | to swipe a card | 6-1 |
| 帅气 | shuàiqì | handsome | 4-1 |
| 涮 | shuàn | to scald thin slices of meat, etc. in boiling water | 2-1 |
| 双边峰会 | shuāngbiān fēnghuì | bilateral talk | 4-3 |
| 双卧 | shuāng wò | sleeping berth for the round trip | 5-1 |
| 水流 | shuǐliú | flow of water | 3-2 |
| 水龙头 | shuǐlóngtóu | (water) faucet | 3-2 |
| 水路 | shuǐlù | water route | 7-1 |
| 四通八达 | sì tōng bā dá | to provide easy access from all directions | 5-2 |
| 送货上门 | sòng huò shàng mén | home delivery service | 6-1 |
| 速战速决 | sù zhàn sù jué | to fight a quick battle, to force a quick decision | 5-3 |
| 酸辣汤 | suānlà tāng | hot and sour soup | 2-2 |
| 随意 | suíyì | at will | 4-1 |
| 缩短 | suōduǎn | to shorten | 5-2 |

**T**

| 词语 | 拼音 | 英文注释 | 单元-部分 |
|---|---|---|---|
| 塔楼 | tǎlóu | tower building | 3-1 |
| 太巧了 | tài qiǎo le | What a coincidence! | 1-2 |
| 探讨 | tàntǎo | to discuss, to explore | 5-3 |
| 淘货 | táo huò | to bag bargains | 6-3 |
| 讨价还价 | tǎo jià huán jià | to bargain | 6-1 |

| 词语 | 拼音 | 英文注释 | 单元-部分 |
|---|---|---|---|
| 套餐 | tàocān | (of product or service) package | 7-1 |
| 特价商品 | tèjià shāngpǐn | goods on special offer | 6-1 |
| 特征 | tèzhēng | feature | 4-1 |
| 体态语 | tǐtài yǔ | body language | 1-1 |
| 体型 | tǐxíng | body type | 4-1 |
| 天伦之乐 | tiānlún zhī lè | family happiness | 3-2 |
| 添乱 | tiān luàn | to add to the trouble | 8-3 |
| 填单 | tián dān | to fill in a form | 7-1 |
| 调节 | tiáojié | to adjust | 8-2 |
| 调料 | tiáoliào | seasoning | 2-1 |
| 通话质量 | tōnghuà zhìliàng | call quality | 7-1 |
| 通行 | tōngxíng | to go through | 5-2 |
| 透支 | tòuzhī | to overdraw | 7-1 |
| 突飞猛进 | tū fēi měng jìn | to advance by leaps and bounds | 5-2 |
| 土炕 | tǔkàng | heatable adobe sleeping platform | 5-1 |
| 推测 | tuīcè | to infer | 4-1 |
| 推广普及 | tuīguǎng pǔjí | to popularize and extensively spread | 7-3 |
| 推荐 | tuījiàn | to recommend | 5-1 |
| 退休 | tuìxiū | to retire | 3-2 |
| 托运 | tuōyùn | to consign | 5-1 |
| 拖把 | tuōbǎ | mop | 7-2 |
| 拖鞋 | tuōxié | slipper (s) | 4-1 |
| 拖延 | tuōyán | to delay | 5-3 |
| **W** | | | |
| 丸子汤 | wánzi tāng | meatball soup | 2-2 |
| 网上银行 | wǎngshàng yínháng | E-bank | 7-1 |
| 旺火 | wànghuǒ | roaring fire | 2-1 |
| 旺季 | wàngjì | peak season, busy season | 5-1 |
| 微波炉 | wēibōlú | microwave oven | 2-2 |
| 违反 | wéifǎn | to violate | 5-2 |
| 违禁 | wéijìn | to violate a ban | 7-1 |
| 维生素 | wéishēngsù | vitamin | 2-2 |
| 胃炎 | wèiyán | gastritis | 2-2 |
| 慰藉 | wèijiè | to comfort | 8-2 |
| 文身 | wénshēn | to draw a tattoo | 4-2 |
| 稳定 | wěndìng | stable | 7-1 |
| 稳重大方 | wěnzhòng dàfang | elegant and poised | 4-3 |
| 握手 | wò shǒu | to shake hands | 8-2 |
| 无地自容 | wú dì zì róng | can find no place to hide oneself for shame | 3-2 |
| 无期徒刑 | wúqī túxíng | life imprisonment | 5-2 |
| 五官端正 | wǔguān duānzhèng | to have regular features | 4-1 |

| 词语 | 拼音 | 英文注释 | 单元-部分 |
|---|---|---|---|
| 五粮液 | wǔliángyè | Wuliangye, a traditional Chinese distilled liquor | 8-2 |
| 物流 | wùliú | logistics | 6-2 |
| 物美价廉 | wù měi jià lián | low price and fine quality | 6-1 |
| 物业费 | wùyèfèi | property management fee | 3-1 |
| **X** | | | |
| 习俗 | xísú | custom | 8-1 |
| 洗尘 | xǐchén | to give a dinner for a visitor from afar | 8-2 |
| 洗洁精 | xǐjiéjīng | cleanser essence | 7-2 |
| 洗衣粉 | xǐyīfěn | washing powder | 7-2 |
| 洗熨 | xǐyùn | to wash and iron | 4-2 |
| 下落 | xiàluò | whereabouts | 4-1 |
| 先下手为强 | xiān xià shǒu wéi qiáng | to gain the initiative by striking the first blow | 2-3 |
| 限速行驶 | xiànsù xíngshǐ | speed limited driving | 5-2 |
| 限行 | xiànxíng | traffic restriction | 5-2 |
| 限制 | xiànzhì | to restrict | 5-3 |
| 馅儿饼 | xiànrbǐng | baked pie with stuffings | 2-2 |
| 享受 | xiǎngshòu | to enjoy | 3-2 |
| 项链 | xiàngliàn | necklace | 4-1 |
| 销户 | xiāo hù | to close an account | 7-1 |
| 销售模式 | xiāoshòu móshì | model of selling | 7-3 |
| 小姨父 | xiǎoyífu | the husband of one's mother's younger sister | 5-3 |
| 邪气 | xiéqì | evil influence | 8-1 |
| 鞋底 | xiédǐ | the bottom part of a shoe | 6-1 |
| 鞋刷 | xiéshuā | shoe brush | 7-2 |
| 新潮 | xīncháo | new-fashioned | 4-2 |
| 新颖 | xīnyǐng | new and original | 6-1 |
| 信封 | xìnfēng | envelope | 7-1 |
| 信号 | xìnhào | signal | 7-1 |
| 信用卡 | xìnyòngkǎ | credit card | 6-1 |
| 信誉 | xìnyù | prestige, credit | 6-1 |
| 行李架 | xíngli jià | baggage rack | 1-1 |
| 幸会 | xìnghuì | It's an honour (for me) to meet (you). | 1-1 |
| 胸围 | xiōngwéi | chest circumference | 4-2 |
| 休闲 | xiūxián | leisure | 4-1 |
| 羞愧 | xiūkuì | ashamed | 3-2 |
| 虚拟物品 | xūnǐ wùpǐn | fictitious goods | 6-2 |
| 靴子 | xuēzi | boot (s) | 4-1 |
| 雪域 | xuěyù | snowland | 5-1 |
| 鳕鱼 | xuěyú | codfish | 2-3 |
| 寻人启事 | xún rén qǐshì | notice for looking for sb. | 4-1 |
| 巡回展览 | xúnhuí zhǎnlǎn | exhibition tour | 7-3 |

| 词语 | 拼音 | 英文注释 | 单元-部分 |
|---|---|---|---|
| Y | | | |
| 押金 | yājīn | deposit, cash pledge | 3-2 |
| 烟花 | yānhuā | fireworks | 8-1 |
| 淹没 | yānmò | to submerge | 2-1 |
| 延长 | yáncháng | to extend, to prolong | 5-2 |
| 羊绒 | yángróng | cashmere | 6-1 |
| 腰围 | yāowéi | waistline | 4-2 |
| 遥控器 | yáokòngqì | telecontroller | 3-2 |
| 夜以继日 | yè yǐ jì rì | day and night | 2-1 |
| 一分钱一分货 | yì fēn qián yì fēn huò | The higher the price, the better the quality. | 6-1 |
| 一片心意 | yí piàn xīnyì | one's kindness | 6-3 |
| 一日之计在于晨 | yí rì zhī jì zàiyú chén | An hour in the morning is worth two in the evening. | 2-2 |
| 一条龙服务 | yìtiáolóng fúwù | all-in-one service | 5-3 |
| 一应齐全 | yì yīng qíquán | to be complete in every line | 5-3 |
| 一站式 | yízhànshì | one-stop (service) | 5-3 |
| 衣挂 | yīguà | clothes rack | 7-2 |
| 遗憾 | yíhàn | pity | 2-1 |
| 意思意思 | yìsi yìsi | to express one's gratitude, friendship, etc. with momey or gifts | 3-3 |
| 意犹未尽 | yì yóu wèi jìn | to feel not enough, to want more | 2-3 |
| 阴暗 | yīn'àn | dark, gloomy | 3-2 |
| 引发 | yǐnfā | to bring about, to cause | 2-2 |
| 隐形眼镜 | yǐnxíng yǎnjìng | contact lens | 4-2 |
| 婴儿 | yīng'ér | baby, infant | 8-2 |
| 营业厅 | yíngyètīng | business hall | 7-1 |
| 硬 | yìng | hard | 6-1 |
| 哟 | yō | oh (*indicating slight surprise*) | 1-3 |
| 拥堵 | yōngdǔ | to block up | 5-2 |
| 优越感 | yōuyuègǎn | superiority complex | 3-1 |
| 邮编 | yóubiān | zip code | 7-1 |
| 邮票 | yóupiào | stamp | 7-1 |
| 邮筒 | yóutǒng | postbox | 7-1 |
| 油腻 | yóunì | oily | 2-2 |
| 有氧运动 | yǒuyǎng yùndòng | aerobic exercise | 4-2 |
| 鱼竿 | yúgān | fishing rod | 2-1 |
| 羽绒大衣 | yǔróng dàyī | down coat | 6-1 |
| 羽绒服 | yǔróngfú | down wear | 4-1 |
| 郁闷 | yùmèn | gloomy, melancholy | 7-2 |
| 浴缸 | yùgāng | tub | 3-2 |
| 预祝 | yùzhù | to congratulate beforehand | 5-3 |
| 元宵 | yuánxiāo | sweet dumpling made of glutinous rice flour | 8-1 |

| 词语 | 拼音 | 英文注释 | 单元-部分 |
|---|---|---|---|
| 原料 | yuánliào | raw material | 2-1 |
| 援建 | yuánjiàn | to provide aid in construction | 3-3 |
| 援助 | yuánzhù | to help, to aid | 7-2 |
| 晕倒 | yūndǎo | to fall in a faint | 7-2 |
| 熨烫 | yùntàng | to iron and press | 4-2 |
| Z | | | |
| 藏蓝 | zànglán | purplish blue | 4-2 |
| 赠与 | zèngyǔ | to gift | 3-2 |
| 炸 | zhá | to deep-fry | 2-1 |
| 张狂 | zhāngkuáng | flippant and impudent | 1-3 |
| 长相 | zhǎngxiàng | looks, appearance | 4-1 |
| 长者 | zhǎngzhě | the elderly | 2-1 |
| 账户 | zhànghù | account | 7-1 |
| 折腾 | zhēteng | to cause physical or mental suffering | 4-3 |
| 真丝 | zhēnsī | real silk | 4-2 |
| 蒸 | zhēng | to steam | 2-1 |
| 蒸气 | zhēngqì | steam | 2-1 |
| 正装 | zhèngzhuāng | formal clothes | 4-1 |
| 症状 | zhèngzhuàng | symptom | 4-2 |
| 支付 | zhīfù | to pay | 6-1 |
| 汁 | zhī | juice | 2-1 |
| 芝士 | zhīshì | cheese | 2-3 |
| 织网 | zhī wǎng | to knit a net | 2-1 |
| 直行 | zhíxíng | to go straight | 5-2 |
| 纸币 | zhǐbì | paper money | 7-1 |
| 中高档 | zhōnggāodàng | middle-to-high-end | 6-1 |
| 中介公司 | zhōngjiè gōngsī | intermediary agency | 3-2 |
| 终身 | zhōngshēn | lifelong | 5-2 |
| 肿胀 | zhǒngzhàng | to swell | 4-2 |
| 种类 | zhǒnglèi | category | 6-1 |
| 重罚 | zhòngfá | severe penalty | 5-2 |
| 竹子 | zhúzi | bamboo | 8-1 |
| 主料 | zhǔliào | main ingredient | 2-1 |
| 主路 | zhǔlù | main road | 5-2 |
| 煮 | zhǔ | to boil | 2-1 |
| 转账 | zhuǎn zhàng | to transfer accounts | 7-1 |
| 庄重 | zhuāngzhòng | solemn | 4-1 |
| 装模作样 | zhuāng mú zuò yàng | to be pretentious | 4-1 |
| 撞 | zhuàng | to bump against | 4-1 |
| 自述 | zìshù | to give an account of oneself | 1-2 |
| 自助游 | zìzhùyóu | self-service travel | 5-1 |

| 词语 | 拼音 | 英文注释 | 单元-部分 |
|---|---|---|---|
| 粽子 | zòngzi | *zongzi*, glutinous rice dumpling | 8-1 |
| 尊贵 | zūnguì | honourable, respected | 8-1 |
| 作揖 | zuō yī | to cover one's right fist with one's left hand and then to reach out and shake up and down slightly several times | 8-2 |
| 作料 | zuóliao | condiments | 2-1 |
| 做工 | zuògōng | workmanship | 4-2 |

专有名词

| 词语 | 拼音 | 英文注释 | 单元-部分 |
|---|---|---|---|
| **B** | | | |
| 兵马俑 | Bīngmǎyǒng | TerraCotta Warriors and Horses | 5-1 |
| 布达拉宫 | Bùdálā Gōng | the Potala Palace (in Lhasa, Tibet) | 5-1 |
| **D** | | | |
| 敦煌 | Dūnhuáng | Dunhuang, a place in Gansu Province | 5-1 |
| **J** | | | |
| 剑桥 | Jiànqiáo | Cambridge (University) | 7-3 |
| 九寨沟 | Jiǔzhàigōu | Jiuzhai Valley, a scenic spot in Shanxi Province | 5-1 |
| **K** | | | |
| 开斋节 | Kāizhāi Jié | Lesser Bairam | 8-1 |
| 狂欢节 | Kuánghuān Jié | Carnival | 8-1 |
| **M** | | | |
| 莫高窟 | Mògāokū | the Mogao Grottoes in Dunhuang | 5-1 |
| **P** | | | |
| 平遥 | Píngyáo | Pingyao, a place in Shanxi Province | 5-1 |
| **T** | | | |
| 吐鲁番 | Tǔlǔfān | Turpan | 5-1 |
| **W** | | | |
| 乌镇 | Wūzhèn | Wuzhen, a town in Zhejiang Province | 5-1 |
| **X** | | | |
| 西藏拉萨 | Xīzàng Lāsà | Lhasa, Tibet | 5-1 |
| **Y** | | | |
| 银川 | Yínchuān | Yinchuan, capital of Ningxia Hui Autonomous Region | 5-3 |
| **Z** | | | |
| 拙政园 | Zhuōzhèng Yuán | Humble Administrator's Garden | 5-1 |

## 版权声明

《沟通——任务型中级汉语口语》是一套对外汉语口语教材,教材中的部分图片、选文来源于网上等多种媒体。由于时间、地域、联系渠道等多方面的困难,我们在无法与所有权利人取得联系的情况下使用了有关作者的作品,同时因教学需要,对作品进行了必要的修改、调整。对此,我们深表歉意并衷心希望得到权利人的理解和支持。另外,有些作品由于无法了解作者的信息并与作者取得联系,未署作者的姓名,恳请权利人谅解。

编者

图书在版编目(CIP)数据

沟通:任务型中级汉语口语·上/赵雷主编;赵建华,高岳编.
—北京:北京语言大学出版社,2012.12(2023.8重印)
(尔雅中文)
ISBN 978-7-5619-3428-9

Ⅰ.①沟… Ⅱ.①赵… ②赵… ③高… Ⅲ.①汉语-口语-
对外汉语教学-教材 Ⅳ.① H195.4

中国版本图书馆CIP数据核字(2012)第294103号

"十二五"国家重点出版物出版规划项目

| | |
|---|---|
| 书　　名: | 尔雅中文　沟通——任务型中级汉语口语·上<br>ERYA ZHONGWEN<br>GOUTONG——RENWU XING ZHONGJI HANYU KOUYU·SHANG |
| 排版制作: | 北京鑫联必升文化发展有限公司 |
| 插　　图: | 插图绘制　北京鑫联必升文化发展有限公司<br>其他插图由"前图网""微图网""中国新闻图片网"提供 |
| 责任印制: | 邝　天 |

| | |
|---|---|
| 出版发行: | 北京语言大学出版社 |
| 社　　址: | 北京市海淀区学院路15号　邮政编码:100083 |
| 网　　址: | www.blcup.com |
| 电　　话: | 发行部　010-82303650/3591/3648<br>编辑部　010-82303647/3592/3395<br>读者服务部　010-82303653/3908<br>网上订购　010-82303668　service@blcup.com |
| 印　　刷: | 北京富资园科技发展有限公司 |
| 经　　销: | 全国新华书店 |

| | |
|---|---|
| 版　　次: | 2012年12月第1版 2023年8月第5次印刷 |
| 开　　本: | 889毫米×1194毫米　1/16　印张:20 |
| 字　　数: | 432千字 |
| 书　　号: | ISBN 978-7-56 9-3428-9/H·12218 |
| 定　　价: | 108.00元 |

PRINTED IN CHINA

凡有印装质量问题,本社负责调换。售后QQ号1367565611,电话010-82303590。